Verena Sauer und Toke Hoffmeister
Wahrnehmungsdialektologie

Germanistische Arbeitshefte

―

Herausgegeben von
Thomas Gloning und Jörg Kilian

Band 50

Verena Sauer und Toke Hoffmeister

Wahrnehmungsdialektologie

Eine Einführung

DE GRUYTER

Wissenschaftlicher Beirat zu diesem Band:

Prof. Dr. Helen Christen
Prof. Dr. Alexandra Lenz
Prof. Dr. Helmut Spiekermann

ISBN 978-3-11-063339-9
e-ISBN (PDF) 978-3-11-063353-5
e-ISBN (EPUB) 978-3-11-063547-8
ISSN 0344-6697

Library of Congress Control Number: 2021947423

Bibliografische Information der Deutschen Nationalbibliothek
Die Deutsche Nationalbibliothek verzeichnet diese Publikation in der Deutschen Nationalbibliografie; detaillierte bibliografische Daten sind im Internet über http://dnb.dnb.de abrufbar

© 2022 Walter de Gruyter GmbH, Berlin/Boston
Druck und Bindung: CPI books GmbH, Leck

www.degruyter.com

Für Dieter und Thomas

Vorwort

Die vorliegende Einführung hat zwei Ziele: Zum einen möchte sie den Status quo von mittlerweile über 30 Jahren wahrnehmungsdialektologischer Forschung im deutschsprachigen Raum zusammenfassen. Zum anderen werden neue Impulse zur tiefergehenden Auseinandersetzung sowie zur Konzeption eigener wahrnehmungsdialektologischer Erhebungen gegeben. Die Einführung richtet sich also einerseits an Studierende im Grundstudium (und Hauptstudium) sowie Dozierende, die das Werk in der universitären Lehre einsetzen können. Andererseits adressieren wir auch interessierte Forscherinnen und Forscher, die entweder nach innovativen Impulsen für zukünftige wahrnehmungsdialektologische Projekte suchen oder aber ihre eigene Forschung verorten wollen.

Die Konzeption des Arbeitsheftes wurde diesen Zielen angepasst, weshalb sich Übungen (inkl. Lösungsvorschlägen) an jedes Kapitel anschließen. Diese dienen dazu, das eigene Verständnis zu sichern und die Inhalte anzuwenden. Darüber hinaus werden umfangreiche Hinweise zu weiterführender Literatur zu den jeweiligen Kapitelschwerpunkten gegeben, die einen vertieften Einblick in die Problematik bieten sollen.

Wir möchten uns herzlich bei den Herausgebern der Germanistischen Arbeitshefte, Thomas Gloning und Jörg Kilian, bedanken, die unser Vorhaben von Beginn an wohlwollend unterstützt und den Band in die Reihe aufgenommen haben. Außerdem danken wir Carolin Eckardt und Albina Töws vom De Gruyter Verlag sowie Gabriela Rus von Konvertus für die exzellente Zusammenarbeit.

Markus Hundt danken wir für fachliche Hinweise, eine stets konstruktive Kritik sowie für das Schaffen des Umfeldes, in dem ein derartiges Projekt verwirklicht werden konnte. Unserer studentischen Mitarbeiterin, Dinah Rohmann, danken wir für ihre großartige Unterstützung bei redaktionellen Arbeiten sowie bei der Einrichtung der Druckvorlage und Erprobung der Übungsaufgaben. Schließlich bedanken wir uns bei allen Studierenden, die uns die Impulse für das vorliegende Buch gegeben haben.

Ad multos annos! Nicht vergessen dürfen wir Dieter und Thomas, die uns seit 2016 viele schöne, heitere und besinnliche Abende beschert haben. Dafür bedanken wir uns – cum grano salis – ganz herzlich.

Kiel im Herbst 2021
Verena Sauer & Toke Hoffmeister

Inhalt

Vorwort —— VII

Abbildungen —— XIII

Tabellen —— XV

1 Einleitung —— 1

2 **Wissenschaftstheoretische und -praktische Kontextualisierung** —— 7
2.1 Ethnomethodologische und (sozio-)konstruktivistische Ausgangspunkte —— 7
2.2 Lay Theories —— 9
2.3 Die Wahrnehmungsdialektologie und angrenzende Disziplinen —— 13
2.3.1 Spracheinstellungen und Spracheinstellungsforschung —— 15
2.3.2 Sprachnormen und laienlinguistische Sprachnormforschung —— 22
2.3.3 Laienlinguistische Sprachkritik —— 24
2.4 Übungsaufgaben —— 25
2.5 Weiterführende Literatur —— 25

3 **Die Geschichte der Wahrnehmungsdialektologie: international und national** —— 27
3.1 Die Anfänge der Wahrnehmungsdialektologie in den Niederlanden und Japan —— 28
3.2 Die Wegbereitung in den USA —— 31
3.3 Die Entstehung und Entwicklung der Wahrnehmungsdialektologie im deutschsprachigen Raum —— 37
3.4 Übungsaufgaben —— 42
3.5 Weiterführende Literatur —— 42

4 **Theorie der Wahrnehmungsdialektologie** —— 45
4.1 Dialekt als kognitives Phänomen —— 45
4.1.1 Kognitionstheoretischer Rahmen —— 45
4.1.2 Dialekt & Frametheorie: Die kognitive Repräsentation von Dialekt —— 48
4.1.2.1 Prototypikalität von Dialektkonzepten —— 49
4.1.2.2 Default Values —— 50
4.1.2.3 Konventionalität und Sozialität der Dialekt-Frames —— 51
4.1.2.4 Fokussierung und Perspektivierung —— 53
4.1.2.5 Rekursivität als Basis für die Entstehung von Dialekt-Frame-Systemen —— 54

4.1.2.6	Die kognitive Vernetzung dialektologischen Wissens: Frame-Systeme entstehen —— 54	
4.1.2.7	Möglichkeiten der Visualisierung von Dialekt-Frames —— 56	
4.1.3	Weitere kognitive Repräsentationsformen von Dialekt —— 60	
4.2	Konzepte der Wahrnehmung und deren Anwendung —— 63	
4.3	Individuum und Gesellschaft: Wissenssoziologische Grundannahmen und deren Operationalisierung —— 67	
4.4	Raummodelle: Objektive Räume und deren subjektive Repräsentation —— 74	
4.4.1	Raumkonzeptionen in der Physik, Philosophie und Soziologie —— 75	
4.4.2	Raumkonzepte in der Dialektologie —— 78	
4.4.3	Synthese —— 82	
4.5	Übungsaufgaben —— 84	
4.6	Weiterführende Literatur —— 86	
5	**Methoden der Wahrnehmungsdialektologie —— 89**	
5.1	Schritt 1: Das Forschungsdesign —— 89	
5.2	Schritt 2: Die Datenerhebung —— 91	
5.2.1	Erhebung assoziierter (internaler) Merkmale —— 93	
5.2.1.1	Draw-a-Map —— 93	
5.2.1.2	Degree-of-Difference —— 99	
5.2.1.3	Pleasantness/Correctness-Evaluation —— 100	
5.2.1.4	Pilesorting —— 100	
5.2.1.5	Speech-Imitation —— 101	
5.2.2	Erhebung perzipierter (externaler) Merkmale —— 102	
5.2.2.1	Hörerurteilstest —— 102	
5.2.2.2	Matched-Guise —— 103	
5.2.3	Mixed Methods —— 104	
5.2.3.1	Mixed Methods: Online-Befragung —— 104	
5.2.3.2	Mixed Methods: Primes —— 106	
5.2.3.3	Mixed Methods: Open Guise —— 108	
5.2.3.4	Mixed Methods: Linguistic Landscaping —— 108	
5.2.3.5	Mixed Methods: IDS-Sprachmodul —— 111	
5.3	Schritt 3: Die Datenaufbereitung —— 112	
5.3.1	Shaded Maps (*overlay techniques*) —— 112	
5.3.2	Geoinformationssysteme (GIS) —— 114	
5.3.3	Transkripte —— 117	
5.4	Schritt 4: Die Datenanalyse —— 119	
5.4.1	Ergebnisse qualitativer und quantitativer Analysen —— 119	
5.4.2	Qualitative Inhaltsanalyse (nach Mayring) —— 120	
5.4.3	Quantitative Mono-, Bi- und Multivariate Analyseverfahren —— 122	
5.4.4	Messskalen als Hauptinstrument quantitativer Analysen —— 125	
5.5	Schritt 5: Die Dateninterpretation —— 126	

5.5.1	Die hermeneutische Methode —— 126	
5.5.2	Der integrierende Ansatz —— 128	
5.6	Übungsaufgaben —— 130	
5.7	Weiterführende Literatur —— 131	
6	**Wahrnehmungsdialektologische Forschungsprojekte —— 133**	
6.1	Wahrnehmungsdialektologie. Der deutsche Sprachraum aus der Sicht linguistischer Laien —— 134	
6.1.1	Projekt „Mauer in den Köpfen" von Palliwoda (2019) —— 136	
6.1.2	Projekt „Sprachräumliche Praxis" von Schröder (2019) —— 137	
6.1.3	Projekt „Was ist gutes Deutsch?" von Beuge (2019) —— 138	
6.2	Auswirkungen der Staatsgrenze auf die Sprachsituation im Oberrheingebiet (FLARS) —— 139	
6.3	Ländere^n. Die Urschweiz als Sprach(wissens)raum —— 140	
6.3.1	Projekt „Zum Verhältnis zwischen Ort, Raum und Sprache" von Petkova (2015) —— 142	
6.3.2	Projekt „Dialekte machen" von Schiesser (2020) —— 143	
6.4	Sprachvariation in Norddeutschland (SiN). Teilprojekt 4: Spracherfahrungen, Sprachwissen, Spracheinstellungen. Untersuchungen zu den erhobenen Metadaten —— 143	
6.4.1	Projekt: „Regionales Sprechen und Identität" von Claudia Scharioth (2015) —— 145	
6.4.2	Projekt: „Niederdeutsch im Wandel. Sprachgebrauchswandel und Sprachwahrnehmung in Hamburg" von Jürgens (2015) —— 146	
6.4.3	Projekt: „Salienz, Bewertung und Realisierung regionaler Sprachmerkmale in Bremen und Hamburg" von Hettler (2018) —— 146	
6.5	Deutsch in Österreich. Variation – Kontakt – Perzeption – Task-Cluster D: Perzeption —— 147	
6.6	Die Stadtsprache Hannovers —— 149	
6.6.1	Projekt: „‚Tach' oder ‚Tag' – Eine soziolinguistische Untersuchung(k)" von Ikenaga (2018) —— 151	
6.7	Übungsaufgaben —— 151	
6.8	Weiterführende Literatur —— 151	
7	**Fazit: Zusammenfassung und Ausblick —— 153**	
7.1	Zum aktuellen Stand der Wahrnehmungsdialektologie: Eine kurze Zusammenfassung —— 153	
7.2	Offene Fragen und Desiderata in der wahrnehmungsdialektologischen Forschung: Ein Ausblick —— 156	
8	**Lösungsvorschläge —— 159**	
8.1	Wissenschaftstheoretische Kontextualisierung —— 159	

8.2	Die Geschichte der Wahrnehmungsdialektologie —— 162
8.3	Theorie der Wahrnehmungsdialektologie —— 163
8.4	Methoden der Wahrnehmungsdialektologie —— 167
8.5	Wahrnehmungsdialektologische Forschungsprojekte —— 171

Literaturverzeichnis —— 175

Index —— 195

Abbildungen

Abb. 1: Gegenstandsbestimmung einer deutschsprachigen Wahrnehmungsdialektologie (Anders 2010: 18). —— 4
Abb. 2: Die *little arrow method* nach Weijnen 1946 (Abbildung zit. nach Preston 1999a: XXVII). —— 29
Abb. 3: Sibatas (1959/1999: 43) Methode zur Sichtbarmachung sprachlicher Ähnlichkeiten. —— 30
Abb. 4: The place of folk linguistics in the general study of language, revised (Niedzielski & Preston 2003: XI). —— 35
Abb. 5: Der Prozess der Ausbildung einer Sprachbetrachtungsreaktion (Soukup 2019: 94). —— 33
Abb. 6: Verwendete Karte für die Mental-Maps-Aufgabe in Preston (1982: 21). —— 35
Abb. 7: Schematisierung eines Dialektepistemikons. —— 64
Abb. 8: Ausschnittsweise Darstellung eines Dialektkonzeptes. —— 65
Abb. 9: Abstrakte Darstellung des Variation-Epistems (nach Hoffmeister 2020b). —— 66
Abb. 10: Exemplarische Darstellung eines VAR-Epistems (Hoffmeister 2020b: 175). —— 67
Abb. 11: Verknüpfung der Perzeptionsräume durch Synchronisierung. —— 94
Abb. 12: Überblick über die Methoden der Datenerhebung nach Preston (2010: 24). —— 92
Abb. 13: Mental Map (Preston 1999a: 362). —— 94
Abb. 14: Mental Map strukturiert auf Basis von Merkzeichen (Anders 2010: 187). —— 95
Abb. 15: Mental Map strukturiert auf Basis von Brennpunkten (Anders 2010: 189). —— 96
Abb. 16: Mental Map strukturiert auf Basis von Grenzlinien (Anders 2010: 193). —— 97
Abb. 17: Verwendete Grundkarten in der Erhebung von Lameli, Kehrein & Purschke (2008: 58). —— 99
Abb. 18: Online-Fragebogen (Kleene 2020: 128). —— 105
Abb. 19: Verstärkter Prime (Pallwoda 2019: 101). —— 107
Abb. 20: Linguistic Landscape Forschung in der Schweiz (Petkova 2017: 177). —— 109
Abb. 21: Lingscape-App. —— 110
Abb. 22: Sympathiewerte deutscher Dialekte im geschlossenen ASBI (Adler & Plewnia 2020: 29). —— 112
Abb. 23: Generierte Karte mittels Overlay-Technik nach Preston & Howe (1987: 373). —— 113
Abb. 24: Generierte Karte mittels PDQ-Software (Long 1999: 183). —— 113
Abb. 25: Workflow in ArcGIS (Montgomery & Stoeckle 2013: 68). —— 115
Abb. 26: Darstellung der Übereinstimmungsgrade mittels Farbabstufung (Montgomery & Stoeckle 2013: 66). —— 116
Abb. 27: Ausschnitt eines Transkripts in EXMARaLDA (Archiv für Gesprochenes Deutsch 2020). —— 118
Abb. 28: Kreuztabelle nach Anders (2010: 365). —— 123
Abb. 29: Zuordnung der Ortspunkte nach Berücksichtigung der Stapelzuordnung und Verwendungshäufigkeit (Schröder 2019: 145). —— 124
Abb. 30: Semantisches Differential zur Bewertung zweier Untersuchungsgegenstände (Brosius, Koschel & Haas 2009: 63). —— 126
Abb. 31: Methodenpool des SFB *Deutsch in Österreich* (Lenz 2019: 336). —— 148

Tabellen

Tab. 1: Schematischer Vergleich von Experten- und Laienwissen. —— 11
Tab. 2: Gegenüberstellung dreier Einstellungsmodelle. —— 21
Tab. 3: Raumkonzepte in der Dialektgeographie und Wahrnehmungsdialektologie. —— 84
Tab. 4: Übersicht zum Projekt *Wahrnehmungsdialektologie: Der deutsche Sprachraum aus der Sicht linguistischer Laien.* —— 134
Tab. 5: Übersicht zum Projekt *Auswirkungen der Staatsgrenze auf die Sprachsituation im Oberrheingebiet (FLARS).* —— 139
Tab. 6: Übersicht zum Projekt Ländere^n. Die Urschweiz als Sprach(wissens)raum Untersuchungsraum (SNF). —— 140
Tab. 7: Übersicht zum Projekt *Sprachvariation in Norddeutschland (SiN): Teilprojekt 4.* —— 143
Tab. 8: Übersicht zum Projekt Deutsch in Österreich (DiÖ): Task-Cluster D: Perzeption (Standardvarietäten aus Perspektive der perzeptiven Variationslinguistik). —— 147
Tab. 9: Übersicht zum Projekt *Die Stadtsprache Hannovers.* —— 149

1 Einleitung

Das vorliegende Buch versucht eine Antwort auf die Frage zu geben: „Was ist Wahrnehmungsdialektologie?". Dass diese Frage keinesfalls leicht zu beantworten ist, zeigt sich schon bei der terminologischen Bezeichnung der Disziplin, für die sich, nicht nur im deutschsprachigen Raum, unzählige Varianten finden: „perceptual dialectology" (Preston 1982; 1989), „Perzeptionsdialektologie" (Herrgen & Schmidt 1985), „Hörerdialektologie" (Herrgen & Schmidt 1985; Purschke 2011), „Volkslinguistik" (Brekle 1985; Twilfer 2012), „Sprecherdialektologie" (Löffler 1986), „folk-linguistics" (Hoenigswald 1964; Preston 1993a), „folk dialectology" (Preston 1993a), „Laienlinguistik" (Antos 1996), „Ethnodialektologie" (Auer 2004; Gessinger 2008; Elmentaler, Gessinger & Wirrer 2010), „Alltagsdialektologie"/„Alltagslinguistik" (Hundt 2009a), „perzeptive Varietäten-/Variationslinguistik" (Krefeld & Pustka 2010; Purschke 2011), „Laiendialektologie" (Macha 2010), „Wahrnehmungsdialektologie" (Anders 2010). Dass sich in dieser (nicht zwingend vollständigen) Auflistung auch Bezeichnungen wie das von Antos (1996) geprägte *Laienlinguistik* finden, offenbart ein weiteres Problem, das die Bezeichnung mit sich bringt. So ist im Forschungsalltag nicht immer klar, wo die Trennung zwischen Laienlinguistik und Wahrnehmungsdialektologie verläuft. Um den Kontext zu verdeutlichen, beleuchten wir den wissenschaftstheoretischen Kontext in Abschnitt 2 ausführlich.

Nun stellt sich natürlich die Frage, warum im vorliegenden Buch von *Wahrnehmungsdialektologie* gesprochen wird. Maßgeblich ist vor allem die Unterscheidung von Wahrnehmung und Perzeption, die wir in Abschnitt 4.2 ausführlich beschreiben. Kurz gesagt handelt es sich bei der Perzeption um den physischen Vorgang der Lautverarbeitung, während die Wahrnehmung auf die Reflexion perzipierter Merkmale abzielt. Da die Reflexionsvorgänge für die Wahrnehmungsdialektologie einen zentralen Untersuchungsgegenstand darstellen, soll dies auch terminologisch sichtbar gemacht werden. Außerdem hat sich die Bezeichnung *Wahrnehmungsdialektologie* im deutschen Sprachraum mittlerweile weitestgehend etabliert (z. B. erkennbar an der eigenen Sektion gleichen Namens der Internationalen Gesellschaft für Dialektologie des Deutschen (IGDD)), sodass es hier auch um die klare disziplinäre Zuordnung geht. Auf Vor- und Nachteile der anderen Bezeichnungsvarianten soll hier nicht näher eingegangen werden, dies sprengte den Umfang dieser Einleitung. Bei einigen Varianten (z. B. *Volkslinguistik*) liegen diese ohnehin auf der Hand.

Doch womit beschäftigt sich nun die Wahrnehmungsdialektologie? Sollte bei Wissenschaften nicht objektive Erkenntnis im Vordergrund stehen und nicht die Wahrnehmung einzelner Personen? Zuletzt hat Hoffmeister (2021a) für die Laienlinguistik gezeigt, dass ein Blick auf die (vermeintlich!) subjektiven Daten geboten ist, weil so die Daten der traditionellen Linguistik (bzw. Dialektologie) um wichtige Perspektiven erweitert werden können und die Sprecher, mit denen sich Wahrnehmungsdialektologie wie auch Laienlinguistik beschäftigen, qua fortwährender Beschäftigung mit Aspekten der Sprache, wenngleich keine linguistischen, so doch aber sprachliche Experten sind (vgl. Antos 2021; Hoffmeister 2019; Spitzmüller 2021).

Das Beschäftigungsfeld der Wahrnehmungsdialektologie, so viel sollte schon deutlich geworden sein, sind also subjektive Daten[1] von Dialekt, mit anderen Worten: Es geht um die kognitiven Repräsentationen von Dialekt(räumen), um die Einstellungen zu verschiedenen Dialekten und das Wissen von den Dialekten. Die Wahrnehmungsdialektologie begreift Dialekt also nicht primär als linguistisches (Dialektografie), areales (Dialektgeografie) oder soziales (Dialektsoziologie), sondern als kognitives Phänomen. Gleichwohl teilt sie den Gegenstand Dialekt mit den anderen Disziplinen. Dialekt kann gemeinhin verstanden werden als „sprachliche Erscheinungen, die in einem räumlich-geographischen Kontrast zueinanderstehen. Sie sind durch Sprachgrenzlinien oder Isoglossen voneinander abgetrennt und bilden zusammenhängende Flächen in der Landschaft" (Löffler 2016: 127).

Ein Bewusstsein über die regionale Variation des Deutschen kann schon früh nachgewiesen werden. Bereits Martin Luther (1566/1919: 512) war sich der Variantenvielfalt bewusst:

> Deutschland hat mancherley Dialectos, Art zu reden, also daß die Leute in 30 Meilen Weges einander nicht wol können verstehen. Die Oesterreicher und Bayern verstehen die Thüringer und Sachsen nicht, sonderlich die Niederländer.[2]

Doch Luther war keineswegs der erste, der über Sprache und sprachliche Variation reflektiert hat. Schon bei Hugo von Trimberg im „Renner" um 1300 sind Dialektcharakterisierungen zu finden, die die Forschung in Bezug auf eine adäquate Übersetzung aus dem Mittelhochdeutschen, die aus der konzeptuellen Undurchsichtigkeit resultiert (s. u.), jedoch vor Probleme stellt (vgl. Wells 1990: 125–126). So heißt es bei von Trimberg: „Swâben ir wörter spaltent / Die Franken ein teil si valtent, / Die Beier si zezerrent, / Die Düringe si ûf sperrent, / Die Sahsen sie bezücken, / Die Rînliute si verdrücken [...]" (von Trimberg 1300/1909: 220).

Die unterschiedlichen dialektologischen Disziplinen unterscheiden sich in ihrem Blick auf die regionale Variation einer Sprache in der methodologischen Perspektive. Wenn die Wahrnehmungsdialektologie nun Dialekt aus einer kognitiven Perspektive untersucht, geht es zum einen um die mentale Repräsentation: eine „kognitive Verankerung" bzw. „kognitive Konzeption einer regionalen Varietät" (Anders 2010: 17) bei linguistischen

---

1 Mit dem Attribut *subjektiv* muss man in diesem Zusammenhang vorsichtig umgehen, da die Dialektkonzepte keinesfalls bloß subjektiv sind, sondern das Wissen häufig über diskursive Aushandlungsprozesse diskursiv ermittelt wird (vgl. Abschnitt 4.3). Aus Gründen der Exemplarizität und Anschaulichkeit wird hier mit dem Ausdruck operiert.
2 Mit *Niederländer* sind in diesem Zusammenhang die *Niederdeutschen* gemeint.

Laien³, die oft nicht mit dem wissenschaftlichen Verständnis übereinstimmt. Gegenstand der Wahrnehmungsdialektologie sind folglich nicht objektive Sprachdaten, sondern subjektive Daten, die Mattheier (1994: 420) wie folgt definiert: „Äußerungen der Sprecher, wenn sie nach ihrem eigenen Sprachverhalten gefragt werden". Neben der schlichten Abbildung von räumlichen Vorstellungen von Dialekt kommen zudem oft Einstellungen hinzu, die Dialekt individuell bewerten. Zentral sind dabei „primär die Beschaffenheit und erst sekundär die Funktionen und Auswirkungen dieser [der subjektiven, VS/TH] Strukturen" (Anders 2010: 18). Allerdings stehen im Fokus der Untersuchung nicht ausschließlich Autostereotype, d. h. Selbstkonzepte von Gruppen (vgl. Hundt 1992: 5–8), sondern auch Heterostereotype, die beschreiben, wie Gruppen sich untereinander beurteilen.⁴ Diese Form der Stereotypenbildung ist auch bei Hugos von Trimberg „Der Renner" zu erkennen. Die unterschiedlichen Sprechweisen der Dialektsprechenden⁵ (Schwaben, Franken, Bayer, Thüringer, Sachsen, Rheinländer) werden als abtrennend (*spaltent*), überlappend i. S. v. zusammengezogen (*valtent*), dehnend (*zezerrent*), streckend (*ûf sperrent*), schnell ziehend bzw. verkürzend (*bezückent*, vgl. Lexer 1992: 20; Wells 1990: 126) sowie pressend (*verdrückent*) bezeichnet. Diese Dialektcharakterisierungen weisen folglich nicht auf objektive Merkmale von Dialekten⁶ hin, sondern auf die primär subjektiv gelagerten Konzeptualisierungen von Dialekt.

Etabliert haben sich zwei konzeptionelle Herangehensweisen an das Verhältnis von traditioneller Dialektologie und Wahrnehmungsdialektologie. So versteht Anders (2010: 17–19) die Wahrnehmungsdialektologie als eigene Teildisziplin, die neben anderen dialektologischen Disziplinen (Dialektografie, Dialektgeografie, Dialektsoziologie) steht (vgl. Abb. 1).

---

3 Die Verwendung des Terminus *linguistischer Laie* ist durchaus problematisch. In wahrnehmungsdialektologischen Studien sind es gerade die Laien, die Auskunft geben sollen, weshalb sie in diesem Zusammenhang die sprachlichen (wenngleich nicht die linguistischen) Experten darstellen (vgl. Antos 2021; Hoffmeister 2019; Hundt, Naths & Hoffmeister 2020; Spitzmüller 2021).
4 Vgl. dazu ausführlich das Projekt SI.DE (Stereotypen International) an der Universität Duisburg-Essen (vgl. Ossenberg & Baur 2016) sowie die Projekte SMiK (Nationale Stereotype und Marketingstrategien in der deutsch-dänischen interkulturellen Kommunikation, vgl. Hallsteindóttir et al. 2016) bzw. das Nachfolgeprojekt EurEd (Constructions of European and National Identities in Educational Media, vgl. http://projects.au.dk/interconnectedness/ (letzter Zugriff 10.06.2021).
5 Aus Gründen der Lesbarkeit wird in der vorliegenden Einführung das generalisierende Maskulinum verwendet. Wir sind uns der Existenz verschiedener Geschlechtsidentitäten bewusst, dennoch ist das Ziel einer Einführung die flüssige Lesbarkeit, die wir so versucht haben, zu ermöglichen.
6 Vgl. bspw. dazu z. B. die ausführliche Darstellung von Dialektmerkmalen in den regionalen Dialektatlasprojekten *Mittelrheinischer Sprachatlas* (MRhSA, vgl. zur Einführung Bellmann 1994) oder *Norddeutscher Sprachatlas* (NOSA, vgl. Elmentaler & Rosenberg 2015).

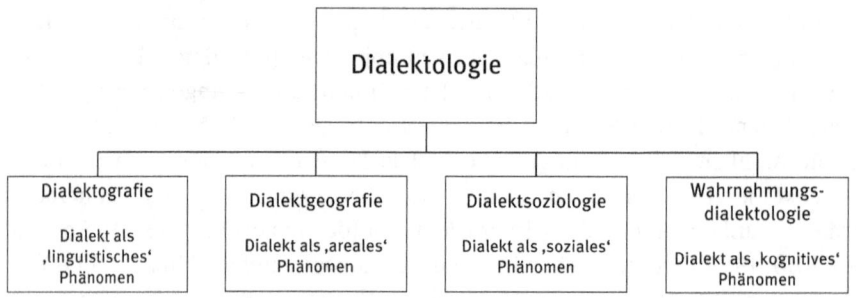

Abb. 1: Gegenstandsbestimmung einer deutschsprachigen Wahrnehmungsdialektologie (Anders 2010: 18).

Diese strukturelle Abgrenzung der einzelnen Teilbereiche ist analytischer Natur; es liege auf der Hand, so Anders (2010: 18), „dass sowohl dialektsoziologische Aspekte in wahrnehmungsdialektologischen Untersuchungen berücksichtigt werden müssen und umgekehrt". Dies führt Purschke (2011: 311) zu seiner Herangehensweise, nach der die Wahrnehmungsdialektologie zwar „nicht nur über einen eigenständigen theoretisch-methodischen Zugriff [...] [sowie] auch über ein spezifisches Erkenntnispotenzial" verfüge (hierin stimmt Purschke also mit Anders überein), es allerdings trotz alledem nicht angebracht sei, von einer eigenen Disziplin auszugehen, da der Gegenstand der Herangehensweisen derselbe sei, nämlich die sprachliche Variation in Zeit und Raum (vgl. Purschke 2011: 312).[7]

Nach dieser doch recht langen Periode von Forschung in dieser Disziplin ist es mittlerweile Zeit für ein Fazit. Um die Zukunftsfähigkeit der Disziplin zu ermöglichen, ist es aber auch an der Zeit, neue Impulse zu setzen und die Disziplin weiterzuentwickeln. Beide Ziele verfolgt diese Einführung. Wir möchten also einerseits den Status quo darstellen und andererseits Potenziale und Desiderata offenlegen und betonen, um so einen Anlass für zukünftige wahrnehmungsdialektologische Studien zu bieten und einen ersten Beitrag dazu zu leisten.

Dieses Arbeitsheft gliedert sich wie folgt: In Abschnitt 2 wird der wissenschaftstheoretische Kontext näher beleuchtet. Die Disziplin *Wahrnehmungsdialektologie* wird im Rahmen der Laienlinguistik verortet und auch Nachbardisziplinen (z. B. die Sprachkritik und die Spracheinstellungsforschung) werden besprochen. Dies ist deshalb notwendig, da der Blick auf Laienwissen für einige vielleicht zunächst befremdlich wirken mag. Die Wahr-

---

[7] Dass im Rahmen dieser Einführung der Ansatz von Christina Anders dem von Christoph Purschke aufgrund der eindeutigeren Perspektivierungsleistung vorgezogen wird, sollte schon aus der Anlage der Einführung logisch folgen und somit erkennbar sein. Einer der beiden Ansätze liegt letztlich, wenn auch zumeist implizit, jeder wahrnehmungsdialektologischen Forschung der letzten gut 30 Jahre zugrunde.

nehmungsdialektologie nimmt jedoch subjektive Daten in objektiv-wissenschaftlicher Weise in den Blick.

In Abschnitt 3 wird dann die Geschichte der Wahrnehmungsdialektologie nachgezeichnet. Der Beginn in den Niederlanden und Japan (einschließlich der niederländisch-japanischen Kontroverse) wird ebenso behandelt wie die Wegbereitung in den USA. Schließlich liegt ein Schwerpunkt auf den Entwicklungen im deutschsprachigen Raum.

Abschnitt 4 stellt die Theorie der Wahrnehmungsdialektologie dar. Hier werden grundlegende theoretische Konzepte aus anderen Disziplinen entlehnt, sodass zunächst auf Kognitionswissenschaft bzw. -linguistik eingegangen und Dialekt als kognitives Phänomen ausführlich besprochen wird. Anschließend werden Grundlagen der Wahrnehmungspsychologie, Wissenssoziologie und der Raumtheorie dargestellt.

Das wahrnehmungsdialektologische Methodeninventar ist Gegenstand des Abschnittes 5. Es werden die einzelnen Schritte einer wahrnehmungsdialektologischen Untersuchung, die Bildung des Forschungsdesigns, die Datenerhebung, die Datenaufbereitung, die Datenanalyse und die Dateninterpretation, aufgezeigt und die entsprechenden Methoden erläutert.

Abschnitt 6 widmet sich schließlich den wahrnehmungsdialektologischen Projekten im deutschsprachigen Raum. Es wird eine Auswahl von innovativen Groß- und Verbundprojekten zusammengestellt, die in den letzten zehn Jahren entstanden bzw. auch aktuell noch bearbeitet werden. Neben einem Einblick in das Forschungsdesign und das Methodeninventar werden auch (erste) Ergebnisse dargestellt.

Die Einführung eignet sich somit sowohl zum Einsatz in der universitären Lehre, z. B. als Grundlage für ein Seminar im Bachelorstudium, als auch für das Selbststudium, bspw. in Vorbereitung zur Planung eines (studentischen) wahrnehmungsdialektologischen Forschungsprojektes. Zwar ist der Inhalt primär für Studierende im Bachelorstudium konzipiert, jedoch kann das Arbeitsheft z. T. auch im Rahmen des Masterstudiums herangezogen werden. Da die Einführung bloß aus insgesamt fünf thematischen Kapiteln besteht, empfehlen wir im Einsatz in der Lehre für die Abschnitte 2 und 3 jeweils zwei Sitzungen, für jedes der Unterkapitel in Abschnitt 4 eine Sitzung und für die Abschnitte 5 und 6 jeweils zwei Sitzungen, sodass sich zwölf thematische Sitzungen ergeben (zzgl. jeweils einer Einstiegs- sowie einer Endsitzung ergeben sich dann 14 Sitzungen). Uns war es in der Konzeption der Einführung wichtig, eine thematische Zusammengehörigkeit kenntlich zu machen, um die Kohärenz zu gewährleisten, wodurch die recht umfangreichen Abschnitte 4 und 5 entstanden sind. Die einzelnen Kapitel sind dabei mit umfangreichen Übungsaufgaben versehen, die entweder im Selbststudium oder auch angeleitet dazu dienen können, die Inhalte zu vertiefen. Wenn in den Aufgaben oder auch im Text auf laienlinguistische Dialektkonzepte referiert wird, so verwenden wir die Notation in Kapitälchen (also z. B. BAYRISCH, SÄCHSISCH für laienlinguistische Konzepte und Bairisch und (Ober-)Sächsisch, wenn es um die dialektologischen Räume geht).

2 Wissenschaftstheoretische und -praktische Kontextualisierung

Der folgende Abschnitt soll die Perspektive erweitern und den Blick von laienlinguistischen Konzeptualisierungen auf Dialekt hin zu allgemeinen Voraussetzungen der Disziplin lenken. Dazu werden zunächst ethnomethodologische Ausgangspunkte umrissen, die die Basis jeder Disziplin, die sich mit Ansichten und Wissen von Laien beschäftigt, darstellen. Anschließend werden im Anschluss an Furnham (1988) die sog. *Lay Theories* vorgestellt. Kern des Kapitels ist schließlich Abschnitt 2.3, der den gesamten Forschungskontext zur Laienlinguistik behandelt und dort exemplarisch auf die drei Disziplinen Spracheinstellungsforschung, laienlinguistische Sprachnormforschung sowie laienlinguistische Sprachkritik eingeht, die allesamt die Wahrnehmungsdialektologie in gewissen Bereichen tangieren.

2.1 Ethnomethodologische und (sozio-)konstruktivistische Ausgangspunkte

Ethnomethodologische Ansätze stehen in der Tradition Harold Garfinkels (1967/2020). Sie sind für die Laienlinguistik im Allgemeinen und die Wahrnehmungsdialektologie im Speziellen deshalb relevant, da sie die Ausgangsbasis der Untersuchung alltäglicher Interaktionsstrukturen und -methoden darstellen. Der Fokus liegt dabei auf der Untersuchung der Konstitution alltäglicher Lebenswelten sowie der Konstruktion von (sprachlichen) Wahrheiten. Innerhalb einer Sprechergemeinschaft existiert (weitestgehend bzw. idealiter) ein Konsens über gewisse als wahr anzuerkennende Tatsachen, diese stellen das Resultat von Konventionalisierungsprozessen dar. Im Folgenden soll deshalb zum einen der ethnomethodologische Kontext umrissen werden, zum anderen findet eine Erweiterung um für das Forschungsfeld Wahrnehmungsdialektologie relevante Aspekte eines (Sozio-)Konstruktivismus statt.

Bevor mit der Ethnomethodologie sowie angrenzenden Disziplinen die Erforschung von alltäglichen Handlungspraxen fokussiert werden kann, sollen zunächst kurz die alltäglichen Handlungspraxen und die sie bedingenden Alltagserfahrungen selbst behandelt werden. Der Zusammenhang von Handlungspraxen und Alltagserfahrungen liegt darin gegründet, dass beide von übergeordneten Kontexten bestimmt sind, die Goffmann (2018: 31) *primäre Rahmen* nennt:

> Wenn der einzelne in unserer westlichen Gesellschaft ein bestimmtes Ereignis erkennt, neigt er dazu – was immer er sonst tut –, seine Reaktion faktisch von einem oder mehreren Rahmen oder Interpretationsschemata bestimmen zu lassen.

Dies hängt mit dem kognitionslinguistischen Ansatz zusammen, Wissen als Framerepräsentationen zu verstehen (vgl. Abschnitt 4.1). Die gemeinsame Basis beider Ansätze besteht also darin, dass wir mithilfe gewisser konkreter Schemata denken und handeln. Diese Schemata sind sozio-kulturelle Produkte und deshalb immer vor diesem Hintergrund zu interpretieren.[8] Dies schließt direkt an die Grundannahme der Ethnomethodologie an, dass „der *erkennbare* Sinn und die erkennbare Tatsache [...] nicht unabhängig von ihren sozial organisierten Anwendungssituationen" existieren (Goffman 2018: 38). Betrachten wir also die ästhetische Qualifizierung von Dialekten, d. h. die Aussage, dieser oder jener Dialekt sei *schön* oder *hässlich*, so ist diese Attribuierung einerseits im Hinblick auf eine bestimmte Äußerungssituation zu interpretieren und andererseits wird mit der Äußerung eine gewisse soziale Positionierung (vgl. Spitzmüller 2013: 268–273) vorgenommen. Die Äußerungen *schön* bzw. *hässlich* wirken damit indexikalisch auf eine bestimme soziale Position bzw. Diskursrolle und eine konkrete Spracheinstellung bzw. Sprachideologie. Diese Positionierung wird mit du Bois (2007) auch als *Stancetaking* bezeichnet, der Vorgang funktioniert folgendermaßen:

> Stance is a public act by a social actor, achieved dialogically through overt communicative means, of simultaneously evaluating objects, positioning subjects (self and others), and aligning with other subjects, with respect to any salient dimension of the sociocultural field.
>
> (Du Bois 2007: 163)

Insgesamt werden über unterschiedliche Positionierungsakte und -praxen Geltungsansprüche erhoben, die nach agonalen Diskursen (vgl. Felder 2013)[9] so zur Konstruktion einer geteilten Wirklichkeit führen. Ohne hier näher in erkenntnistheoretische Fragestellungen einsteigen zu wollen, soll hervorgehoben werden, dass für laienlinguistische und wahrnehmungsdialektologische Zusammenhänge ein korrespondenztheoretischer Blick (vgl. bspw. Searle 2013) wenig zielführend ist und vielmehr eine Konsenstheorie der Wahrheit (vgl. Habermas 1995) angenommen werden sollte. Die Konsenstheorie der Wahrheit besagt im Grunde, dass dasjenige als *wahr* gelten kann, über das in einer bestimmten Gemeinschaft ein relativer Konsens besteht. Dies hat natürlich gewisse Grenzen, da nicht jede kleine soziale Gruppe eigene, den gesellschaftlichen Konsensen entgegenstehende Ansichten vertritt und für diese einen Wahrheitsanspruch erheben kann. Das gesellschaftliche Zusammenleben steckt gewissermaßen den Rahmen ab, in dem einzelne Fakten ausgehandelt werden können. Der Aushandlung von Fakten sind nämlich, wie

---

[8] Für die linguistische Forschung problematisch ist, dass „die Organisationseigenschaften des Rahmens im Allgemeinen nicht bewusst [sind, VS/TH], und wenn man ihn [eine Person, VS/TH] fragt, kann er ihn auch nicht annähernd vollständig beschreiben, doch das hindert nicht, dass er ihn mühelos und vollständig anwendet" (Goffman 2018: 31).

[9] Unter *agonalen Diskursen* versteht Felder u. a. im Anschluss an die Arbeit von Jean-François Lyotard (1987) einen kämpferischen, widerstreitenden Diskurs, bei dem die einzelnen Diskursakteure Konsense ausfechten. Die jeweiligen Akteure werden dabei als Rivalen verstanden; das Ziel ist schließlich eine gemeinsame Ordnung zu finden (vgl. Felder 2013: 18): „Wenn zwei oder mehr Konzepte in einem Diskurs konfligieren und für einen Diskurs als charakteristisch gelten, dann spreche ich von agonalen Zentren, da in diesen diverse Geltungsansprüche mehr oder weniger unvereinbar aufeinandertreffen" (Felder 2013: 21).

Felder (2018) einleuchtend herleitet, insofern Grenzen gesetzt, als dass sie bloß vor dem Hintergrund von Daten *gemacht* werden können. Damit ein Fakt also Gültigkeit besitzt, müssen die gegebenen Daten berücksichtigt werden. Für Dialekteinstellungen sind derartige Daten zumeist weniger relevant, da Sprache im Verständnis der Wahrnehmungsdialektologie ohnehin nicht sprecherunabhängig zu denken ist. Fakten als *Gemachtes* zu verstehen ist aber ein grundlegendes Konzept, da die Ansicht, BAYERISCH sei *gemütlich* und *urig*, durchaus konventionalisiert ist und in Erhebungen rekurrent auftaucht, sodass von einem gesellschaftlich akzeptierten Wissensbestand ausgegangen werden kann. Für die Gruppe linguistischer Laien stellt es somit einen Fakt dar, auch wenn nähere Gründe, z. B. perzipierte Merkmale des Bairischen, nicht genannt werden können; es handelt sich um eine allgemeine Dialektcharakterisierung (vgl. Hundt 2017: 127). Der konstruktivistische Ansatz wird in den Abschnitten zur wahrnehmungsdialektologischen Theoriebildung (vgl. Abschnitt 4) erneut aufgegriffen und im Hinblick auf die Konzepte *Wissen*, *Wahrnehmung* und *Raum* diskutiert sowie angewandt.

2.2 Lay Theories

Lay Theories (*Laientheorien* bzw. *Alltagstheorien* oder *subjektive Theorien*) sind unmittelbar mit dem Namen Adrian Furnham verbunden, der 1988 wegweisende Forschung auf diesem Gebiet geleistet hat, die bis heute grundlegend ist. Darüber hinaus hat sich im deutschsprachigen Raum das *Forschungsprogramm Subjektive Theorien* (vgl. Arbeitsgruppe Bielefelder Soziologen 1973) entwickelt, das sich mit Alltagstheorien zu unterschiedlichen Aspekten beschäftigt und das auch auf Alltagstheorien zu Dialekt bzw. Sprache angewendet werden kann.

Insbesondere die Unterscheidung von laien- und wissenschaftlichen Theorien bei Furnham (1988: 2–7) ist viel zitiert, kritisiert und weiterentwickelt worden. Furnham führt Laien- wie Expertentheorien auf Strukturanalogien zurück, die gleichwohl in acht verschiedenen Unterscheidungsdimensionen münden (vgl. auch Bock & Antos 2019: 57–58):

1. *Explizitheit und Formalisierung*: Laientheorien sind zumeist implizit und legen nicht explizierte (oder nicht explizierbare) Annahmen und Axiome zugrunde. Diese Axiome werden mittels eigener alltagslogischer Schlussverfahren legitimiert (vgl. Kienpointner 1992), wobei ein Widerspruch gegen die Ergebnisse i. d. R. nicht als solcher wahrgenommen oder zugelassen wird. Axiome stellen in diesem Zusammenhang also Grundannahmen dar, über deren Hinterfragbarkeit kein Bewusstsein besteht. Daraus entsteht die grundsätzliche Abwehr von Widersprüchen. Laien sind zum Beispiel der natürlichen Ansicht, dass es schöne und hässliche Sprachen gibt, wenngleich die zugrundeliegende *inherent value hypothesis* aus linguistischer Sicht als überholt gelten kann.
2. *Kohärenz und Konsistenz:* Diese Dimension schließt unmittelbar an die in 1. angesprochenen alltagslogischen Schlussverfahren an, da Laientheorien oftmals nicht gänzlich widerspruchsfrei (konsistent) sind. Darüber hinaus zeichnen sie sich durch ein gewis-

ses Maß an Inkohärenz aus. Die Inkonsistenz ist z. B. dadurch zu erkennen, dass vermeintliche inhaltliche Brüche geduldet werden bzw. gar nicht als solche auffallen. So kann in Bezug auf laikale Grammatikalitätstheorien beispielsweise die Verwendung von *wegen* + Genitiv von Laien als unumgänglich bezeichnet werden, während die Person im Gespräch selbst *wegen* + Dativ gebraucht. Die Inkohärenz bezieht sich auf den exemplarischen Charakter laikaler Theorien, die nicht den Anspruch haben, Phänomene exhaustiv zu beschreiben, sondern die Bewältigung einzelner Aufgaben zum Ziel haben und sich auf die Beschreibung der für die Bewältigung relevanten Aspekte beschränken. Subjektive Theorien über Sprache klammern also bspw. die Sprachgeschichte weitestgehend aus, da diese für die Bewältigung kommunikativer Anforderungen nicht unmittelbar relevant ist, während Fragen der Grammatikalität oder auch der Variation einen hohen Stellenwert einnehmen, da dies für die jeweiligen individuellen Lebenswelten essenziell ist (vgl. Hoffmeister 2021a).
3. *Verifikation und Falsifikation*: Basis laikaler Theorien ist primär das Bedürfnis zur Verifikation des eigenen Standpunktes, d. h. das Bestreben, eigene Sichtweisen einerseits durch Erfahrungen andererseits manchmal auch durch Expertise zu bestätigen. Falsifikatorische Bestrebungen, die in der Wissenschaft im Anschluss an Karl Popper verbreitet sind, spielen bei Laien nahezu keine Rolle. Dies führt u. U. sogar so weit, dass Aussagen, die die laikalen Theorien widerlegen würden, ignoriert werden.
4. *Ursache und Wirkung*: Die Unterscheidung von Ursache und Wirkung bleibt bei Laientheorien oftmals unklar. Damit hängt auch eine missverständliche Unterscheidung von Kausalität und Korrelation zusammen, die nicht immer trennscharf erfolgt bzw. mitunter sogar verwechselt wird; erkennbar ist dies beispielsweise, wenn aus einer Korrelation von steigendem Alter und erhöhter Anglizismenkritik geschlossen wird, dass die Anglizismenkritik aus dem fortgeschrittenen Alter resultiere: So ist die Wahrscheinlichkeit, dass eine kritische Einstellung gegenüber dem Gebrauch von Anglizismen geübt wird, bei älteren Sprechern zwar höher, allerdings heißt dies nicht, dass aus einem fortgeschrittenen Alter zwangsläufig eine kritische Einstellung gegenüber dem Anglizismengebrauch folgt.
5. *Inhalts- und Prozessorientierung*: Laientheorien sind prinzipiell inhaltsorientiert, weil sie zuvorderst beschreibend vorgehen und weniger Erklärungen liefern (wollen und können).
6. *Internalität und Externalität*: Laien fokussieren primär Faktoren der Internalität, wenn es um die Erklärung menschlichen Verhaltens geht, d. h. sie betrachten Persönlichkeitsmerkmale für grundlegend. Dies zeigt sich insbesondere daran, dass in Spracheinstellungsstudien oftmals die Sprecher bewertet werden und nicht die Sprechweise (vgl. grundlegend Steinig 1980, 1982). Konkret zeigt sich dies z. B., wenn Dialekt mit einem geringeren Bildungsgrad assoziiert wird, wofür aus linguistischer Sicht die empirische Grundlage fehlt. Dabei wird keine Dialektbewertung vorgenommen, sondern über die Wahrnehmung einer Sprechweise wird die Person, die den Dialekt verwendet, bewertet. Vergleichbar ist auch die Bewertung hinsichtlich von Sympathie und Antipathie, die weniger auf die Sprechweise per se, als vielmehr auf den Sprecher ab-

zielt und beispielsweise die Stimmlage als Bewertungsgrundlage betrachtet. Bock & Antos (2019: 58) übertragen dies auf das Normempfinden linguistischer Laien, da in diesem Kontext davon ausgegangen werde, dass es unveränderliche Normen gebe, denen eine konkrete sprachliche Äußerung zu entsprechen habe. Dass dort allerdings multidimensionale Kontextfaktoren (Kulturalität, Sozialität, Regionalität, Medialität usw.) eine zentrale Rolle spielen, bleibt von den Laien unberücksichtigt.

7. *Generalisierung und Spezifikation*: Laientheorien bewegen sich im Allgemeinen auf einer spezifischen Ebene, es findet keine Generalisierung auf allgemeingültige Prinzipien statt (aus diesem Grund wird der Ausdruck *Theorie* auch oftmals kritisiert, s. u.). Bei Laientheorien gibt es also keine *bottom-up*-Prozesse, sondern die Theorien verbleiben im Status sog. „mini-theories" (Furnham 1988: 6), die nur einen speziellen Aspekt betrachten.

8. *Stärke und Schwäche*: Schließlich verweist die Unterscheidung von starken (Wissenschafts-) und schwachen (Alltags-) Theorien darauf, dass sich wissenschaftliche Grundlagen auf eine solide Datenbasis stützen und davon ausgehend gut begründete (und begründbare) Aussagen entwickeln, während Laientheorien „auf wenig vertrauenswürdigen, unpräzisen Daten [basieren, VS/TH], sie haben geringe Evidenz und sind mitunter mehrdeutig" (Furnham 1988: 7, eigene Übersetzung).

Diese Unterscheidung von wissenschaftlichen Theorien und Alltagstheorien offenbart ein terminologisches Problem. Trotz der Strukturanalogien, die Furnham ausmacht, werden die Unterschiede recht deutlich, die in der folgenden Tabelle in Bezug auf den Unterschied von Experten- und Laienwissen zusammengefasst sind. Auch wenn Antos (1996) und Hundt (2017) hier mit unterschiedlichen Ausdrücken operieren, zielt ihre Charakterisierung auf ähnliche Merkmale ab.

Tab. 1: Schematischer Vergleich von Experten- und Laienwissen.

Expertenwissen	Laienwissen (nach Antos 1996: 29–34)	Laienwissen (nach Hundt 2017: 139)
– Objektivitätsanspruch – Allgemeine Anerkennung – Kommunizierbarkeit – Methodische Konsistenz – Thematische Kohärenz	– situationsbezogen – wertbezogen – affektbezogen – implizit – lückenhaft – inkohärent – inkonsistent – falsifikationsresistent	– oft nicht explizierbar – oft nicht begründbar – oft erfahrungsresistent – orientierend und komplexitätsreduzierend – Mischung aus kognitiven, emotiven und konativen Bestandteilen – nicht allein rational legitimiert (Erfahrung, Autoritäten, Gefühl)

Nun stellt sich die Frage, wodurch die Bezeichnung *Laientheorien* gerechtfertigt ist, wenn sie im Vergleich zu wissenschaftlichen Theorien inkonsistent und inkohärent, implizit schwach usw. sind. So kritisieren Wilton & Stegu (2011: 3), dass Theorien ziemlich komplexe Strukturen darstellten, weshalb es nicht angemessen sei, dies als Oberbegriff für alle laikalen Ansätze zu verwenden. Statt *Theorie* schlagen Wilton & Stegu (2011: 3) den Ausdruck *views* vor, der allerdings, übersetzt man ihn mit Sichtweisen, subjektive Anteile betont und Aspekte der Sozialität des Wissens und damit einer gewissen Allgemeingültigkeit bzw. intersubjektiven Anerkennung von Wissensbeständen außen vor lässt (vgl. auch Hoffmeister 2020a). Die Kritik an der Verwendung des Ausdruckes *Theorie* darf indes keinesfalls vernachlässigt werden, da handlungspraktische Unterschiede im Verhalten von Experten und Laien (vgl. weiterführend Kasper & Purschke 2021) durch die terminologische Nähe verwischt werden. In Anbetracht der kognitionslinguistischen Ausrichtung der Disziplin Wahrnehmungsdialektologie halten wir den Ausdruck *Konzept* am ehesten für geeignet, einerseits um die individuell-kognitiven Prozesse und Umstände zu betonen, andererseits aber auch gesellschaftliche Aspekte zu berücksichtigen, da Konzepte über Tradierung oder Verfestigungen auch zu gesellschaftlichen Angelegenheiten werden können.

Zugutegehalten werden muss den Bestrebungen um die Aufrechterhaltung des Ausdrucks Laien*theorien* allerdings, dass sie den Laien nicht bloß ex negativo als defizitären Modus des Experten beschreiben, sondern sein Wissen als ein eigenes diskursiv relevantes anerkennen. Insbesondere, wenn man bedenkt, dass sowohl Laienhaftigkeit wie auch Expertise Resultate von (gesellschaftlichen, institutionellen etc.) Konstruktionsprozessen sind, ist dieser Ansatz berücksichtigenswert, da durch diese Definition Merkmale abgeleitet werden können, die nicht unbedingt den Experten zur erstrebenswerten Basis machen, sondern den Laien zum (gleichberechtigten?) Akteur aufwerten. Natürlich bleibt der Laie nur in seiner relativen Position zum Experten bestimmbar, da die Existenz des jeweils anderen überhaupt erst zur Rollenkonstitution führt, mit anderen Worten: Ohne Laien keine Experten und ohne Experten keine Laien (vgl. auch Spitzmüller 2021).

In globalisierten Lebenswelten, in denen die „soziale Logik des Besonderen" (Reckwitz 2017: 27–110) vorherrschend ist, die dazu führt, dass jeder mehr oder weniger nach Einzigartigkeit und Verwirklichung strebt, ist die Frage nach dem Ursprung von Expertise schnell beantwortet. Der Aufbau eines Spezialwissens ist ein einfacher Weg zur angestrebten Singularisierung (vgl. Reckwitz 2017), die insbesondere für Kontexte der Expertise kennzeichnend ist. In diesen institutionalisierten Systemen verstärken sich die Singularisierungstendenzen als Perpetua mobilia, da das System die Regeln vorgibt, nach denen sich jeder Teilnehmer am System einer gewissen Singularisierung unterwerfen muss, um im System Bestand zu haben: man braucht ein Alleinstellungsmerkmal, das die jeweilige Position im System wertvoll erscheinen lässt. Dieses Alleinstellungsmerkmal kann eben auch ein spezifisches Spezialwissen sein. Allerdings klärt dies noch nicht die Frage nach dem Ursprung laikaler Theorien, da man prinzipiell auch davon ausgehen könnte, dass Laien sich aufgrund fehlender Beziehung zu den Themen für überhaupt nichts interessierten. So einfach ist dies allerdings (insbesondere in Bezug auf Sprache) nicht: Sprache ist in unseren alltäglichen Lebenswelten überall, sie ist apriorisch (vgl. Gipper 1987).[10] Insofern ist jeder Mensch gezwungen, sich zu gewissen sprachlichen Fragen Gedanken zu machen und eine Haltung zu entwickeln. Dabei spielen insbesondere Fragen der Angemessenheit eine Rolle, d. h. die Beurteilung der Angemessenheit bestimmter sprachlicher Ausdrücke in konkreten alltäglichen und nicht-alltäglichen Situationen (Wie spreche ich mit einem Professor? Wie begegne ich einer fremden Person? Wie kann ich meinen Freund trösten? Wie rede ich den Bundespräsidenten an, wenn ich die Gelegenheit habe, ihn zu treffen? usw.). Im Zuge dieser Auseinandersetzungen bilden und verfestigen sich subjektive Adäquatheitstheorien recht schnell. Grundlage sind vor allem Erfahrungen, die gelingende und nicht gelingende Kommunikationsakte versammeln und so zu einem Urteil führen können. Der Faktor, der hier bei der Herausbildung der subjektiven Theorie zum Tragen kommt, ist die direkte Erfahrung (vgl. Furnham 1988: 8). Doch auch vermittelte Erfahrungen können zur Herausbildung oder Verfestigung subjektiver Theorien führen, wenn bspw. über Sprachwahrnehmungen im Urlaub berichtet wird und diese Einstellungen anschließend übernommen und weiterverarbeitet werden (vgl. Schütz & Luckmann 2003: 33, Kasper & Purschke 2021). Diese Form der Theoretisierung subjektiven Wissens hängt eng mit Stereotypisierung zusammen, insbesondere auch deshalb, da über die vermittelte Sprachwahrnehmung (nationale) Stereotype geschaffen und verstärkt werden (vgl. exemplarisch Hallsteinsdóttir et al. 2016).

2.3 Die Wahrnehmungsdialektologie und angrenzende Disziplinen

Die Wahrnehmungsdialektologie wird manchmal als Unterdisziplin zur Laienlinguistik verstanden, manchmal auch als komplementärer Zugang zu einer spezifischen Art des Laienwissens, dem Dialektwissen. Was aber genau unter *einer* bzw. *der* Laienlinguistik verstanden werden kann, ist, bedingt durch die Heterogenität der Disziplin, schwer fassbar. Dieser Umstand wird schon durch unterschiedliche Schreibweisen deutlich: Sowohl *Laienlinguistik* als auch *Laien-Linguistik* finden sich in der Literatur. Fingerhuth & Boas (2018: 23) verstehen die Laien-Linguistik als den Diskurs über Sprache, der von Laien geführt wird und Laienlinguistik als die wissenschaftliche Untersuchung dieser Diskurse. Im vorliegenden Kontext wird eine derartige Unterscheidung der Einfachheit halber nicht vorgenommen und die Schreibweise ohne Bindestrich präferiert.

Im deutschen Sprachraum ging die laienlinguistische Forschung insbesondere von Gerd Antos (1996) aus. Im Anschluss daran entstanden eine Reihe weiterer Forschungsarbeiten (vgl. exemplarisch neben anderen Lehr 2002; Paul 1999; Spitzmüller 2005). Heute ist die Laienlinguistik insbesondere über die Spracheinstellungsforschung, die (laienlin-

---

[10] In seiner noch immer grundlegenden Studie versteht Gipper (1987) das Apriori der Sprache so, dass Sprache eine Voraussetzung für menschliches Denken und Erkennen ist, Sprache ist also die notwendige Bedingung, genauer: Sprache ist die Bedingung der Möglichkeit von Denken und Erkennen (vgl. Gipper 1987: 14).

guistische) Sprachnormforschung sowie die (laienlinguistische) Sprachkritik Teil des Wissenschaftsdiskurses. Diese Disziplinen werden in den Abschnitten 2.3.1–2.3.3 näher diskutiert.

Grundsätzlich muss innerhalb der Laienlinguistik zwischen einer Linguistik für Laien (vgl. bspw. die Sprachratgeber Bastian Sicks z. B. 2004; Antos 1996; Strauss 2018) und einer Linguistik über bzw. von Laien (vgl. z. B. Hoffmeister 2021a) unterschieden werden. Die Linguistik für Laien wird im Folgenden nicht weiter behandelt, da sie für die Wahrnehmungsdialektologie nicht grundlegend ist. Dort spielen Aspekte des Wissenstransfers (vgl. exemplarisch Wichter & Antos 2001) bzw. der Aspekte der Vermittlung von Erkenntnissen der dialektologischen Fachwissenschaft keine umfassende Rolle. Im Zentrum der laienlinguistischen Forschung steht dabei die Frage: „What are the folk theories of language held by real people, and how can we extract them from discourses and actions?" (Niedzielski & Preston 2003: VII). In dieser Frage werden zwei Dimensionen angesprochen: 1. die inhaltliche Dimension, die sich auf konkretes Wissen (subjektive Theorie bzw. Konzepte) oder Einstellungen (vgl. Abschnitt 2.3.1) von Laien bezieht und 2. die methodische Dimension, die sich mit geeigneten Instrumentarien zur Erhebung des Wissens auseinandersetzt. Diese Dimension ist deshalb wichtig, da das Wissen der Laien zwar zumeist (in unterschiedlichen Komplexitätsgraden) vorhanden aber nicht zwingend explizierbar ist (vgl. Antos 1996: 29–34; Hundt 2017: 139). Daraus resultiert, dass bei der Planung von Methodeneinsatz umsichtig vorgegangen werden muss, um das vorhandene Wissen adäquat abzurufen (vgl. Hoffmeister 2021a: 198–213). Innerhalb laienlinguistischer (insb. wahrnehmungsdialektologischer) und empirisch ausgerichteter Studien bietet sich ein Mehrmethodenzugang an (vgl. Abschnitt 6). So können die unterschiedlichen Wissensbestände mit verschiedenen methodischen Mitteln untersucht werden, was die Wahrscheinlichkeit einer Aktivierung des Wissens der linguistischen Laien erhöht. Außerdem kann so eine längere Befragungszeit erreicht werden, wodurch das Wissen der Gewährsperson nach und nach aktiviert wird (vgl. Hundt 2018: 110). Damit eng verbunden sind theoretische Fragestellungen derart, was überhaupt unter (laienlinguistischem) Wissen verstanden werden kann (vgl. Abschnitt 4.1/4.3). Auch die Frage, wer als linguistischer Laie gelten kann (und wer nicht), wird rege diskutiert, ohne dass die Forschungsgemeinschaft bisher zu einer einheitlichen Definition gelangen konnte (vgl. exemplarisch Antos 2021; Hoffmeister 2019, 2021: 377–403; Kasper & Purschke 2021; Spitzmüller 2021). Die beiden oben angesprochenen Dimensionen (inhaltlich und methodisch) müssen also um eine dritte Dimension, die theoretische, ergänzt werden. Dabei stehen vor allem Fragen nach der Beschaffenheit laienlinguistischen Wissens im Vordergrund (vgl. z. B. Beuge 2019; Hoffmeister 2021a; Lehr 2001 sowie den Überblick in Weber & Antos 2009 sowie Abschnitte 4.1/4.3). Darüber hinaus werden Aspekte menschlicher Wahrnehmung untersucht (vgl. Anders 2010; Cuonz 2014; Purschke 2011) sowie die Beschaffenheit alltäglicher, sprachbasierter (und ggf. öffentlicher) Lebenswelten beschrieben (vgl. Gardt 2001; Hoffmeister 2021a; Lehr 2001).

Methodisch betrachtet gibt es neben diskurslinguistischen Arbeiten (vgl. z. B. Arendt 2010 zu Niederdeutschdiskursen sowie Spitzmüller 2005 zu Anglizismusdiskursen) eine neuere Tendenz klar kognitionslinguistisch orientierter Arbeiten (vgl. Cuonz 2014; Hoffmeister 2020b, 2021b; Sauer 2021). Außerdem existieren einige gesprächsanalytisch ausgerichtete Analysen (vgl. z. B. Dailey-O'Cain & Liebscher 2011; König 2014).

Die meisten der Arbeiten werden aus forschungspraktischen Gründen qualitativ durchgeführt, was insbesondere bei Interviews gegenstandsadäquat ist. Dieser Zugang hat den Vorteil, dass die einzelnen Wissensbestände relativ ausführlich behandelt werden können und Themen induktiv gewonnen werden, weil sie von den Gewährspersonen z. B. in leitfadengestützten Interviews (vgl. Abschnitt 6) selbst bestimmt bzw. zumindest beeinflusst werden können. Die inhaltliche Tiefe ist bei qualitativen Ansätzen darüber hinaus eher gegeben als bei quantitativen. Quantitative Verfahren dagegen sind einerseits aufwendig umzusetzen, da eine große Gewährspersonenanzahl notwendig ist, um Repräsentativität zu erreichen. Insofern sind solche Erhebungen großen Forschungsinstituten wie beispielsweise dem Leibniz-Institut für Deutsche Sprache (IDS) (vgl. z. B. Adler & Plewnia 2019; Adler et al. 2016) oder der Gesellschaft für deutsche Sprache (GfdS) (vgl. z. B. Hoberg, Eichhoff-Cyrus & Schulz 2008) vorbehalten. Andererseits bietet sich jedoch die Möglichkeit, zahlenbasierte Ergebnisse gut vergleichbar nutzbar zu machen und statistische Auswertungsverfahren anzuwenden. Im Anschluss können die Studien reproduziert werden, sodass Längsschnittergebnisse erzielt werden und die Studien als Ausgangslage für weitere sprachvergleichende Studien genutzt werden können (vgl. Adler & Plewnia 2018: 94).

2.3.1 Spracheinstellungen und Spracheinstellungsforschung

Bevor auf die Eigenschaften der Erforschung von Spracheinstellungen eingegangen werden kann, muss der Gegenstand dieser Forschungsrichtung näher bestimmt werden (vgl. ausführlich Soukup 2019). Spracheinstellungen werden über das Drei-Komponenten-Modell der Einstellungen (vgl. Rosenberg & Hovland 1960) wie folgt definiert: „Attitudes are typically defined as predispositions to respond in a particular way towards a specified class of objects. [...] The types of response [...] fall in three major categories: cognitive, affective, and behavioral" (Rosenberg & Hovland 1960: 1). Einstellungen als Prädisposition, d. h. als Verhaltenspotential werden also von (sprachlichen) Stimuli hervorgerufen bzw. aktiviert, auf die dann reagiert wird. Das Drei-Komponentenmodell besagt, dass die Einstellungen aus einer kognitiven, einer affektiven und einer konativen Komponente bestehen (vgl. exemplarisch für die Wahrnehmungsdialektologie Hundt 1992: 5–6).[11] In der

---

[11] In der Literatur werden unterschiedliche Terminologien verwendet, die aber i. d. R. dasselbe bezeichnen: So wird die affektive Komponente auch als *affektiv-evaluative* (vgl. Casper 2002: 113; König 2014: 26; Lenz 2014: 344) bzw. als *emotive* (vgl. Hermanns 2012: 222; Ortner 2014: 238; Schlobinski 1996b: 21) oder *evaluative* (vgl. Lenz 2003: 263) Komponente bezeichnet. Für die konative Komponente findet sich auch der Begriff *volitiv* (vgl. Arendt 2010: 11; Hermanns 2002: 86), der den intrinsischen Aspekt des Wollens hervorhebt (vgl. Spitzmüller 2005: 68).

Reihenfolge der Nennung (kognitiv – affektiv – konativ) deutet sich gewissermaßen ein Prozess an, der mit einem kognitiven Zustand bzw. einem Bewusstseinszustand beginnt. Dieser kognitive Zustand könnte vereinfacht auch als Wissen über den Einstellungsgegenstand beschrieben werden.[12] Dieser kognitive Zustand ermöglicht das Erkennen, Verstehen und Verarbeiten des Einstellungsgegenstandes. Man könnte auch sagen: Ich muss wissen, mit welchem Gegenstand ich es zu tun habe, damit die affektive bzw. konative Komponente überhaupt zum Tragen kommen. Die affektive Komponente beschreibt, welche Emotionen das Einstellungsobjekt bei einer Person hervorrufen. Die konative Komponente ist schließlich die Handlungsdimension, sie gibt Auskunft darüber, wie eine Person sich einem bestimmten Einstellungsobjekt gegenüber verhält bzw. allgemeiner, welche Handlungen die Auseinandersetzung mit dem Einstellungsobjekt zur Folge hat. Anhand eines Beispiels verdeutlicht heißt dies: Eine Person nimmt die folgende (natürliche, authentisch[13] norddeutsche und mit einem Augenzwinkern zu verstehende) Äußerung wahr:

(1) „Da nich' für. Ich musste sowieso noch die Spuren vom Trecker auffeudeln."

Angenommen, drei Merkmale in der Äußerung sind für die Person salient: die Tmesis, d. h. die Zertrennung des Pronominaladverbs *dafür* auf morphosyntaktischer Ebene sowie die Verwendung von *Trecker* (Traktor) und *feudeln* (mit einem Wischmopp aufwischen) auf lexikalischer Ebene. Salienz selbst ist ein Teil der kognitiven Komponente der Einstellung (vgl. dazu ausführlich Abschnitt 4.2), daneben ist relevant, dass die Äußerung aufgrund der Merkmale als regiolektal für den norddeutschen Sprachraum wahrgenommen wird. Diese Verortung erfolgt über Mental Maps, mentale Landkarten, die die subjektiven Raumvorstellungen strukturieren (vgl. Schröder 2019 sowie Abschnitt 6). Die Äußerung ruft anschließend Emotionen bzw. allgemeiner ein gewisses Gefühlspotential hervor, das natürlich aufgrund des Prädispositionscharakters schwer und zumeist nur implizit überhaupt bestimmbar ist (vgl. Vandermeeren 2005: 1319). Allerdings sind Assoziationen denkbar, die darauf verweisen, dass dies an „Seemannssprache" oder „Fischverkäufer" (Hannemann 2017: 202) erinnere. Hierbei liegt implizit ein gewisses Gefühl zugrunde, das über die Assoziation mit der Äußerung verknüpft ist. Doch auch explizite Äußerungen sind denkbar. Exemplarisch sind Gefühlsäußerungen wie „Ich finde das schön.", „Das gefällt mir gar nicht." oder Ähnliches denkbar. Die konative, also die Handlungskomponente sei, so Hundt (1992: 6), „fast gar nicht" zu bestimmen. Dies hat vor allem zwei Gründe: Erstens werden die drei Komponenten aus den metasprachlichen Äußerungen der Person synthetisiert, die in Erhebungssituationen geäußert werden. Dabei ist also der Kontext auf die Erhebungssituation eingeschränkt und es kann nicht davon ausgegangen werden, dass die Daten uneingeschränkt authentisch sind. Die Daten werden dabei vor

---

[12] Selbstverständlich vernachlässigt dies die tatsächliche Komplexität des laienlinguistischen Wissens (vgl. dazu Abschnitt 1), hier soll dies allerdings genügen.
[13] Vgl. zum Konzept der Authentizität aus linguistischer Sicht ausführlich Felder (2020).

allem über den Bias-Faktor sozialer Erwünschtheit verfälscht (vgl. Hundt 2018: 109; Riehl 2000). Die Gewährspersonen antworten demnach häufig nach einer gewissen Normvorstellung und mildern ihre Antworten gemäß dieser Normvorstellungen ab, um entweder keine Widersprüche zu provozieren oder aber um dem Risiko zu entgehen, mit (stark) polarisierenden Aussagen sich selbst hinsichtlich politischer oder sozialer Aspekte zu positionieren. Zweitens kann nicht davon ausgegangen werden, dass Geschmacksurteil (emotive Komponente) und Handlung (konative Komponente) miteinander kongruieren, sodass sprachliche Merkmale von einer Gewährsperson zwar negativ bewertet, aber gleichzeitig selbst gebraucht werden können. Sprachgebrauch und Spracheinstellung, so könnte man paraphrasieren, müssen also nicht zwangsläufig übereinstimmen (vgl. Scharioth 2012). Dies resultiert aus der Stabilität der emotiven Komponente, die, so Schmidlin (2011: 188), stabiler sei als die konative Komponente. Darüber hinaus werden häufig nicht die Sprechweisen, sondern die Sprecher selbst über die Bewertung der Äußerung hinsichtlich von Charaktereigenschaften bewertet, sodass eigentlich keine wirkliche Spracheinstellung gemessen wird, sondern vielmehr eine Sprechereinstellung (vgl. Arendt 2019: 337).

Eine allgemeine Definition von Spracheinstellungen liefert schließlich (neben anderen) Arendt (2019: 336):

> Spracheinstellungen sind individuell ausgeprägte, sozial bedingte, kollektiv verankerte metasprachliche Bewertungsstrukturen, die in der Sprachsozialisation erworben und in Interaktionen manifestiert, tradiert und modifiziert werden. Objekt der Beurteilung sind Sprachen, Sprachgebrauch und/oder Sprechergruppen.

Daran anschließend stellt sich die Frage, wie Spracheinstellungen auf Basis der Definition zielgerichtet modelliert werden können. Im Folgenden sollen drei Ansätze kurz diskutiert werden[14]: 1. das kontextsensitive Modell von Tophinke & Ziegler (2002, 2006), 2. das praxistheoretische Modell von Purschke (2014, 2015) sowie 3. das integrative Modell von Soukup (2014, 2015, 2019).

Im Kern des Modells von Tophinke & Ziegler (2002, 2006) steht die Kontextsensitivität von Einstellungen. Der Gedanke, dass Einstellungen nicht bloß etwas Subjektives sind, ist in der linguistischen Einstellungsforschung ein mittlerweile etablierter Ansatz, wie auch an den (impliziten) Weiterentwicklungen und Aufgriffen bei Purschke und Soukup (s. u.) erkennbar ist. Im Fokus der Kontextsensitivität steht vor allem eine „soziale Bedingtheit" (Tophinke & Ziegler 2006: 205) der Genese von Spracheinstellungen, die die Autorinnen

---

[14] Spracheinstellungen und deren Modellierung könnten wiederum selbst Gegenstand einer Einführung sein, sodass man uns die Auswahl einiger Ansätze hier verzeihen möge. Einen guten und aktuellen Überblick mit weiterer Literatur bietet Soukup (2019). Darüber hinaus liegt mit Eichinger et al. (2012) eine übersichtliche Synthese der Einstellungsforschung vor.

vor allem hinsichtlich soziokultureller, situativer und interaktionaler Faktoren verstehen.[15] Tophinke & Ziegler (2006: 206) definieren Spracheinstellungen als „gesellschaftlich präfigurierte Sinnstrukturen" und grenzen sich damit von einem ausschließlich individualistischen Blick auf Einstellungsinhalte ab.[16] Für das kontextsensitive Modell der Einstellungen unterscheiden Tophinke & Ziegler (2006: 212–215) einen Mikro- von einem Meso- und einem Makrokontext. Der *Mikrokontext* wird dabei durch konkret ablaufende Interaktionen zwischen mindestens zwei Individuen definiert. Relevante Faktoren sind dabei vor allem Zeit und Raum bzw. ihre jeweiligen individuellen Projektionen, d. h. Abbildungen bzw. Repräsentationen (vgl. Tophinke & Ziegler 2006: 212). Die in der Interaktion hervorgebrachte Einstellungsäußerung ist in den Äußerungskontext eingebettet, der für die Initialisierung, Realisierung und Verarbeitung verantwortlich ist und Anlass für weitere Einstellungsäußerungen geben kann, wenn diese entweder explizit gefordert werden oder aber intuitiv, assoziativ hervorgerufen werden (vgl. Tophinke & Ziegler 2006: 214). Auch wenn dies gewissermaßen die spezialisierte Form eines Interaktionskontextes darstellt, müsste der Vollständigkeit halber hier eine Form des Nanokontextes angenommen werden, der bloß aus dem jeweiligen Individuum besteht und durch seine sozialen Bedingungen (individuelle Geschichte, soziale Situation etc.) definiert wird. Die einzelnen Nanokontexte agglomerieren dann zu interaktionalen Mikrokontexten.

Die Interaktionen stehen indes nicht isoliert dar, sondern sind als Mikrokontexte selbst wiederum in übergeordnete Zusammenhänge eingebettet. Diese übergeordneten Zusammenhänge stellen die soziale Situation dar, „die durch kontextualisierende Aktivitäten hergestellt wird und die als Interpretationsrahmen für die sprachlichen Äußerungen fungiert" (Tophinke & Ziegler 2006: 213). Diese soziale Situation wird als *Mesokontext* bezeichnet. Tophinke & Ziegler (2006: 213) deuten an, dass hier Frames als Bausteine des Wissens („schematische Situationsmodelle") relevant sind, die über ihre *default values* eine soziale Komponente haben (vgl. Abschnitt 4.1). Diesen Situationsmodellen werden verschiedene Eigenschaften zugeschrieben. Dazu zählen neben einem spezifischen Rollenmuster, ein bestimmtes Nähe-Distanz-Verhältnis, das Verhältnis von Öffentlichkeit und Privatheit, Spontaneität und Reflektiertheit sowie ein jeweiliger Handlungsspielraum (vgl. Tophinke & Ziegler 2006: 213). Diese Merkmale stellen schließlich als Konglomerat Ordnungseinheiten und -kategorien dar, d. h. „Sinn- und Ordnungsstrukturen, die zur Definition und Ausgestaltung einer konkreten sprachlich-kommunikativen Situation zur Verfü-

---

15 Im Folgenden wird deutlich werden, wie die einzelnen Faktoren bei Purschke (Soziokulturalität) und bei Soukup (Interaktionismus) eine besondere Akzentuierung erfahren. So wird auch deutlich, warum wir gerade diese drei Ansätze ausgewählt haben.
16 „Sie strukturieren die soziale Wirklichkeit, reduzieren deren Komplexität und machen diese für das Individuum erwartbar. In einer konkreten Kommunikationssituation, in der sie geäußert werden, dienen sie der sozialen Positionierung, tragen sie als sozial-erklärende oder sozial-differenzierende Sinnstrukturen zur Konstruktion von Identitäten und Alteritäten bei. In ihrer Bindung an soziale Gruppen und Milieus transportieren sie deren spezifischen Relevanzsetzungen [Pertinenz bei Purschke, s. u., VS/TH] in Bezug auf Sprache bzw. deren Sprecher/-innen" (Tophinke & Ziegler 2006: 206–207).

gung stehen" (Tophinke & Ziegler 2006: 212). Diese Sinn- und Ordnungsstrukturen stellen den *Makrokontext* dar, der damit die abstrakte Einheit ist, in die menschliches Sein und damit sein Handeln eingebettet ist. Nachdem der Mesokontext die soziale Situation bezeichnet hat, verweist der Makrokontext also auf diejenigen Einheiten, die unabhängig von der jeweiligen Sozialität darüber entscheiden, was relevant, richtig, angemessen etc. ist, d. h. den „gesellschaftlichen Gesamtzusammenhang" (Tophinke & Ziegler 2002: 187), ohne die jeweilige Ausgestaltung von Rollenmustern, -erwartungen etc. Die drei Kontextebenen könnten auch als Kultur (Makrokontext), Situation (Mesokontext) sowie Interaktion (Mikrokontext) zusammengefasst werden (vgl. Tophinke & Ziegler 2002: 189).

Purschke (2014, 2015) entwickelt letztlich den Ansatz von Tophinke & Ziegler weiter, ohne explizit darauf Bezug zu nehmen. Er geht nämlich von dem auch bei Tophinke & Ziegler grundlegenden Gedanken aus, Einstellungen „als dynamisch in Abhängigkeit von situativen und kontextuellen Faktoren zu definieren" (Purschke 2014: 124) und nimmt sich des Desiderates an, Einstellungen nicht als stabile Prädispositionen (s. o.), sondern „als situative und instabile Konstruktionen sozialer Bedeutung in ‚evaluative practices' (Potter 1998)" (Purschke 2014: 124) zu beschreiben. Purschke bezeichnet sein Modell als REACT (Relevance, Evaluation, Activation, Construction und Targeting). Das REACT-Modell besteht aus insgesamt fünf Thesen, die hier kurz wiedergegeben und erläutert werden sollen.

Prinzipiell geht es in der Relevanz-Dimension um die grundlegenden Einheiten der Urteilsbildung: *Salienz* und *Pertinenz* (vgl. auch Purschke 2011 sowie Abschnitt 4.2). Salienz bezeichnet die jeweilige Auffälligkeit von sprachlichen Merkmalen, Mustern etc. im Wahrnehmungsprozess, die Pertinenz gibt Auskunft über die subjektive Relevanz(beimessung)[17] dieser Merkmale, Muster etc. Deshalb lautet These 1 (Purschke 2014: 125):

1. *Einstellungen sind relevanzbasierte Sedimentierungen im zuhandenen Wissensvorrat.* (Relevance)

Die gefassten Urteile werden schließlich in wiederkehrenden Situationen auf ähnliche (oder sogar identische) Arten abgerufen, sodass davon auszugehen ist, dass sie sich kognitiv routinisieren, um in neuen Situationen einen schnelleren und zuverlässigeren kognitiven Zugriff zu ermöglichen. Daraus resultiert These 2 (Purschke 2014: 127):

2. *Einstellungen sind routinisierte Urteile über lebensweltliche Phänomene.* (Evaluation)

Purschke grenzt sich vom oben beschriebenen Drei-Komponentenmodell der Einstellungen ab, da die einzelnen Komponenten nicht klar getrennt werden könnten, sondern integriert betrachtet werden sollten (vgl. Purschke 2014: 128). Er versteht Einstellungen als

---

[17] Unter subjektiver Relevanz(beimessung) kann hier der Prozess verstanden werden, in dem ein Individuum (vor allem unbewusst) entscheidet, ob ein sprachliches Merkmal zu einer Spracheinstellung passt oder ihr widerspricht.

„Motivation + (kognitiver) Gegenstandsbeurteilung" (Purschke 2014: 128) und verweist darauf, dass die Emotionalität die zentrale Komponente der Einstellungen sei, die einer Aktivierung von Einstellungen zugrunde liege. Deshalb lautet These 3 (Purschke 2014: 128):

3. *Einstellungen erfordern ein hohes Maß an kognitiver Aktivierung.* (Activation)

Aufgrund der kognitiven Aktivierung nimmt das Individuum eine aktive Rolle in seiner Umwelt ein und ist maßgeblich für die Konstitution und Konstruktion von (Um-)Welt und damit Wirklichkeit verantwortlich, sodass die „Wirklichkeit nicht passiv perzipiert wird, sondern vielmehr das Produkt aktiver Sinn-Konstruktion (‚Tun') in sozialen Praxen ist" (Purschke 2014: 128). Die Bedeutung ist dabei deshalb symbolisch, weil sie einerseits zunächst arbiträr und auf Konstruktion („Zuordnung von Pertinenz zu lebensweltlichen Phänomenen", Purschke (2014: 128)) angewiesen ist, andererseits konventionell und assoziativ. So lässt sich These 4 festhalten (Purschke 2014: 129):

4. *Einstellungen sind situative (Re-)Konstruktionen symbolischer Bedeutung.* (Construction)

Individuen handeln in Kontexten, von denen sie einerseits beeinflusst werden, die sie andererseits aber wiederum auch maßgeblich beeinflussen. Um sinnhaft und teleologisch, d. h. zielgerichtet, zu handeln, bedarf es einerseits der Definition von Handlungszielen und andererseits des Verfolgens dieser Handlungsziele, die gewissen Intentionen unterliegen. Daraus ergibt sich These 5:

5. *Einstellungen erfüllen spezifische Funktionen für die lebensweltliche Ausrichtung auf Handlungsziele.* (Targeting)

Aus den dargestellten fünf Thesen entwickelt Purschke (2015: 49) schließlich seine pragmatisch-konstruktivistische bzw. handlungstheoretische Definition von Einstellungen: „Attitudes are relevance-driven targeting and evaluation routines on a high level of activation that sediment in an individual's stock of knowledge and are situationally (re)constructed in interaction."[18]

Soukup (2014, 2015, 2019) entwickelt schließlich ein integratives Modell von Spracheinstellungen, das einerseits stabile, weil kognitiv verankerte Aspekte berücksichtigt, andererseits aber auch interaktionsspezifisch konstruierte Anteile beschreibt (vgl. Soukup 2019: 96). Im Zentrum ihres Verständnisses stehen Spracheinstellungen als *human episte-*

---

[18] „Einstellungen sind relevanzgesteuerte Ziel- und Bewertungsroutinen auf einem hohen Aktivierungsniveau, die sich im Wissensbestand eines Individuums sedimentieren und in der Interaktion situativ (re)konstruiert werden" (Übersetzung VS/TH).

mological constructs (HECs), die „in der sozialen Interaktion entwickelte, zu kognitiven Gebilden zusammengefügte und als solche auch speicherbare sprachreflexive Diskurse" (Soukup 2019: 96) darstellen. Die HECs sind also einerseits kognitiv stabil, andererseits aber kontextabhängig und damit sozial dynamisch. Zwischen Kognition und Kontext, zwei mehr oder weniger abstrakten Einheiten mit unterschiedlichen ontologischen Positionen und Rollen, vermittelt nach Soukup (2019: 97) die Interaktion. Dies ist in diesem Verständnis deshalb zentral, da alle Spracheinstellungsäußerungen sowie deren diskursive Manifestationen als Resultat von Interaktionsprozessen verstanden werden. Für das Spracheinstellungsmodell nach Soukup lassen sich also drei zentrale Dimensionen festhalten, die selbst wiederum zyklisch miteinander agieren und nach denen Spracheinstellungen beschrieben werden können: *Kognition, Interaktion, Kontext* (vgl. Soukup 2019: 97). Diese drei Dimensionen spielen auch für die wissenschaftliche Untersuchung von Spracheinstellungen eine Rolle, da sie einen multidimensionalen Zugang von der Subjektivität von Spracheinstellungen (Individuum), zur Intersubjektivität (soziale Gruppe) hin zur Metasubjektivität (Diskurs) ermöglichen.

Folgende Tabelle fast die diskutierten Ansätze von Tophinke & Ziegler, Purschke und Soukup überblicksartig zusammen:

Tab. 2: Gegenüberstellung dreier Einstellungsmodelle.

Das kontextsensitive Modell: Tophinke & Ziegler (2002, 2006)	Das praxistheoretische Modell: Purschke (2014, 2015)	Das integrative Modell: Soukup (2014, 2015, 2019)
- Einstellungen sind im Kontext ihres Kontextes zu betrachten - Einstellungen sind sozial bedingt - Zentral sind soziokulturelle, situative und interaktionale Faktoren - **Mikrokontext:** konkret ablaufende Interaktionen zwischen mind. zwei Individuen (Interaktion) - **Mesokontext:** soziale Situation, in die der Mikrokontext eingebettet ist (Situation) - **Makrokontext:** Sinn- und Ordnungsstrukturen, gesellschaftlicher Gesamtzusammenhang (Kultur)	- Einstellungen sind keine stabilen Prädispositionen, sondern „situative und instabile Konstruktionen sozialer Bedeutung in ‚evaluative practices' (Potter 1998)" (Purschke 2014: 124) - **Relevanz:** Einstellungen sind relevanzbasierte Sedimentierungen im zuhandenen Wissensvorrat. - **Evaluation:** Einstellungen sind routinisierte Urteile über lebensweltliche Phänomene. - **Aktivierung:** Einstellungen erfordern ein hohes Maß an kognitiver Aktivierung. - **Konstruktion:** Einstellungen sind situative (Re-)Konstruktionen symbolischer Bedeutung. - **Zielsetzung:** Einstellungen erfüllen spezifische Funktionen für die lebensweltliche Ausrichtung auf Handlungsziele.	- Spracheinstellungen als *human epistemological construcs* (HECs) - Kognitiv repräsentierte sprachreflexive Diskurse - HECs sind kognitiv stabil aber auch kontextabhängig und damit sozial dynamisch - **Interaktion** ist Vermittlerin zwischen **Kognition** und **Kontext** - Spracheinstellungen als Resultat von Interaktionsprozessen

2.3.2 Sprachnormen und laienlinguistische Sprachnormforschung

Zunächst stellt sich die Frage, was überhaupt unter Sprachnormen verstanden werden kann und wie diese auch mit Dialektkonzepten und -einstellungen zusammenhängen. Gloy (1997) definiert Sprachnormen als „Institutionen im Reich der Gedanken" (Gloy 1997: 22). Beuge (2020: 358), der mit seiner Sprachnormendefinition an Gloy anschließt, ist der Auffassung, dass dies „der grundlegenden Unterscheidung von Normen als abstrakte mentale Größen auf der einen Seite und der Normgemäßheit einer sprachlichen Form oder Handlung [...] auf der anderen Seite Rechnung [trägt]". Allerdings stellt sich die Frage, ob dieser Ansatz der kognitiven Komponente von Normen ausreichende Rechnung trägt. Dieser Einwand mutet zunächst widersprüchlich an, da Gloy gerade die Gedanken hervorhebt. Allerdings geht es um den größeren Zusammenhang, die Kollokation, die die Missverständlichkeit hervorruft. Betrachtet man die Kollokation, wird deutlich, dass Gloy den Sprachnormen den Status von *Institutionen* zuschreibt, Beuge ergänzt dies um die Charakterisierung als „abstrakte mentale Größen". Unweigerlich entsteht die Frage, wie diese Form der Sprachnormen entsteht. Wenn es sich bei Sprachnormen um abstrakte mentale Größen handelt, die gewissermaßen schematisch und wenig konkret sind (man könnte sie auch als *Schablonen* bezeichnen), dann erinnert diese Definition an das Prinzipien- und Parameter-Modell der Generativen Grammatik. Allerdings werden bei Sprachnormen keine Regeln vererbt bzw. angeboren, sondern die Beurteilungskompetenz darüber, was richtig oder falsch, angemessen oder unangemessen ist, muss in sozialen Kontexten und Kommunikationsakten erlernt werden. Die Grundlage dafür, dass sie überhaupt erlernt werden können, ist, dass Sprachnormen aus dem Sprachgebrauch emergieren (vgl. Hoffmeister 2020a). Man kann statt von Sprachnormen als abstrakte mentale Größen also von Sprachnormen als *konkrete kognitive Einheiten* sprechen. Daraus wird auch deutlich, dass die Rolle des Sprechers bei der Konstitution, Verarbeitung und Tradierung von Sprachnormen eine elementare Rolle spielt (vgl. Hundt 2009). So ist es auch wenig zielführend, Sprachnormen als Obligationen (vgl. Gloy 2004: 392) zu begreifen, da ein Verstoß häufig unsanktioniert bleibt bzw. die Aufmerksamkeit auf die (vermeintlichen) Fehler durch Hinweise erzeugt wird. Dies resultiert auch aus einem Bewusstsein der Sprecher für Varianzen und die Inhomogenität von Sprache[19], wenngleich dies nicht über ein existierendes Normbedürfnis bzw. ein konzeptualisiertes Normideal hinwegtäuschen darf. Die Sprachnormen können schließlich mit Beuge (2019: 71) als

> [i]ntersubjektiv existierende kognitive Einheiten eines sozial abgeglichenen und sozial vermittelten Sprachnormwissens über sprachlich-kommunikative Phänomene jeglicher Komplexität

---

[19] Aus linguistischer Sicht werden die unterschiedlichen Varianten von dem Projekt *Variantengrammatik* untersucht (vgl. http://mediawiki.ids-mannheim.de/VarGra/index.php/Start, letzter Zugriff 29.07.2021; Dürscheid & Elspaß 2015; Dürscheid, Elspaß & Ziegler 2015).

definiert werden.[20] Aus linguistischer Sicht könnte man sagen, dass es den unterschiedlichen linguistischen Disziplinen sehr schwer fällt zu bestimmen, „was die Sprachnorm (z. B. der neuhochdeutschen Standardsprache) ist, welche Erscheinungen (noch) zu ihr gehören und welche nicht (mehr)" (Busse 2006: 315). Linguistischen Laien hingegen fällt es in aller Regel relativ leicht, zu bestimmen, was richtig und was falsch ist. Dies ist möglicherweise auf eine Art Sprachgefühl (vgl. grundlegend Gauger & Oesterreicher 1982) zurückzuführen oder aber auf die sozio-historische Determinationsdimension der Sprachnormen, die zum einen historisch gewachsen und zum anderen sozial tradiert werden. Die Sprecher, die in der Modellierung von Hundt (2009) in den Fokus der Betrachtung gerückt werden, sind die Motoren der Sprachnormen, sie haben ein großes Interesse am korrekten Sprechen und betonen die Relevanz des richtigen Sprechens (vgl. Eichinger et al. 2009: 44; Hoffmeister 2021). Sie bewerten häufig auch Dialekte hinsichtlich einer konstruierten Sprachnorm. Gerade Sprecher aus dem norddeutschen Sprachraum, die der eigenen Ansicht nach ein (nahezu) dialektfreies Deutsch sprechen, bewerten Dialekte relativ pauschal als abweichend von und defizitär gegenüber einer Standardnorm. Aus dieser Interessenslage resultiert die Relevanz der Untersuchung laienlinguistischer Sprachnormvorstellungen sowie die Frage, ob Sprachnormforschung ohne die Berücksichtigung der Betrachtung von Laien überhaupt möglich und sinnvoll ist. Gloy (2004: 394) fasst die Definition von Normen allgemeiner:

> Ein bestimmter (Handlungs-, Wert-, Denk- ...) Inhalt und die Form seiner Entäußerung sind nach dem Willen einer Instanz A für einen Personenkreis B unter den Situationsbedingungen C in bezug [sic!] auf einen Zweck D mit der Begründung E erlaubt, ge- oder verboten.

Diese Definition, die Sprachnormen als Teilmenge sozialer Normen begreift, ist durchaus komplex, da sie insgesamt fünf Dimensionen aufmacht: 1. Dimension der Wirk- bzw. Entscheidungsinstanz (*Wer versucht die Norm durchzusetzen?*), 2. soziale Dimension (*Wer soll die Norm befolgen?*), 3. Kontextdimension (*In welchem Kontext soll die Norm gelten?*), 4. Zweckdimension (*Welches Ziel verfolgt die Norm?*) und 5. Dimension der Begründung (*Warum ist die Norm aus Sicht der Entscheidungsinstanz notwendig?*). Allen fünf Dimensionen muss in einer umfassenden Modellierung von Sprachnormen Rechnung getragen werden. Insbesondere die Dimension der Begründung legt die Komplexität offen, da derartige Begründungen nicht unmittelbar durch (formal-)logische Prinzipien beschreibbar sind, sondern nahezu immer alltagslogische Schlussverfahren angewandt werden, die den formallogischen Prinzipien entgegenstehen aber dennoch nicht als un- bzw. alogisch bezeichnet werden können, da die Alltagslogik mit der Schematisierung alltäglicher lebensweltlicher Vorgänge einhergeht (vgl. Kienpointner 1992). Insgesamt ist eine umfassende

---

20 Vgl. dazu auch Beuge (2020: 359). Dort werden Sprachnormen als „interpretative Konzepte der Sprachpraxis [beschrieben, VS/TH], die auf eine bestimmte Beschaffenheit oder Verwendung von Sprache abzielen und die in einem hermeneutischen Prozess interpretativ erschlossen werden".

Modellierung laienlinguistischer Sprachnormen, das alle fünf Dimensionen berücksichtigt, nach wie vor ein Desiderat.

2.3.3 Laienlinguistische Sprachkritik

Die laienlinguistische Sprachkritik hängt eng mit der in Abschnitt 2.3.2 beschriebenen laienlinguistischen Sprachnormforschung zusammen. Während sich die laienlinguistische Sprachnormenforschung damit beschäftigt, was gutes bzw. richtiges Deutsch aus der Sicht linguistischer Laien ist, bewertet die laienlinguistische Sprachkritik, die von Nicht-Linguisten betrieben wird (vgl. Kilian, Niehr & Schiewe 2016: 71), die vorhandenen sprachlichen Normen und unterzieht sie einer eingehenden Reflexion und Kritik (vgl. Felder, Schwinn & Jakob 2017: 56), die nicht immer nach den objektiven, wissenschaftlichen Kriterien erfolgt, sondern eigene Prinzipien zugrunde legt. Nach diesem Verständnis könnte Sprachkritik dann auch als Sprachnormenkritik (vgl. von Polenz 1973) verstanden werden, wonach die Disziplin der laienlinguistischen Sprachkritik unmittelbar auf den in Abschnitt 2.3.2 dargestellten Prinzipien der (laienlinguistischen) Sprachnormforschung aufbaut. Allerdings stellen nicht nur Sprachnormen einen Anlass laienlinguistischer Sprachkritik dar, sondern die Auslöser, die zur Bewertung und Kritik von Sprache führen, sind vielfältig. So wird allgemein der Sprach*gebrauch* einer Bewertung unterzogen. Gegenstand der Kritik sind beispielsweise bestimmte soziale und funktionale Varietäten (z. B. Jugendsprache oder Leichte Sprache) aber auch einzelne sprachliche Muster (z. B. die Verwendung der den Genitiv regierenden Präposition *wegen* mit Dativ oder Ähnliches). Wichtig zu betonen ist, dass dieser Kritik in aller Regel keine linguistischen Differenzierungen und Annahmen zugrunde liegen, sondern ästhetische oder politische Motive die Kritik steuern (vgl. Kilian, Niehr & Schiewe 2016: 71). Der Ästhetizismus von sprachkritischen Praxen ist gleichwohl äußerst komplex und ohne einen Einstieg in Grundannahmen der philosophischen Ästhetik nur unzureichend zu beschreiben, weswegen auf eine eingehende Diskussion hier verzichtet werden soll. Es sei stellvertretend auf die Diskussion in Hoffmeister (2021a: 215–375) verwiesen. Politische Motive der Sprachkritik sind bspw. in den vom Verein Deutsche Sprache (VDS) geführten Debatten um Anglizismen und gendergerechten Sprachgebrauch zu erkennen (vgl. zur Anglizismen-Kritik ausführlich Fingerhuth & Boas 2018, weiterführend Kilian, Niehr & Schiewe 2016: 90–93). Sprachkritizismen müssen also empirisch entweder aus Diskursen synthetisiert (dafür bietet sich entsprechend die Methodologie der Diskurslinguistik an, vgl. Spitzmüller & Warnke 2011) oder aber über Einzelinterviews sensibel erhoben werden; sie sind also, anders als Kilian, Niehr & Schiewe (2016: 71) konstatieren, gerade auch weil Sprachkritik nicht nur von Publizisten, sondern auch von Sprechern betrieben wird, sehr wohl strukturiert empirisch untersuchbar.

2.4 Übungsaufgaben

1a. Nennen und erläutern Sie die Merkmale von Laientheorien nach Furnham (1988). Finden Sie eigene Beispiele aus der Praxis. Hier eignen sich beispielsweise Kommentarspalten auf sozialen Medien zu politischen oder sprachlichen Themen.
1b. Diskutieren Sie die Vor- und Nachteile des Ausdrucks *Laientheorie*. Welche alternativen Bezeichnungsmöglichkeiten könnte es geben? Gehen Sie auch auf Vor- und Nachteile der Alternativen ein.
2. Erläutern Sie das Verhältnis von Wahrnehmungsdialektologie und Laienlinguistik. Wo liegen Gemeinsamkeiten und Unterschiede?
3a. Definieren Sie Spracheinstellungen anhand des Drei-Komponentenmodells der Einstellungen.
3b. Erläutern Sie exemplarisch Unterschiede und Gemeinsamkeiten der drei Spracheinstellungstheorien nach Tophinke & Ziegler (2002, 2006), Purschke (2014, 2015) sowie Soukup (2014, 2015, 2019).
4. Finden Sie praktische Beispiele in den Medien für laienlinguistische Sprachkritik. Definieren Sie davon ausgehend Merkmale laienlinguistischer Sprachkritik.

2.5 Weiterführende Literatur

Antos, Gerd, Thomas Niehr & Jürgen Spitzmüller (2019): *Handbuch Sprache im Urteil der Öffentlichkeit*. Berlin, Boston: De Gruyter.
Felder, Ekkehard, Horst Schwinn, Beatrix Busse, Ludwig M. Eichinger, Sybille Große, Jadranka Gvozdanovic, Katharina Jacob & Edgar Radtke (Hrsg.) (2017): *Handbuch Europäische Sprachkritik Online*. 4 Bde. online abrufbar unter: https://heiup.uni-heidelberg.de/journals/index.php/heso/issue/view/2372 (letzter Zugriff 28.04.2021).
Hoffmeister, Toke, Markus Hundt & Saskia Naths (Hrsg.) (2021): *Laien, Wissen, Sprache. Theoretische, methodische und domänenspezifische Perspektiven*. Berlin, Boston: De Gruyter.

3 Die Geschichte der Wahrnehmungsdialektologie: international und national

Die Wahrnehmungsdialektologie ist – verglichen mit anderen linguistischen Disziplinen – eine recht junge. Allerdings haben Kommentare zu Sprach- und Dialekteinstellungen auch ohne dass sie explizit Gegenstand wissenschaftlicher Analysen waren, eine gewisse Tradition, sodass man durchaus von einer Historizität sprechen kann.

Schon zu Beginn dieses Buches wurde einer der ältesten Belege für Spracheinstellungen bzw. genauer für metapragmatische Kommentare diskutiert. „Der Renner" Hugos von Trimberg (vgl. Abschnitt 1) belegt, dass die Bewertung von Sprechweisen schon im 14. Jahrhundert ein Thema war (vgl. dazu auch ausführlich Jakob 2010). Die Analysen derartiger historischer Spracheinstellungen sind allein schon deshalb komplex, da die Urheber nicht einfach zu Motiven und Beweggründen befragt werden können und eine Einordnung in übergeordnete Diskurse schwerfällt; sie müssen deshalb hermeneutisch erschlossen werden. Dies ist auch der Grund, weshalb die historische Spracheinstellungsforschung in dieser Einführung nicht näher expliziert wird, ihre Methoden und theoretischen Grundlagen sind weitestgehend different von denen der Wahrnehmungsdialektologie (vgl. für einen Überblick zur historischen Spracheinstellungsforschung, insb. des 16. bis 18. Jahrhunderts, Sauer i. Vorb.). Preston (1999a: XXV) nennt schließlich vier Bereiche, denen sich die wahrnehmungsdialektologische Forschung widmen kann:
1. historische Untersuchungen
2. regionale Untersuchungen (anschließend an die frühen japanischen, niederländischen und US-amerikanischen Studien)
3. methodologische Untersuchungen, die sich damit beschäftigen, wie Daten am besten erhoben und verarbeitet werden können
4. hermeneutische Untersuchungen, die zeigen wie die wahrnehmungsdialektologischen Daten mit linguistischen und anderen nicht-linguistischen Erkenntnissen zusammenhängen

Neben diesen vier Bereichen gibt es sicherlich einige weitere, insbesondere theoretische Fragestellungen (Was ist Wissen? Wer ist überhaupt linguistischer Laie?) wären aus einer rezenten Perspektive hinzuzufügen. Allerdings vermittelt diese Aufstellung einen guten Überblick, welche Schwerpunkte die bisherige wahrnehmungsdialektologische Forschung gesetzt hat.

Wir wollen uns im Folgenden also näher mit der Geschichte der Wahrnehmungsdialektologie als linguistische (Teil-)Disziplin auseinandersetzen und von den Anfängen in den Niederlanden und Japan über die Wegbereitung in den USA zu den Entwicklungslinien der deutschsprachigen Wahrnehmungsdialektologie führen.

3.1 Die Anfänge der Wahrnehmungsdialektologie in den Niederlanden und Japan

Die erste wahrnehmungsdialektologische Studie zu beschreiben, ist nicht ohne Weiteres möglich, da diese Studie nicht mehr vollständig zugänglich ist. Ein Kapitel zu den Anfängen einer Disziplin auf diese Art einzuleiten, mag für Ernüchterung sorgen, allerdings liegen die Ergebnisse der Studie als Zusammenfassungen vor. So wurden in Amsterdam schon im Jahr 1939 linguistische Laien im Questionnaire #8 der dortigen Dialektkommission befragt, wo Gemeinsamkeiten und Unterschiede in der eigenen Sprechweise verglichen mit der Sprechweise nahegelegener Orte ausgemacht würden (vgl. die Zusammenfassung in Rensink 1955/1999: 3).[21] Rensink spricht schon in seiner Studie von 1955 drei grundlegende Probleme an, mit denen sich wahrnehmungsdialektologischen Forschung auch heute noch konfrontiert sieht: „(1) In many sites there are no informants, so there is missing data. (2) The data gathered are often contradictory. (3) There are often no clear boundaries." (Rensink 1955/1999: 3). Diesen drei Herausforderungen versucht man heute z. B. mit kleinräumigen Studien mit hoher Gewährspersonendichte (1), theoretischen Grundannahmen in Bezug auf die Konstruktivität von Wissen (2) sowie neuen methodischen und digitalen Ansätzen wie bspw. Heat Maps (3) (vgl. Abschnitt 5.3) zu begegnen. Diese Probleme griff schließlich auch die als (niederländisch-)japanische Kontroverse zwischen Weijnen (1961, 1968) und Grootaers (1959, 1963, 1964) bekannt gewordene Debatte auf, die zum Ziel hatte, die Reliabilität von subjektiven Ähnlichkeits- bzw. Unähnlichkeitsurteilen zu bestimmen (vgl. Anders 2010: 29 sowie ausführlich die einzelnen Beiträge in Preston 1999b: Abschnitt 2) und die damit letztlich auch auf die Bestimmung der Objektivität wahrnehmungsdialektologischer Daten abzielte. Weijnen (1946, 1999) war es schließlich auch, der die erste Methode zur systematischen Untersuchung wahrgenommener sprachlicher Differenzen und Ähnlichkeiten entwickelte (*little arrow method*, ‚kleine Pfeilmethode' oder ‚Pfeilchenmethode', vgl. Weijnen 1999: 131 sowie Abb. 2). Diese Methode zielt auf die Darstellung wahrgenommener sprachlicher Ähnlichkeiten ab, die mittels der Pfeile ortsbasiert visualisiert werden (*In welchen Orten wird gleich oder ähnlich gesprochen? Zeichnen Sie dies mithilfe von Pfeilen in die Karte ein.*). Hieraus lässt sich eine Frühform der heute als Mental Maps (vgl. grundlegend Diercks 1988, sowie Abschnitt 5.2.1.1) bekannten Vorstellung ableiten.

---

21 „Among the questions asked in ‚Questionnaire #8' in 1939 were the following two: (1) In which place(s) in your area does one speak the same or about the same dialect as you do? (2) In which place(s) in your area does one speak a definitely different dialect than you do? Can you mention any specific differences?" (Rensink 1955/1999: 3).

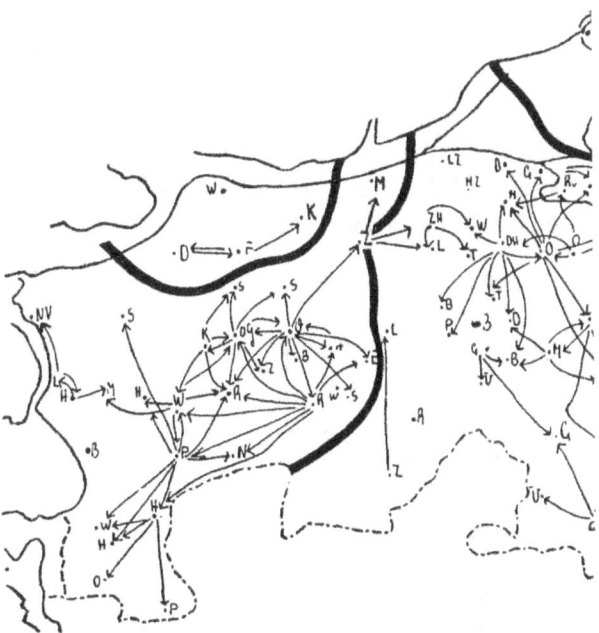

Abb. 2: Die *little arrow method* nach Weijnen 1946 (Abbildung zit. nach Preston 1999a: XXVII).

An die ganz frühen Studien der niederländischen Dialektologie schließen sich eine Reihe vorwiegend japanischer Studien an, die zum Ziel haben, die Qualität der subjektiven Grenzen und Räume zu bestimmen und damit der Frage nachgehen, ob subjektive Grenzziehungspraktiken tatsächliche wahrgenommene sprachliche Unterschiede zum Gegenstand haben oder vielmehr sozio-politische Faktoren wie bspw. (nationalstaatliche) Grenzen bewerten (vgl. dazu auch Auer 2004). Diese Diskussion ist heute gut im *Handbook of Perceptual Dialectology* dokumentiert (vgl. Preston 1999b).

Sibata (1959/1999) zeigt, dass die subjektiven Dialektgrenzen in aller Regel nicht mit der objektiven Dialektgliederung, d. h. den Isoglossen, übereinstimmen. Aus diesem Grund kann man aus der wahrnehmungsdialektologischen Rekodierung keine Annahmen über die objektive Dialektgliederung eines Raumes ableiten, sodass die Wahrnehmungsdialektologie als eigene Unterdisziplin der traditionellen Dialektologie angesehen werden muss (vgl. Anders 2010: 18). Als wichtige Orientierungspunkte für linguistische Laien bei der Beurteilung sprachlicher Ähnlichkeiten seien nach Sibata (1959/1999: 50–53) vor allem Einkaufsbereiche und Verwaltungsbezirke zu nennen. Diese Tendenz wurde von Auer (2004: 152, Herv. i. Orig.) in seinem Zentrum-Peripherie-Modell aufgenommen. Demnach „strukturieren [die Laien, VS/TH] den dialektgeographischen Raum *innerhalb* eines Staatsgebietes in der Regel um Kernregionen und lassen undefinierte Zwischenräume frei". Dies gelte allerdings nur, solange interterritoriale Grenzen reproduziert werden: „An politischen Grenzen wechseln sie [die Laien, VS/TH] manchmal in das nationalstaatliche

Modell eindeutig gegeneinander abgegrenzter Territorien über" (Auer 2004: 162). Schon aus diesem Vorgehen wird deutlich, dass laikalen Sichtweisen und dialektologischen Eruierungen unterschiedliche Vorgehen zugrunde liegen: Politische Grenzen sind für linguistische Laien eine wichtige Schematisierungsinstanz (vgl. dazu auch den Sammelband von Palliwoda, Sauer & Sauermilch 2019). Sibata nutzte dabei nicht die Pfeilchenmethode, die in den Niederlanden entwickelt worden war, sondern die Gewährspersonen zeichneten Linien unterschiedlicher Stärke ein, um sprachliche Ähnlichkeiten zu visualisieren (vgl. Abb. 3).

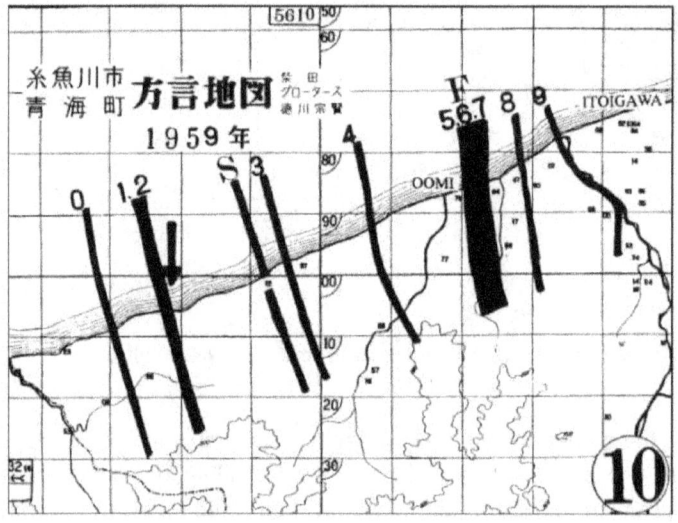

Abb. 3: Sibatas (1959/1999: 43) Methode zur Sichtbarmachung sprachlicher Ähnlichkeiten.

Auch wenn dialektologische und laiendialektologische Ergebnisse häufig nicht übereinstimmen, ist die Relevanz laiendialektologischen Wissens trotzdem nicht zu vernachlässigen, wie Mase (1964/1999) zeigen kann. Er weist nach, dass die Konzeptualisierungen zum Teil eben doch mit dialektologischen Isoglossen übereinstimmen und sogar korrekt benannt werden. Hundt (2005: 468) gibt in seiner Rezension allerdings zu Recht zu bedenken, dass es sich hierbei wohl um eine Ausnahmesituation handele, da die Übereinstimmung von subjektiven und objektiven Daten nicht den Regelfall darstelle; der Befund sei „auf den deutschen Sprachraum mit Sicherheit nicht übertragbar" (Hundt 2005: 468). An diesem Punkt ist allerdings erst wenig strukturierte Forschung betrieben worden, sodass die Korrelation subjektiver und objektiver Daten als dringendes Desiderat gelten kann (vgl. exemplarisch den Ansatz von Ganswindt, Limper & Vorberger 2021). All diese Ausführungen zeigen, dass das laiendialektologische Wissen nicht wirklich verallgemeinerbar ist und die spezifischen Daten mit Bedacht erhoben und vor allem interpretiert werden müssen. Aus diesem Grund sind große Projekte, die möglichst vergleichbare Daten erheben ebenso relevant wie kleinräumige Studien, die die einzelnen Kon- und Divergenzen auf der Mikroebene offenlegen (vgl. dazu Abschnitt 6). Schließlich versucht Grootaers (1964) zwischen den Positionen Sibatas und Mases zu vermitteln, indem er zeigt, dass es zwar Übereinstimmungen geben kann, die jeweiligen Umgebungsfaktoren aber bestimmend seien, sodass es wahrscheinlicher sei, von Unterschieden auszugehen. Diese Maßgabe hat sich bis in die moderne Wahrnehmungsdialektologie weitestgehend erhalten. Trotz der hier als vielversprechend dargestellten Ansätze und Ergebnisse, waren die Forscher am Anfang weniger zuversichtlich und ihren eigenen Ergebnissen gegenüber nicht immer positiv eingestellt (vgl. Cramer 2016a: 4). Die Wegbereitung der Perceptual Dialectology erfolgte dann erst in den USA; hier wurde die Relevanz subjektiver Daten hervorgehoben.

3.2 Die Wegbereitung in den USA

Wahrnehmungsdialektologische Forschung ist in den USA und darüber hinaus heute unmittelbar mit dem Namen Dennis Preston verknüpft, der seit den 1980er und 1990er Jahren wegweisende Forschung geleistet und die Perceptual Dialectology maßgeblich geprägt und gestaltet hat. Doch schon in den 1960er Jahren hat Henry Hoenigswald in einem vielzitierten Aufsatz den Anspruch der Folk Linguistics, aus denen dann die Perceptual Dialectology als so bezeichnete Disziplin hervorging, formuliert. Hoenigswald war es, der die Relevanz subjektiver Daten für die Linguistik betonte und damit die Missstimmung, die von den Daten der niederländisch-japanischen Kontroverse ausging, weitestgehend beseitigen konnte:

> we should be interested not only in (a) what goes on (language), but also in (b) how people react to what goes on (they are persuaded, they are put off, etc.) and in (c) what people say goes on (talk concerning language). It will not do to dismiss these secondary and tertiary modes of conduct merely as sources of error.
>
> (Hoenigswald 1966: 20)

Diese Triade bestehend aus der Untersuchung des Sprachgebrauchs, den Reaktionen bzw. Einstellungen sowie metasprachlichen und metapragmatischen Äußerungen findet sich gewissermaßen auch im Verständnis Dennis Prestons. Dessen Modell der Struktur und Prozesshaftigkeit von Sprachreflexionen wurde in seiner Grundform (vgl. Niedzielski & Preston 2003: X–XI) viel zitiert, mittlerweile aber entscheidend ergänzt (vgl. Soukup 2019: 94 sowie Abb. 4 und 5).

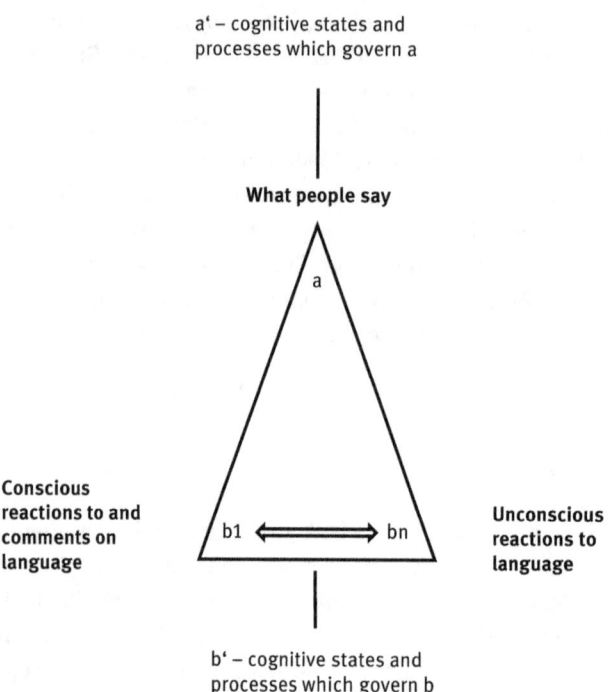

Abb. 4: The place of folk linguistics in the general study of language, revised (Niedzielski & Preston 2003: XI).

Schon bei der in Abb. 4 dargestellten Variante handelt es sich um eine Überarbeitung des ursprünglichen Modells. Allerdings wurde die erste Version recht schnell verworfen, sodass an dieser Stelle nicht näher darauf eingegangen werden soll (vgl. dafür Niedzielski & Preston 2003: X). Die Wahrnehmungsdialektologie legt, dies ist der Kern ihrer Untersuchung, besonderes Augenmerk auf den bei b1 dargestellten Bereich, die bewussten Reaktionen und Kommentare zur Sprache. Dabei existieren gewisse kognitive Zustände (b', *cognitive states*), die diese Reaktionen und Kommentare steuern und beeinflussen. Hier ist vor allem von (Prä-)Konzepten und Spracheinstellungen, die ja eben selbst auch eine kognitive Komponente besitzen, auszugehen. Die Modellierung dieser kognitiven Zustände ist ein wichtiges Anliegen der Wahrnehmungsdialektologie, dem sie sich bisher nicht ausreichend gestellt hat. Zwar hat Dennis Preston (2010, 2017) mit dem *attitudinal cognitorium* einen ersten Ansatz geliefert, doch bleiben dort wichtige Aspekte der Prozessualität des Wissens sowie der Bestimmung der Qualität des Wissens offen (vgl. zur Kritik auch Purschke 2018). Für die Laienlinguistik gibt es mit Hoffmeister (2021a) einen umfassenden Versuch, das Wissen aus einer kognitiv-semantischen Perspektive heraus zu modellieren.

Innerhalb des positionsbestimmenden Modells von Preston (Abb. 4) ist der Übergang von unbewussten zu bewussten Reaktionen als Kontinuum zu verstehen. In aller Regel ist etwas mehr oder weniger bewusst, wobei die weniger bewussten Zustände ipso facto schwer zu bestimmen sind. Erst mit einem gewissen Grad der Bewusstheit wird Bewusstsein erreicht (vgl. zum Unterschied von Bewusstheit und Bewusstsein Neuland 2002). Zentral ist ein weiterer Punkt: Die (un-)bewussten kognitiven Zustände referieren letztlich auf den Sprachgebrauch (a) und unterziehen ihn einer Kategorisierung oder Bewertung. Offen bleibt in dieser, sehr exemplarischen Version der Darstellung allerdings, wie die Kategorisierungs- und Bewertungsprozesse konkret vonstattengehen, d. h. welche kognitiven und psychologischen Prozesse wirksam sind (vgl. auch Abschnitt 4), sodass eine Erweiterung sinnvoll erscheint (vgl. Abb. 5).

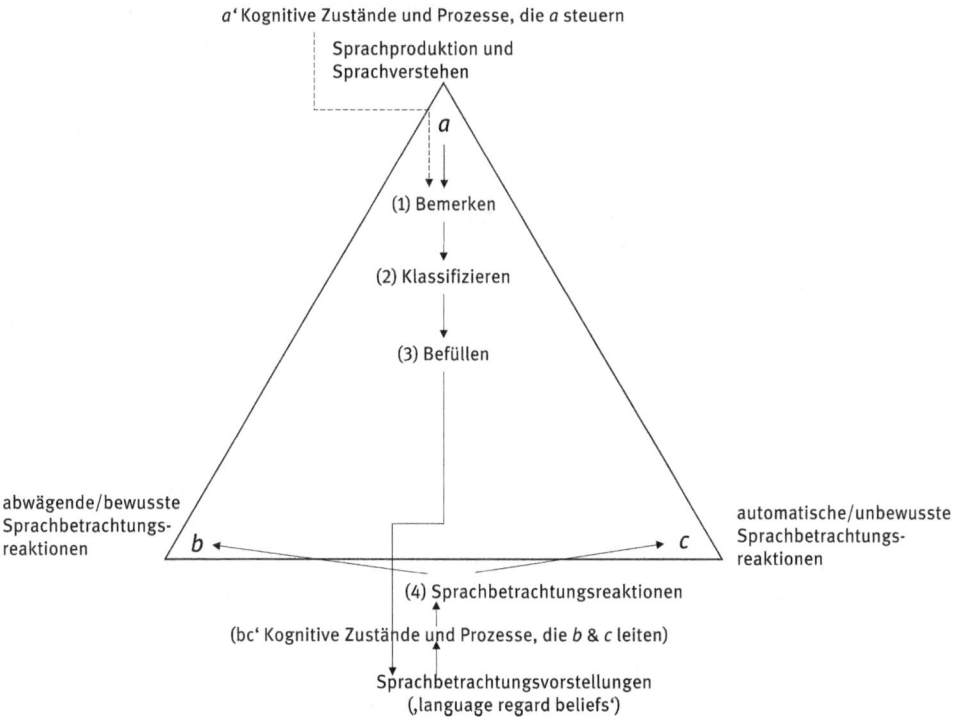

Abb. 5: Der Prozess der Ausbildung einer Sprachbetrachtungsreaktion (Soukup 2019: 94).

Auch wenn die Erweiterung des Modells auf den ersten Blick nur marginaler Natur ist, so sind die Änderungen doch nicht nur für das Verständnis grundlegend, sondern auch für die Aussagekraft des Modells. Die drei Ecken sind gleichgeblieben.[22]

---

22 Die Übersetzung resultiert hier aus der unterschiedlichen Quellenwahl und steht nicht mit dem eigentlichen Modell in Verbindung.

In der Version, die in Abb. 5 dargestellt ist, wurden insgesamt vier Schritte ((1)–(4)) eingefügt, die die Prozessualität einer Sprachbetrachtungsreaktion abbilden sollen. Der erste Schritt (1), das Bemerken, wird gemeinhin unter dem Konzept der Salienz (vgl. exemplarisch Auer 2014) gefasst. Allerdings spielt nicht nur die Auffälligkeit von Merkmalen (*Salienz*) eine elementare Rolle, sondern auch die subjektive Bewertung hinsichtlich der Relevanz (*Pertinenz*, vgl. dazu Purschke 2011), die Voraussetzung für die Klassifizierung (2) ist. Die Klassifizierung oder auch Kategorisierung erfolgt dann einerseits hinsichtlich der Kategorien *relevant* oder *irrelevant* (vgl. Hoffmeister 2020b)[23] und andererseits hinsichtlich qualitativer Kategorien wie *schön* bzw. *hässlich*, *adäquat* bzw. *inadäquat* etc. Allerdings wird eine Beurteilung der Ästhetik nur vorgenommen, wenn ein Merkmal zuvor als *relevant* klassifiziert wurde. Schritt (3), das Befüllen, ist dann als Aufnahme in den individuellen Wissensfundus, das *attitudinal cognitorium* (vgl. Preston 2010, 2017) bzw. das Epistemikon (vgl. Hoffmeister 2020b, 2021a) zu verstehen. Den letzten Schritt (4) stellen schließlich konkrete Sprachbetrachtungsreaktionen dar, d. h. metapragmatische Kommentare, die perzipierte Elemente des Sprachgebrauchs einer Evaluation bzw. Kommentierung unterziehen. Zu Beginn steht also ein den Reflexionsprozess auslösendes salientes und pertinentes sprachliches Merkmal, das in der Regel in einer konkreten Äußerungssituation perzipiert wird, hinsichtlich der Relevanz beurteilt wird und anschließend vor dem Hintergrund eigener Schemata, d. h. kognitiver Orientierungs- und Systemisierungsinstanzen, bewertend kommentiert wird. Dieser Kommentar muss dabei gar nicht zwingend auch expliziert werden; die Geschmacksurteile können gewissermaßen vor dem inneren Ohr verhandelt werden.

Der erste Forschungsbeitrag Dennis R. Prestons, dem dieses eben dargestellte Verständnis (vgl. Abb. 4) zugrunde liegt und der gewissermaßen die moderne Perceptual Dialectology im US-amerikanischen Raum begründete, stammt aus dem Jahr 1982 und behandelt Mental Maps des US-amerikanischen Sprachraums aus einer hawaiianischen Perspektive. Eine wichtige Rolle für die Untersuchung laiendialektologischer Konzeptualisierungen spielen zu Beginn Mental Maps, so auch bei Preston (1982). Auch wenn die Studie von Preston (1982) nicht die erste ist, die sich mit metasprachlichen Kommentaren und Sprach- bzw. Dialektkonzeptualisierungen auseinandersetzt (hier sind z. B. Fishman, Cooper & Ma 1971 oder Shuy & Fasold 1973 zu nennen), so stellt sie doch gewissermaßen den Ausgangspunkt einer strukturierten wahrnehmungsdialektologischen Forschung dar. Für seine Untersuchung befragt Preston insgesamt 35 Studierende der University of Ha-

---

[23] Relevant oder irrelevant kann ein perzipiertes Merkmal dann sein, wenn es mit eigenen individuellen Vorstellungen z. B. von korrekter Aussprache konform ist oder nicht. So kann bspw. eine Person davon überzeugt sein, dass die korrekte Aussprache von *König* [ˈkøːnɪk] ist (was aus objektiv linguistischer Sicht nicht zutreffend wäre), sodass die davon abweichende Varianten [ˈkøːnɪç], obwohl objektiv korrekt, individuell relevant, weil vom Ausspracheonzept abweichend ist. Verantwortlich für die (Ir-)Relevanzzuschreibung sind also vor allem subjektive Theorien aber auch Erfahrungen, in deren Kontext beispielsweise aufgrund spezifischer Merkmale Diskriminierung oder persönliche Abwertung erfahren wurde (vgl. Schmidt & Herrgen 2011: 39–48).

waii, die größtenteils wenig Reiseerfahrung sowie keine linguistische Vorbildung haben (einige haben einen Einführungskurs belegt). Den Gewährspersonen wurde die Karte in Abb. 6 vorgelegt; die Aufgabenstellung lautete wie folgt (eigene Übersetzung des Textes in Preston 1982: 21):

> Es ist hinlänglich bekannt, dass Menschen in verschiedenen Teilen des Landes Englisch unterschiedlich verwenden. Zeichnen Sie Grenzen um die Sprachgebiete der USA, um die Gebiete oder Sprecher aus ihnen zu identifizieren. Wenn Sie mehr als eine Bezeichnung verwenden, geben Sie alle an, die Sie verwenden. Wenn Ihnen diese Karte nicht detailliert genug ist, um einige Dinge anzugeben, die Sie über die Sprache in den USA wissen, verwenden Sie leeres Papier, um eine Karte eines kleineren Gebiets zu zeichnen. Wenn Sie Kommentare zu Ihrer Arbeit haben, notieren Sie diese bitte.

Abb. 6: Verwendete Karte für die Mental-Maps-Aufgabe in Preston (1982: 21).

Die verwendete Karte hat eine relativ geringe Stimulusdichte, bloß die nationalen Grenzen sowie die der Bundesstaaten sind verzeichnet. Hier wird versucht, einem Einzeichnen der politischen Grenzen entgegen zu wirken, wodurch das eigentliche Ziel der Erhebung, subjektive Sprachräume und deren Grenzen zu untersuchen, konterkariert würde. Denkbar ist aber natürlich auch eine Karte mit maximalen Stimuli, in der beispielsweise auch Städte, Flüsse (vgl. bspw. Schiesser 2020: 120) und sogar Gebirge eingezeichnet sind, um einerseits Orientierung zu bieten und andererseits den Gewährspersonen zu zeigen, dass es nicht um geopolitische Einheiten geht, sondern um Sprachräume. Preston zeigt schließlich, dass es insgesamt vier rekurrente Dialekträume gibt (Southern, Northern, Midwest und New England, vgl. Preston 1982: 23). Bei diesen Raumkonzeptualisierungen ist also davon auszugehen, dass sie eine gewisse gesellschaftliche Relevanz haben und die dort wahrgenommenen dialektalen oder regiolektalen Sprechweisen gewisse saliente Merkmale besitzen, die intraindividuell pertinent sind. Allerdings sind neben den jeweiligen Übereinstimmungen bzw. Gemeinsamkeiten auch die Unterschiede relevant, die es zu bestimmen gilt. Für die Studie von Preston, die spezifische Unterschiede in der Konzeptualisierung der US-amerikanischen Dialektlandschaft offenlegt, sollen die Differenzen hier aber nicht näher dargelegt werden. Preston beendet seinen Beitrag mit dem Schluss, dass die Betrachtung laikaler Sichtweisen auf Sprache und Dialekt nicht nur mehrwertbringend, sondern sich gewissermaßen aus der Logik der Struktur von Sprache selbst ergibt: „Since language use in nearly every society is the product, even for individuals, of a great deal of thought and reflection [...], it seems most important to measure these overt characteristics of language" (Preston 1982: 46). Dies kann letztlich als der Beginn der strukturierten Untersuchung (zunächst in den USA) von Dialektwissen, -einstellungen, -konzepten etc. gelten.

Das Programm einer zunächst als Folk Dialectology später als Folk Linguistics bezeichneten Disziplin baut Preston im Folgenden immer weiter aus, allerdings – und diese Tendenz setzt sich bis heute auch im deutschsprachigen Raum fort – fehlt es an einer grundlegenden theoretischen Fundierung und einem gemeinsamen theoretischen Konsens innerhalb der Disziplin. Dies zeigt sich nicht zuletzt auch in Niedzielski & Preston (2003), die zwar einen umfassenden Überblick über Anwendungsfelder der Folk Linguistics und den damaligen Stand der angloamerikanischen Forschung geben, allerdings theoretische Fragestellungen (z. B. Was ist eigentlich der linguistische Laie?, Wie funktionieren Wissenserwerb und -repräsentation?) ausblenden und sich auf die Methodologie und die Feldforschung konzentrieren. Dies mag auch einer der Gründe sein, weshalb die Wahrnehmungsdialektologie insbesondere am Anfang mit Anerkennungsschwierigkeiten zu kämpfen hatte, die zwar heute keine große Rolle mehr spielen, aber nichtsdestoweniger noch immer nicht in der gesamten linguistischen Wissenschaftsgemeinschaft ausgeräumt sind. Die Nichtakzeptanz, so diagnostizieren Niedzielski & Preston (2003: 3–10), hängt vor allem mit zwei Einwänden zusammen: der Unzulänglichkeit (*impoverishment of data*) und der Unzugänglichkeit der Daten (*inaccessibility of data*). Die Unzulänglichkeit der Daten zielt auf die Beschreibung der Reliabilität laiendialektologischer Äußerungen ab: Können wir einwandfrei rekonstruieren, was die Laien tatsächlich meinen? Wie gehen wir mit terminologischen und konzeptuellen Differenzen zwischen Laien und Fachwissenschaft um? Die Unzugänglichkeit beschreibt das Problem, dass nicht alle Wissensbestände überhaupt bewusst und schon gar nicht explizierbar sind. Schließlich fokussieren beide Einwände das grundsätzliche Problem der Divergenz von Gemeintem und Gesagtem, das behutsam hermeneutisch-interpretativ erschlossen werden muss, wodurch eine gewisse Missverstehenstoleranz miteinbezogen werden muss. Um sich dem Gemeintem möglichst vollständig anzunähern, müssen die Daten also immer vor dem spezifischen Hintergrund der Gewährsperson interpretiert werden, was den Anschluss der Disziplin an die Soziolinguistik begründet, in dessen Zentrum die Frage nach der Struktur der jeweiligen Sprachgemeinschaft steht (vgl. Anders 2010: 34) und nicht so sehr nach Unterschieden in den Sprachraumkonzeptualisierungen. Doch nicht nur die Soziolinguistik bietet für Preston Anschlusspotenzial, sondern er verbindet die Perceptual Dialectology mit der Humangeografie bzw. der Kultur-, Sozial- und Wahrnehmungsgeografie (vgl. Preston 1986), was auch heute noch in den Methoden der Wahrnehmungsdialektologie erkennbar ist (vgl. Abschnitt 5, Preston 2004, zur rezenten Anwendung variationslinguistischer Fragestellungen vor dem Hintergrund sozialkonstruktivistischer Annahmen beispielhaft Campbell-Kibler & Bauer 2015).

Neuere Arbeiten nicht nur im US-amerikanischen Raum (vgl. für einen historischen Überblick Anders 2010: 41) nehmen einen Trend auf, die kognitive Ebene, d. h. die Repräsentationen des Wissens stärker zu beschreiben (vgl. z. B. Preston 2017) und die Wahrnehmungsdialektologie bzw. Laienlinguistik als Disziplin mit Erkenntnissen der Sozialkognitionsforschung (vgl. exemplarisch Moskowitz 2005) anzubinden (vgl. Campbell-Kibler 2016; Hoffmeister 2021a; Purschke 2018; Soukup 2012). Darüber hinaus spielen zunehmend auch Aspekte von Mehrsprachigkeit[24] (vgl. Buckingham 2015; Schmidt & Herrgen 2011) und der Zusammenhang von Sprache, Wahrnehmung, Konzeptualisierung und Identität (vgl. Cramer 2013, 2016b) eine Rolle.

Die Ergebnisse der US-amerikanischen Perceptual Dialectology, die sich aus den Ansätzen in den Niederlanden und Japan entwickelt hat, lassen sich mit Anders (2010: 39) folgendermaßen zusammenfassen:

> (1) Die Untersuchungsergebnisse von Preston stimmen insofern mit denen von Sibata und Grootaers überein, als dass die subjektiven Dialektareale in einigen Punkten deutlich von der linguistischen Gliederung abweichen. Dennoch kann von einem vergleichsweise stabilen Konsens im Alltagswissen linguistischer Laien gesprochen werden.
> (2) Die räumliche Repräsentation des Alltagswissens von Sprachregionen steht im Zusammenhang mit Einstellungsdaten und Stereotypisierungen, sodass die linguistische Konzeption der perceptual dialectology mit der primären Konzentration auf Dialektgrenzen um soziolinguistische Aspekte der Einstellungsforschung und kognitionspsychologische Perspektiven der Wahrnehmungswissenschaften [bzw. allgemein der Kognitionswissenschaften, VS/TH] erweiterbar wird.
> (3) Die Untersuchungsergebnisse haben ferner gezeigt, dass die räumliche und soziale Wahrnehmung von Dialekten vom Stand- bzw. Blickpunkt des Informanten abhängt, sodass zukünftig noch genauer zwischen Mikro- und Makroperspektiven der linguistischen Laien unterschieden werden muss.

3.3 Die Entstehung und Entwicklung der Wahrnehmungsdialektologie im deutschsprachigen Raum

Auch im deutschsprachigen Raum gibt es bspw. mit Polle (1898) und Büld (1939) zwei sehr frühe Studien zur Dialektreflexion (vgl. darüber hinaus Mattheier 1985: 48–49 für einen kurzen Überblick). So werden bei Büld Sprachraumwahrnehmungen und Konzeptualisierungen zu Sprachspott im nördlichen Westfalen behandelt. Auch wenn die Studie, die nicht als *wahrnehmungsdialektologisch* im eigentlichen Sinne gelten kann, viele Ansatzpunkte in sich vereint, die heute in der Wahrnehmungsdialektologie noch immer en vogue

---

24 Mehrsprachigkeit ist insofern relevant für wahrnehmungsdialektologische Fragestellungen, als dass Menschen mit mehr als nur einer Primärsprache ein gesteigertes Sprachbewusstsein haben und die verschiedenen sprachlichen Kontexte, in denen sie leben, auch ihr Wissen von Sprache insgesamt beeinflussen (können).

sind, so gab es anschließend eine lange Periode, in der keine weitere Forschung unternommen wurde. Erst mit der Rezeption der US-amerikanischen Studien insb. Dennis Prestons (vgl. Abschnitt 3.2) hat sich das Bild geändert, sodass seit den 1980er und 1990er Jahren vermehrt auch Fragestellungen zum deutschen Sprachraum behandelt wurden. So gab es auch in den 1980er Jahren einige Studien zum Deutschen (vgl. exemplarisch Brekle 1985; Diercks 1988; Herrgen & Schmidt 1985; Kremer 1984; Mattheier 1985; Wirrer 1987), die die Laiensicht auf Sprache bzw. Dialekte berücksichtigten, allerdings waren diese eher exemplarischer Natur, von einer umfassenden und strukturierten wahrnehmungsdialektologischen Forschung kann man in diesem Zusammenhang noch nicht sprechen. Diese entwickelte sich erst im Laufe der 1990er Jahre und erreicht ihren Höhepunkt in den 2010er Jahren (beispielhaft Anders 2010; Purschke 2011). So halten Purschke & Stoeckle (2019: 844) fest, dass es so schiene, „als sei die anfängliche Welle der Begeisterung für perzeptionslinguistische Themen vorerst abgeflaut". Diesen Eindruck mag man teilen oder nicht, es zeigt aber, dass die Wahrnehmungsdialektologie im deutschsprachigen Raum kein Schattendasein fristet, sondern sich im Kontext dialektologischer Forschung als eigene Herangehensweise etabliert hat.

Die ersten Studien im deutschen Sprachraum in den 1980er Jahren sind noch recht exemplarisch und stark an der traditionellen Dialektologie orientiert (vgl. Löffler 2010). Herrgen & Schmidt definieren in ihrem Beitrag früh einen Begriff der *Hörurteils-Dialektalität* im Anschluss an Schirmunski (1930) und Hammarström (1967) (vgl. dazu in neueren Anwendungen auch Hansen 2012; Kehrein 2009; Kiesewalter 2019). Demnach sei diese Form der Dialektalität „der Grad, in dem arealsprachliche Merkmale von Sprechern/Hörern als arealsprachlich von der Standardsprache abweichend eingestuft werden" (Herrgen & Schmidt 1985: 21). Hier werden also die rezeptive Dimension bzw. der Hörer in den Blick genommen. Hörurteile stellen subjektive Daten dar, deren Erhebung und Interpretation Gegenstand wahrnehmungsdialektologischer Studien ist. Purschke (2011) hat in seiner umfassenden Studie diesen Ansatz zu einer allgemeinen Theorie der hörurteilsbasierten Regionalsprachenforschung ausgebaut, die noch immer in vielen Bereichen grundlegend ist. Schließlich untersuchen Herrgen & Schmidt (1985), inwieweit ein tatsächlich messbarer und somit objektiver Dialektalitätsgrad mit den subjektiven Hörurteilen kongruiert bzw. sie gehen der Frage nach, ob ein Zusammenhang zwischen Sprecher-/Hörerrelevanz und Systemrelevanz besteht (vgl. Herrgen & Schmidt 1985: 23). Dafür präsentieren Sie ihrer Gruppe von Gewährspersonen insgesamt drei verschiedene Hörproben: eine interferenzfreie Standardaufnahme, eine interferierte Standardaufnahme und eine lokaldialektale Aufnahme. Diese Aufnahmen sollen von den Gewährspersonen hinsichtlich der Dialektalität beurteilt werden (vgl. Herrgen & Schmidt 1985: 28). Sie kommen schließlich zu dem Ergebnis, dass die Beurteilung der Dialektalität spezifischer arealsprachlicher Merkmale unabhängig von deren Systemrelevanz ist. Somit zeigen die Autoren, dass es keine Kongruenz zwischen dialektologischen Erkenntnissen bedingt aus objektiven Messungen und der subjektiven Einschätzung gibt. Die Ergebnisse schließen damit an die der japanischen Studien Sibatas (vgl. Abschnitt 3.1) an. Ferner zeigen Herrgen & Schmidt in Bezug auf ihre Ausgangsfrage, dass die Gleichsetzung von Hörurteil-

Dialektalität und Systemkontrast-Dialektalität, die die Autoren in vielen Studien ausmachen, nicht zielführend sei, vielmehr sei das Hörurteil „eine unabhängige Größe, die aus dem Systemkontrast nicht abgeleitet werden kann. Subphonemische Abweichungen können durchaus auffälliger sein als phonemische" (Herrgen & Schmidt 1985: 35). Mit der dichotomen Trennung von Hörurteil und Systemkontrast ebnet die Studie Herrgens & Schmidts damit den Weg zur eigenständigen wahrnehmungsdialektologischen Forschung. Diesen bei Herrgen & Schmidt bloß impliziten Gedanken expliziert Mattheier (1985) in seiner Studie, in der er eine *Dialektologie der Dialektsprecher* fordert und für einen interpretativen Ansatz in der Dialektologie plädiert. Ausgangslage ist die Diagnose,

> dass es neben der Dialektologie der Dialektologen evtl. noch eine zweite Dialektologie gibt, eine Dialektologie der Dialektsprecher, einen Komplex von alltäglichen Wissensbeständen über das Phänomen Dialekt, seinen Namen, seine Verwendungsweisen und seine Wertigkeit für verschiedene Lebenssituationen, also alle Dinge, die an diesem Phänomen im alltäglichen Leben ‚wissenswert' sind.
> (Mattheier 1985: 46–47)

Mittlerweile kann man das *eventuell* im ersten Teil des Zitates guten Gewissens streichen, darüber besteht in der modernen Dialektologie Konsens. Allerdings ergibt sich hier ein Problem, dessen sich auch Mattheier bewusst ist und das man unter dem Terminus *laienlinguistische Hermeneutik* fassen könnte. Wenn Gewährspersonen ein bestimmtes Wissenselement reproduzieren, kann die interpretierende Forschung nicht absolut sicher sein, ob sie die intendierten Bedeutungen korrekt versteht, da es eine differente Ausdrucks-Inhalts-Relation zwischen Öffentlichkeit und Fachwissenschaft gibt (vgl. Mattheier 1985: 49; Mattheier 1994 sowie weiterführend das symbolische Prinzip in Hoffmeister 2021a: 89–90 sowie Abschnitt 4.1.1). Mit anderen Worten: Es besteht ein Problem, laienlinguistische Konzeptualisierungen und deren Verbalisierungen auf linguistische Kategorien zu übertragen und andersherum.[25] Diesem Problem kann nur mit ausführlichen Befragungen der Gewährspersonen begegnet werden, die die exakte Elizitation der begrifflichen Konzeptionen zum Ziel haben.[26] Dies kann in letzter Konsequenz auch in

---

[25] Darüber hinaus muss auch das von Labov (1972) eingeführte *observer paradox* bedacht werden. Demnach werden sich Gewährspersonen umso bewusster über das eigene sprachliche Verhalten, je näher die Exploration diesem Untersuchungsgegenstand kommt. Dies kann dann zu beeinflussten Antworten führen, weil die Gewährspersonen der Untersuchung nicht mehr unvoreingenommen gegenüber stehen. Labov schlägt als Ausweg vor, die Sprechweisen linguistischer Laien zu untersuchen, wenn sie nicht davon wissen (vgl. Labov 1972: 113). Dies ist allerdings sowohl schwer umsetzbar wie auch wissenschaftsethisch fragwürdig.

[26] „Der Dialektologe steht, sobald er über das reine Abfragen von Wortmaterial oder das Aufnehmen von Dialektsprechern hinausgeht, also etwa bei jeder Frage nach dem Gebrauch von verschiedenen Sprachvarietäten in unterschiedlichen Situationen vor dem Problem, sicherstellen zu müssen, dass die Inhalte seiner Abfragekategorien, also etwa ‚Dialekt' oder ‚Regionalsprache' mit den Inhalten übereinstimmen, die die Befragten mit diesen Bezeichnungen verbinden. Welche Probleme sich dabei ergeben, zeigt sich etwa auch daran, dass ‚Umgangs-sprache' in Süd- und Mitteldeutschland allgemein mit mehr oder weniger starkem Regionaleinfluss gedacht wird und in Norddeutschland ohne diese Regionalismen" (Mattheier 1985: 49).

einer wissenschaftstheoretisch fundierten linguistischen Präkonzeptforschung münden, die bisher noch keinen Einzug in das linguistische Bewusstsein gewunden hat. Dies zeigt auch, dass von einem sozio-kognitiven Wissensbegriff auszugehen ist, da, und das betont auch schon Mattheier, sich das Wissen einerseits durch „Sedimentationen von sozialem Handeln in Situationen sowie als Reflexionen über dieses Handeln" (Mattheier 1985: 51) bildet, andererseits aber natürlich kognitiv verarbeitet wird. Für die Linguistik ist die Erforschung dieser Handlungspraxen sowie deren Reflexionen interessant und relevant, weil „der Dialekt und [...] alle anderen sprachliche Ausdrucksformen, die ein Individuum verwendet, Implikate seiner Sozialgeschichte und Produkt des gesellschaftlichen Handlungsraumes, in dem er stand und steht", sind (Mattheier 1985: 52). Die Basis stellt also die Verbindung von sozialer Umwelt und sprachlichen Praxen im sozialen Handeln dar (vgl. Mattheier 1985: 52). Kern des interpretativen Ansatzes von Mattheier ist schließlich, dass die Linguistik unter Berücksichtigung der Sichtweisen von Sprechern das jeweilige Bewusstsein über sprachliche Unterschiede offenlegt und anschließend die Ursachen dafür erforscht, die in aller Regel auch in Bewertungen der Sprechweisen resultieren. Die Bewertung anderer Sprechweisen (Heterostereotyp) aber auch die Wahrnehmung eigener Sprechweisen (Autostereotyp) bzw. die Projektion anderer Wahrnehmungen auf die eigene Sprechweise (vermutetes Autostereotyp) ist maßgeblich für die Entwicklung des sprachlichen Handelns.

Mattheier fasst den Anspruch einer *Dialektologie der Dialektsprecher* schließlich in drei Bereichen zusammen: (1) *Konzeptualisierung und Terminologie*: Maßgeblich sind hier Fragen nach der Konzeptualisierung von Dialekt bzw. allgemeiner dem Verständnis von Dialekt der Gewährspersonen. Welche Sprachräume und Sprachgrenzen konzeptualisiert die Gewährsperson und welche nicht? Wie werden diese bezeichnet? (2) *Entwicklung*: Welche Entwicklungslinien nimmt die Gewährsperson wahr? Welche Prognosen werden hinsichtlich des Dialektes getroffen? (3) *Einstellungen und Stereotypie*: Welche Bewertungen eigener und fremder Sprechweisen werden vorgenommen? Mit welchen Auto- und Heterostereotypen sind die Bewertungen verknüpft? Welche Rolle spielt der Dialekt in der Gesellschaft? Diese drei Fragekomplexe (insb. jedoch (1) und (2)) finden sich auch heute in vielen wahrnehmungsdialektologischen Arbeiten.

Um die Frage des Teilbereiches (1) Welche Sprachräume und Sprachgrenzen konzeptualisiert die Gewährsperson und welche nicht? strukturiert beantworten zu können, hat Willy Diercks (1988) eine wegweisende Methode prominent gemacht: die Mental Maps. Diese Methode entstammt ursprünglich der Wahrnehmungsgeografie, die sich mit mentalen Repräsentationen geografischer Räume auseinandersetzt und damit prädestiniert für die Anwendung auf wahrnehmungsdialektologische Fragestellungen ist. Diercks (1988: 282) geht von der Grundannahme aus, dass

> Sprache/Mundart [...] ein sowohl distanzschaffendes Merkmal als auch ein von geografischer Distanz beeinflusstes Element, welches das Bild bzw. das Konzept von der Umgebung – durch Sympathien und Antipathien motiviert – individuell und sozial hervorruft

ist. Mental Maps sind nach Diercks Verständnis „Projektionen von Vorstellungen auf die geographische Realität" (Diercks 1988: 282).[27]

Bevor es zu einer strukturierten wahrnehmungsdialektologischen Forschung auch im deutschsprachigen Raum kam, waren vor allem Dialekteinstellungen im Rahmen einer (perzeptiven) Soziolinguistik Gegenstand der Forschung (vgl. z. B. Christen 1998; Hofer 2002; Siebenhaar 2000; Vandermeeren 2005; Ziegler 1996). Eine Etablierung der Wahrnehmungsdialektologie als eigenständige Disziplin bzw. eigene Herangehensweise an dialektologische Fragestellungen erfolgt dann, wie Hundt (2018: 102) festhält, vor allem in den ersten zehn bis fünfzehn Jahren des 21. Jahrhunderts. Dort entstanden mit Anders (2010), Arendt (2010), Jürgens (2015), Lameli (2004), Lenz (2003), Purschke (2011), Stoeckle (2014), und Twilfer (2012) grundlegende Studien mit klarem oder ergänzendem wahrnehmungsdialektologischen Erkenntnisinteresse (vgl. für einen Überblick damaliger Forschung auch den Sammelband von Anders, Hundt & Lasch 2010). Dort werden zum einen Sprachraumkonzepte über Mental Maps erhoben. Dabei kommen Ausgangskarten mit unterschiedlicher Stimulidichte zum Einsatz. Hofer (2004) verwendet beispielsweise eine Blankokarte, während Lameli, Purschke & Kehrein (2008) verschiedene Karten mit unterschiedlichen Stimuli einsetzen (Bundländergrenzen, Städte, Höhenrelief). Bei Stoeckle (2014) findet sich u. a. eine Kombination unterschiedlicher Informationsdimensionen (vgl. zur Übersicht Purschke & Stoeckle 2019: 847). Daneben stellen Untersuchungen, die statt des visuellen Stimulus über Karten einen auditiven Stimulus (Hörproben) nutzen. Dieses Verfahren, das auf die Matched-Guise-Technik (vgl. Abschnitt 5.2.2.2) zurückgeht, erfreut sich auch in heutigen Studien noch großer Beliebtheit, da konkrete sprachliche Äußerungen bewertet werden sollen und es so ein großes Maß an Realitätsbezug aufweist; darüber hinaus ist der Stimulus in der Untersuchungsanlage kontrollierbar, was eine gute Steuerbarkeit der Intentionen der Untersuchung gewährleistet. Bspw. lassen Lameli (2004) und Lenz (2003) Sprachproben auf dem Dialekt-Standard-Kontinuum verorten (ähnlich verfährt auch schon Hundt (1992), der Einstellungen fokussiert), Palliwoda (2017) verlangt eine komplette regionale Verortung von Sprechproben.

Die konzeptuelle Struktur der jeweiligen Dialektkonzepte offen zu legen, ist ein methodisch heikles Unterfangen; hier wurden, so halten Purschke & Stoeckle (2019: 847) fest, u. a. verschiedene Methoden erprobt, z. B. Assoziationstests (vgl. Lameli 2012; jüngst auch Hoffmeister 2021a für die Laienlinguistik), die Verbindung von Dialektkonzepten und Farbwahrnehmung (vgl. Spiekermann 2012) oder Attribuierungen (vgl. Christen 2010).

Dass die Wahrnehmungsdialektologie mittlerweile als etabliert gelten kann, zeigt sich auch daran, dass der größte dialektologische Fachverband im deutschsprachigen Raum, die Internationale Gesellschaft für Dialektologie des Deutschen (IGDD), der Wahrnehmungsdialektologie eine eigene Sektion eingeräumt hat, in der ein reger wissenschaftlicher Diskurs herrscht (vgl. Hundt, Purschke & Ziegler 2017 sowie Hundt, Kleene, Plewnia & Sauer 2020).

---

27 Nähere Ausführungen zur Methode der Mental Maps finden sich in Abschnitt 5.

Ausgehend von den dargestellten Initialuntersuchungen im deutschen Sprachraum können die Hauptinteressen der wahrnehmungsdialektologischen Forschung zum Deutschen mit Purschke & Stoeckle (2019: 845) wie folgt zusammengefasst werden:

- die perzeptionslinguistische[28] Struktur des deutschen Sprachraums
- den Zusammenhang von linguistischen und perzeptiven Grenzen
- die Struktur sprachbezogener Wissenskonzepte insgesamt sowie
- die Rolle regionaler Merkmale für die Wahrnehmung und Bewertung von Sprache.

Hundt (2018: 102) nennt die drei Bereiche: 1. Einstellung gegenüber Dialekten und deren Sprechern, 2. die salienten Merkmale von Dialekten und 3. die Mental Maps linguistischer Laien. Diese drei bzw. vier Bereiche wahrnehmungsdialektologischer Projekte werden u. a. im Rahmen größerer Verbundsforschungsprojekte untersucht (vgl. Abschnitt 6). Doch auch Individualprojekte sind in den letzten Jahren eine Menge entstanden (vgl. exemplarisch Hettler 2018; Kiesewalter 2019; Kleene 2020; Palliwoda 2019; Sauer 2018; Schiesser 2020; Schröder 2019). Allerdings sind nichtsdestoweniger auch heute noch einige dringliche Desiderata verblieben, die es in kommenden Forschungsprojekten zu untersuchen gilt (vgl. zu den Perspektiven der Wahrnehmungsdialektologie Abschnitt 7.2).

3.4 Übungsaufgaben

1. Hoenigswald (1966: 20) äußert sich zu der Ausgangslage der Folk Linguistics folgendermaßen: „we should be interested not only in (a) what goes on (language), but also in (b) how people react to what goes on […] and in (c) what people say goes on". Diskutieren Sie diese Aussage. (Wieso) Sollte sich die Linguistik mit perzeptiven Daten beschäftigen?
2. Diskutieren Sie Vor- und Nachteile der *little arrow method* nach Weijnen (1946). Führen Sie mit Ihnen nahestehenden Personen eine kurze Untersuchung des deutschen Sprachraums durch, in der Sie die *little arrow method* nutzen. Für weiterführende Informationen kann auch Abschnitt 5.2.1.1 genutzt werden.
3. Skizzieren Sie die drei bzw. vier wichtigsten Bereiche deutschsprachiger wahrnehmungsdialektologischer Forschung.

3.5 Weiterführende Literatur

Anders, Christina, Markus Hundt & Alexander Lasch (Hrsg.) (2010): *Perceptual Dialectology. Neue Wege der Dialektologie.* Berlin, New York: De Gruyter.

---

[28] Zum Unterschied von Wahrnehmung und Perzeption vgl. Abschnitt 4.3, an dieser Stelle sind Perzeptionslinguistik, Perzeptionsdialektologie und Wahrnehmungsdialektologie der Einfachheit halber als Synonyme zu verstehen.

Hundt, Markus (2018): Wahrnehmungsdialektologie – quo vadis? In Alexandra Lenz & Albrecht Plewnia (Hrsg.), *Variation – Norm(en) – Identität(en)*, 99–126. Berlin, Boston: De Gruyter.
Preston, Dennis R. (1999b): *Handbook of Perceptual Dialectology: Volume 1*. Philadelphia: John Benjamins.
Purschke, Christoph & Philipp Stoeckle (2019): Perzeptionslinguistik arealer Sprachvariation im Deutschen. In Joachim Herrgen & Jürgen Erich Schmidt (Hrsg.), *Sprache und Raum – Deutsch. Ein internationales Handbuch der Sprachvariation*, 844–860. Berlin: De Gruyter.

4 Theorie der Wahrnehmungsdialektologie

Eine umfassende Theorie der Wahrnehmungsdialektologie, die den „psychologischen, soziologischen und philosophischen Grundlagen" (Purschke & Stoeckle 2019: 854) Rechnung trägt, ist nach wie vor ein dringendes Desiderat. Nun ist eine Einführung u. E. nicht der Ort, um eine derartige theoretische Fundierung zu entwickeln, weswegen wir uns im Folgenden überwiegend auf den Status quo beschränken. Daraus resultierende Lücken haben wir bestmöglich kenntlich gemacht, sodass hier Anschlussstellen für zukünftige Forschungen entstehen können. Die Wahrnehmungsdialektologie greift neben den in diesem Kapitel diskutierten Disziplinen insbesondere auch auf Methoden der Spracheinstellungsforschung (vgl. Abschnitt 2.3.1) zurück.

Die drei Bereiche Wahrnehmungspsychologie, Wissenssoziologie und Raum sind im Anschluss an Anders (2010) mittlerweile etablierte Einheiten, vor deren Hintergrund wahrnehmungsdialektologische Theoriebildung stattfindet. Aus diesem Grund werden diese Disziplinen hier eingehender dargestellt, eingeordnet und diskutiert. Das Kapitel ist entlang der Prozessualität der Konzeptualisierung aufgebaut: Am Anfang steht die Perzeption, der physikalische Prozess, daraufhin findet eine Reflexion, die eigentliche Wahrnehmung statt. Aus den Reflexionsprozessen bildet sich – kurzgesagt – dann das Wissen. Gegenstand des Wissens (bzw. der Repräsentation) sind Raumkonzepte, die dann im letzten Abschnitt des Kapitels erläutert werden. Am Anfang sollen jedoch die kognitionslinguistischen Grundlagen dargestellt werden, die in der Wahrnehmungsdialektologie bisher zumeist zu kurz kamen.

4.1 Dialekt als kognitives Phänomen

Die Wahrnehmungsdialektologie begreift Dialekt, wie schon in Abschnitt 1 beschrieben, nicht primär als linguistisches, areales oder soziales (Dialektografie, Dialektgeografie und Dialektsoziologie), sondern als kognitives Phänomen. Gleichwohl teilt sie den Gegenstand Dialekt mit den anderen Disziplinen.

Bevor aber auf die einzelnen Besonderheiten der kognitiven Dimensionen von Dialekt eingegangen werden kann, soll im Folgenden kurz der kognitionstheoretische Rahmen umrissen werden, um anschließend zu zeigen, warum und wie die Dialektkonzepte kognitiv repräsentiert sind.

4.1.1 Kognitionstheoretischer Rahmen

Die kognitive Linguistik, insbesondere im Anschluss an Fillmore und Lakoff, versteht Sprache im Unterschied zur generativen Linguistik als holistisches Phänomen und nicht als modular organisiert. Das bedeutet, dass Sprach- bzw. Dialektwissen nicht in einzelne

Module (Syntax-Modul, Semantik-Modul, Lexik-Modul etc.) zu trennen ist, sondern dass Sprache und damit auch Dialekt als Konzeptualisierung und damit als mentale Repräsentation zu verstehen sind (vgl. Ziem 2008: 110–113). Diesem Verständnis liegt ein holistisches Kognitionsmodell zugrunde, das insbesondere die Dichotomie von Sprach- und Weltwissen aufhebt und das komplexe Zusammenspiel unterschiedlicher Ebenen beschreibt.

Die Prämissen der kognitiven Linguistik lassen sich schließlich nach Ziem (2008: 112f.) wie folgt zusammenfassen: Es existiert ein komplexer „kognitiver Verarbeitungskreislauf" (Ziem 2008: 112), d. h., dass die Sprachverarbeitung durch perzeptuelle[29] und sensomotorische Erfahrungen gespeist wird (vgl. Ziem 2008: 112). Für die Wahrnehmungsdialektologie lassen sich im Anschluss an Ziem (2009: 175–176; 2013) vier Prinzipien festhalten, die Hoffmeister (2021a: 89–94) erstmals auf die Laienlinguistik angewendet hat und die die Basis für das Verständnis von Dialekt als kognitives (und konstruiertes) Phänomen bilden:

1. *Das symbolische Prinzip* (Dialektwissen besteht aus Form und Bedeutung): Im Anschluss an den bilateralen Zeichenbegriff von Ferdinand de Saussure (2001: 76–93) beschreibt das symbolische Prinzip den Zusammenhang von Inhalt und Ausdruck bzw. Bedeutung und Form. Dem ist das zeichentheoretische Verständnis inhärent, dass Bedeutung und Form untrennbar miteinander verknüpft sind und nicht separat betrachtet werden können. Für Dialektkonzepte heißt dies, dass einerseits ein Verständnis in Bezug auf bspw. das BAYERISCHE existiert. So hat die Gewährsperson eine Vorstellung davon, welche Merkmale den Dialekt auf den verschiedenen Ebenen (Lexik, Syntax, Phonologie etc.) auszeichnen. Andererseits ist sie in der Lage ihre Vorstellungen zu verbalisieren und den Dialektraum einerseits mit der Bezeichnung BAYERISCH zu versehen oder andererseits die salienten Merkmale (vgl. Abschnitt 4.2) zu benennen oder zumindest zu beschreiben. Allerdings darf die Dichotomie von Form und Bedeutung nicht darüber hinwegtäuschen, dass laienlinguistisches Dialektwissen häufig nicht explizierbar bzw. begründbar ist (vgl. Hundt 2017: 140–142 bzw. Antos 1996: 163). Das zeigt, dass der Transfer vom Inhalt zur Form bzw. die semantische Füllung einer Form (eines (Sub-)Konzeptes) häufig nicht uneingeschränkt möglich ist und die Aufgabe der Exploratoren in der Erhebungssituation hier darin besteht, diesen Transfer zu ermöglichen bzw. sicherzustellen.
2. *Das Erfahrungsprinzip* (Dialektwissen ist durch Erfahrung bedingt): Das In-Kontakttreten mit dem Dialekt kann auf zweierlei Arten geschehen. Einerseits erlebt eine Person den Dialekt direkt, d. h. ein Dialektsprecher hört wie der Dialekt (bzw. Regiolekt oder dialektal gefärbte Standardsprache) verwendet wird. Hierbei entsteht Dialektwissen durch einen unmittelbaren Kontakt mit dem Gegenstand (verkörperte Erfahrung/*embodied experience*, vgl. Ziem & Lasch 2013: 194). Andererseits kann auch eine vermittelte Erfahrung (bspw. durch Medien oder Dritte) zum Aufbau von Dialektwis-

---

29 Vgl. zur Unterscheidung von Perzeption und Wahrnehmung Abschnitt 4.2.

sen führen, das dann aber möglicherweise durch die Distanz und die Vermittlung beeinflusst werden kann, da der Informationsfluss nicht direkt erfolgt und die Reize somit nur über ein Medium auf die Person wirken. Insgesamt lässt sich aber festhalten, dass die Erfahrungskomponente des Dialektwissens sich am Dialektgebrauch orientiert und keine systemischen Besonderheiten (z. B. Dialektnormen) der einzelnen Dialekte fokussiert werden. Eine kulturell-soziale Überformtheit von Dialektwissen ist durch multimediale und soziale Tradierung sehr wahrscheinlich, muss allerdings nicht besonders stark fokussiert werden, da es 1. primär um das Erheben individueller Wissensbestände geht und 2. sich die Erhebung der dem Wissen zugrundeliegenden Wissenserwerbsprozesse durchaus schwierig gestaltet.

3. *Das Kategorisierungsprinzip* (Kategorisierung und Schematisierung): Damit Dialektwissen überhaupt reproduziert werden kann, müssen Wissensbestände zunächst erworben werden. Resultat der wahrnehmenden Erfahrung (vgl. Punkt 2) sind dann Kategorisierungs- und Schematisierungsprozesse, die für die Dialektverarbeitung zentraler Bestandteil sind. Die einzelnen Merkmale der Dialektkonzepte werden abstrahiert und geclustert und so in Bezug auf Relevanz und Typik (Schütz & Luckmann 2003: 173) eingeordnet. Die entstehenden Schemata (vgl. Abschnitt 4.1.2) „stellen komplexe Wissensstrukturen dar, welche die Erfahrungen repräsentieren, die ein Mensch im Laufe seines Lebens macht" (Schwarz 2008: 116–117). Dabei sind die Schemata in hohem Maße prototypisch (vgl. Rosch 1973) bzw. idealisiert (vgl. Lakoff 1987: 68–76). Sie verfestigen sich schlussendlich zu subjektiven Theorien (vgl. Groeben et al. 1988 bzw. aus (laien)linguistischer Sicht König 2010, 2014: 16–21; vgl. Hoffmeister 2020a).

4. *Das Konzeptualisierungsprinzip* (Dialekt ist Konzeptualisierung): Dialekt wird durch Konzepte („mentale Organisationseinheiten", Schwarz 2008: 108) verarbeitet, die „die ökonomische Speicherung und Verarbeitung subjektiver Erfahrungseinheiten durch die Einteilung der Informationen in Klassen nach bestimmten Merkmalen" (Schwarz 2008: 108) ermöglichen. Das Konzeptualisierungsprinzip ist also gewissermaßen Resultat aus dem Kategorisierungsprinzip: Konzepte sind Produkte von Kategorisierung und Schematisierung und bestehen aus vielfältigen kognitiven Instanzen (vgl. Dirven, Frank & Pütz 2003: 4–5) wie z. B. Proto- und Stereotypen (vgl. Cuonz 2014: 41–54; vgl. zur Unterscheidung Nikula 2014), Kategorien, Idealized Cognitive Models (ICMs, vgl. Lakoff 1987: 68–76) und Frames (vgl. Abschnitt 1.2). Im Konzeptualisierungsakt werden bestimmte Bezeichnungen mit den einzelnen Gedanken verknüpft, um sie so zu strukturieren. Das schließt einen Vergleich der „experience in question to prior experiences" (Croft & Cruse 2004: 54) ein und darüber hinaus wird (unbewusst) eine Bewertung vorgenommen, ob es Strukturmerkmale (als salient wahrgenommene Dialektmerkmale) gibt, die die einzelnen Erfahrungen (neue und ältere) miteinander teilen, sodass diese entweder im selben oder in unterschiedlichen Konzepten gespeichert werden (vgl. Croft & Cruse 2004: 54).

4.1.2 Dialekt & Frametheorie: Die kognitive Repräsentation von Dialekt

Dass Dialekte kognitiv als Konzepte repräsentiert und damit Resultat von Kategorisierungen und Schematisierungen sind (vgl. beispielhaft Berthele 2010a; Christen 1998: 56–57; Diercks 1988; Faulstich 2008), zeigen die vier Prinzipien dialektologischen Wissens. Wie sich diese Konzepte kognitiv realisieren, hat Hoffmeister (2020b) gezeigt. Er verbindet frametheoretische Ansätze mit der Wahrnehmungsdialektologie, um Dialektkonzepte zu beschreiben und zu visualisieren (vgl. auch Christen 1998: 56–57). Sprechen wir im Kontext der Wahrnehmungsdialektologie von Frames, so sind nicht sprachliche bzw. prädikative, im Sinne von ausdrucksbezogenen, sondern kognitive bzw. konzeptuelle Frames gemeint (vgl. zu der Unterscheidung Busse 2012: 533–539). Dabei geht es, kurz gesagt, nicht um valenzähnliche Strukturen in der Verbumgebung, sondern um Ordnungsrahmen, die zur kognitiven Systematisierung von Wissensinhalten (Epistemen, vgl. Hoffmeister 2021a) beitragen. Die Funktion einer Frame-Theorie ist, „Hintergrundwissen oder Weltwissen zu repräsentieren (epistemologische Ebene), das sich nicht unmittelbar auf der sprachlichen Ebene finden und festmachen lässt, aber für Sprachverstehen unverzichtbar ist" (Kann & Inderelst 2018: 36). Fillmore (1982: 111) versteht den Begriff *Frame* sogar als Hyperonym unter anderem zu *folk theory*, also einer Laientheorie bzw. wörtl. ‚Volkstheorie' (vgl. zum Terminus *Volkslinguistik* Brekle 1985, 1986). Frames strukturierten demnach das Wissen auf allgemeiner Ebene, während die Laientheorien eine spezifische Art der Wissensrepräsentation darstellen. Fillmore beschreibt den Prozess des Framings folgendermaßen: „words represent categorizations of experience, and each of these categories is underlain by a motivating situation occurring against a background of knowledge and experience" (Fillmore 1982a: 112).

Das Grundprinzip ist also ein Einfaches: Werden saliente Dialektmerkmale (auch Lexeme) perzipiert, so findet ein Reflexionsprozess (*categorization*) statt, der anschließend den Frame (*background of knowledge and experience*) evoziert, d. h. hervor- oder aufruft:

> Die erste Aktivität besteht darin, dass ein Schema einer bestimmten Kategorie gebildet wird. Schemata – so John R. Anderson (1988: 121) – präsentieren die Struktur eines Objektes durch eine Struktur von Leerstellen für Attribute, die Werte spezifizieren.
>
> (Christen 1998: 56–57)

Salienzprozesse setzen selbst allerdings eine kognitive Aktivität voraus, da „Sinnesdaten erst dann kognitiv relevant [werden, VS/TH], wenn sie als Informationseinheiten einer bestimmten Klasse identifiziert und entsprechend klassifiziert sind" (Ziem 2008: 251; vgl. zum Salienz-Konzept weitergehend Auer 2014; Christen & Ziegler 2014; Purschke 2011; Tomlin & Myachykov 2015).

Frames zeichnen sich in ihrer Struktur unter anderem durch Prototypikalität (vgl. Purschke 2010) und durch Rekursivität aus. Die Prototypikalität geht davon aus, dass es gewisse Merkmale gibt, die als besonders konstitutiv für einen bestimmten Dialekt-Rahmen zu gelten haben (bspw. das apikale /r/ für den BAYERISCHEN Dialektraum, vgl. bspw. Hoffmeister 2017: 233). Die Rekursivität von Frames beschreibt das Entstehen von

Frame-Systemen (vgl. Busse 2012: 388) und die Verhältnisse der Frames untereinander. Einzelne kognitive Rahmen beziehen sich dabei aufeinander und beeinflussen sich möglicherweise (z. B. Konzept BAYERISCH versus Konzept FRÄNKISCH, vgl. Abschnitt 1.2.2). Filler, also die konkreten Füllwerte, die sich über semantisch unbestimmte Leerstellen (*Slot*) in den Frames ergeben, können dabei selbst wiederum als Frames bestehen (vgl. Busse 2012: 611–613). Das Beispiel des apikalen /r/ ist salient für den BAYERISCHEN Dialektraum und damit Filler für den Slot PHONOLOGIE. Dabei wird potenziell allerdings wiederum der Frame der /r/-Allophonie[30] evoziert, der bspw. aus den Slots /r/-VARIANTEN und REGIONALE VERTEILUNG besteht. Innerhalb des Slots REGIONALE VERTEILUNG spielt beispielsweise das BAYERISCHE eine Rolle, aber auch das FRÄNKISCHE, das wiederum selbst einen Frame darstellt.

Im Folgenden sollen nun kurz die einzelnen Merkmale von Dialektframes besprochen werden. Bei den Merkmalen von Frames handelt es sich laut Busse (2012: 595) neben den oben bereits erwähnten Merkmalen Prototypikalität und Rekursivität um Default-Values, Vernetzbarkeit, Perspektivierung, Konventionalität, Fokussierung, und Frame-Dynamik.

4.1.2.1 Prototypikalität von Dialektkonzepten

Der Prototypikalitätsgedanke[31] ist eng mit dem Konzept der Idealisierung verknüpft (vgl. Busse 2012: 595). Prozesse der Prototypenbildung, Idealisierung und auch Stereotypenbildung dienen vorrangig dazu, komplexe Sachverhalte zu vereinfachen und gewisse wiederkehrende Strukturmerkmale zu clustern und abzuspeichern. Hundt (1992: 6) hält deshalb für stereotype Dialektvorstellungen sieben Merkmale fest. Demnach seien diese Vorstellungen 1. gegenstandsbezogen, 2. prägnant in der Aussage, 3. polarisierend/vereinfachend/generalisierend, 4. mehrdimensional, d. h. mehrere Merkmale sind für die Auslösung eines Stereotyps verantwortlich, 5. äußerst stabil z. B. gegen Erfahrungen, die das Stereotyp eigentlich abschwächen müssten, 6. variabel, d. h. einzelne unpassende Erfahrungen werden weniger bzw. überhaupt nicht berücksichtigt, während passende Erfahrungen Berücksichtigung finden und 7. gruppenspezifisch, also abhängig von den sozialen Umständen der bewertenden Gruppe.

Auch wenn die einzelnen Dialektwissensbestände z. T. auf unmittelbarer persönlicher Erfahrung beruhen, sind sie oftmals gesellschaftlich vermittelt bzw. tradiert. Dialekte sind deshalb nur ein Faktor der „Gesellschaftlichkeit des Wissens" (Busse 2012: 596). Damit ein Dialekt eine prototypische Repräsentation erhalten kann, bedarf es der Sammlung und Bewertung einzelner Dialektmerkmale und Formen der Dialektäußerungen, die dann zueinander in Beziehung gesetzt werden können. Prototypikalitätsbildung funktioniert

---

[30] Für die typografische Auszeichnung von Frames nutzen wir die verbreitete Konvention der Setzung in `Courier New`.
[31] „Frames sind prototypische Strukturen des Wissens (oder: Strukturen prototypischen Wissens)" (Busse 2018: 79).

dann auf zwei Ebenen: 1. Merkmalsebene und 2. Konzeptebene. Auf der Merkmalsebene können einzelne Dialektmerkmale als prototypisch für einen bestimmten Dialekt bewertet werden (z. B. Velarisierung von /a/ im Ostfränkischen, vgl. Steger 1968: Kt. 3; weitergehend Sauer 2018: 66). Von besonderem Interesse sind dabei abweichende Bewertungen von Selbst- und Fremdwahrnehmung (Auto- und Heterostereotyp). Das Beispiel der /a/-Velarisierung im Ofrk. zeigt, dass die grundlegende Unterscheidung in primäre, sekundäre und tertiäre Dialektmerkmale von Jakob (1985: 41; weiterführend Lenz 2003: 246)[32] nach wie vor sinnvoll ist, da die Velarisierung von /a/ für Nicht-Dialektsprechende höchst salient (vgl. Auer 2014; Purschke 2011) und damit mutmaßlich prototypisch ist, während sie für Dialektsprechende hingegen nicht salient ist (sekundäres Dialektmerkmal).[33] Aufgrund sozialer Vermittlungsprozesse sind sich Dialektsprechende allerdings dieses Heterostereotyps potenziell bewusst. Das Verständnis von Prototypikalität in Zusammenhang mit Salienz verdeutlicht, dass ein Dialekt-Prototyp bzw. ein prototypisches Dialektmerkmal nicht (bloß) quantitativ gedacht werden kann, da der qualitative Aspekt, wie nah etwas an einem idealen Vertreter liegt, durchaus zu bedenken ist (vgl. Busse 2012: 597). Dialekt-Frames müssen vielmehr als „‚prototypische Kontextualisierungen' im epistemischen Sinne" (Busse 2012: 597) verstanden werden, die aus den drei Aspekten Quantität, Qualität und Relevanz gebildet werden.

4.1.2.2 Default-Values

Die Default-Values (auch: Standard-Werte) sind zentraler Bestandteil der Prototypikalität von Frames und drücken die Erwartungshaltung eines Hörers in Bezug auf einen Dialekt aus.[34] Die Default-Values sind dabei Resultat von Assoziationsprozessen. Im Unterschied zu den in der Forschung rege beschriebenen assoziierten und perzipierten Dialektmerkmalen (vgl. Abschnitt 5.2.1/5.2.2) fokussieren die Default-Values einen anderen Aspekt, nämlich die kognitive Verankerung unter individuellen, vornehmlich aber sozialen Gesichtspunkten. Grundsätzlich sind Frames so zu verstehen, dass bspw. der Frame NORD-DEUTSCH die sprachsystematischen Slots SYNTAX, LEXIK, PHONOLOGIE etc. besitzt. Diese

---

32 Jakob verweist noch nicht explizit auf ein Salienzkonzept. Bei ihm geht es vielmehr um die geografische Reichweite der dialektalen Merkmale. Primäre Dialektmerkmale existieren bloß in den Ortsmundarten, sekundäre Dialektmerkmale reichen bis in die Regionalsprache und tauchen dort fakultativ auf. Tertiäre Dialektmerkmale sind auch in der Standardsprache fakultativ und damit in Dialekt und Regionalsprache obligatorisch (vgl. Jakob 1985: 41). Dieses Verständnis impliziert gewissermaßen, dass primäre Dialektmerkmale von hoher Salienz, tertiäre Dialektmerkmale von vergleichsweise geringer Salienz sind. Lenz (2003: 246) unterscheidet mit einem Sprecherfokus sogar sechs verschiedene Typen sprachlicher Variationsreichweite von basisdialektalen Merkmalen bis zu einer geringen Varationsweite (Regionalakzent).
33 Die /a/-Velarisierung ist für Dialektsprechende in der Selbstwahrnehmung nicht salient. Bei Hörproben kann dieses Merkmal sehr wohl distinguiert werden.
34 Vgl. auch das Konzept der Erwartungserwartung bei Luhmann (2008: 33) sowie allgemein dazu Busse (2018: 83).

werden mit einzelnen Werten (sog. Fillern) gefüllt (z. B. im Bereich Lexik durch das Lexem *Feudel* (Wischlappen) im norddeutschen Sprachraum). Dabei zeigen sich gewisse prototypische Strukturen, wiederkehrende (rekurrente) und dadurch standardisierte Elemente, die sog. Default-Values. Diese werden mittels „Präferenz-Hierarchien" (Busse 2012: 604) organisiert und können durchaus aus Merkmalsclustern bestehen, sie weisen nach Ziem (2008: 207) eine prädikative Struktur des Typs X ist Y auf (*Feudel ist norddeutsch. / Ein Feudel ist mir unbekannt.* etc.). Diese Default-Values entstehen einerseits „durch *hohe Rekurrenz* (also Frequenz) oder durch große Nähe zu einem gesellschaftlichen, kulturell determinierten *Ideal*" (Busse 2012: 604, Herv. i. Orig.) und andererseits durch den Sprachgebrauch in Form von Metasprache (vgl. Ziem 2008: 208). Die Default-Values können sich je nach der Domäne, in der sie vorkommen, unterscheiden. Insbesondere in „gesellschaftlichen Domänen mit unterschiedlichem Wissensbedarf [variiert, VS/TH] auch die Differenziertheit der Frames" (Busse 2018: 80). Dieser Zustand wird als Experten/Laien-Divergenz bezeichnet (vgl. Busse 2018: 80; zur Kritik an der Experten/Laien-Dichotomie Hoffmeister 2019, dazu auch Antos 2021) und ist für die Wahrnehmungsdialektologie von zentraler Bedeutung, da sich die Wissensbestände (Frames und Default-Values) in Qualität und Quantität[35] unterscheiden.

4.1.2.3 Konventionalität und Sozialität der Dialekt-Frames

Die kognitive Anthropologie geht von der Annahme aus, dass „human knowledge, even though it can be tempered by personal experience, is cultural knowledge" (Tamasi 2003: 58). D. h. also, dass jegliches Wissen immer einen kulturellen und damit gewissermaßen auch sozialen Aspekt beinhaltet. Die Konventionalität über bestimmte Wissensinhalte resultiert deshalb aus der Annahme von Default-Values, konventionalisierte Bedeutungen *sind* Default-Values (vgl. Ziem 2008: 207), die sich kognitiv und sozial verfestigt, d. h. entrencht[36], haben (vgl. Langacker 1987: 59; Divjak & Caldwell-Harris 2015). Damit haben sie sowohl einen individuellen Faktor als Bestandteil individuellen Wissens als auch einen sozialen Faktor, da sie sozial etabliert sein müssen.

Im Anschluss an den Zeichenbegriff Ferdinand de Saussures sind auch Dialektkonzepte bilateral organisiert, da sie einerseits aus der jeweiligen Ausdrucksseite (NORDDEUTSCH, SÄCHSISCH, KÖLSCH etc.) und andererseits aus einer Inhaltsseite bestehen (einzelne Dialektmerkmale, Schibboleths etc., vgl. das symbolische Prinzip der Konstruktionsgrammatik, Ziem 2008: 177–180). Dabei darf allerdings nicht unbetont bleiben, dass der

---

[35] Die beiden Begriffe Qualität und Quantität dürfen an dieser Stelle nicht wertend verstanden werden. Sie beziehen sich auf die Komplexität und den Fokus des Wissens.
[36] Mit Entrenchment ist hier die allmähliche Verfestigung der Strukturen und Inhalte im wiederholten Gebrauch gemeint (vgl. Langacker 1987: 59), d. h., dass eine steigende Gebrauchshäufigkeit die kognitive Verfestigung von Begriffen, Mustern etc. steigert, sowie die steigende Verfestigung zu qualitativen Unterschieden in der kognitiven Repräsentation führen kann (vgl. Divjak & Caldwell-Harris 2015: 60).

hier implizierte Zeichenbegriff deutlich weitergeht als von de Saussure intendiert (vgl. Ziem & Lasch 2013: 15–16), da sich insbesondere die Inhaltsseite von der rein lexikalischen Bedeutung de Saussures entfernt und ebenso soziale, individuelle und pragmatische Faktoren wie prototypische Elemente, Frames aber auch Mental Maps (vgl. Downs & Stea 1982, Gould & White 1986) einschließt. Für das BERLINERISCHE kann beispielsweise nicht ausschließlich traditionell merkmalssemantisch die Existenz beispielsweise von lexikalischen Merkmalen (*Schrippe, Eierkuchen, Pfannkuchen*) oder phonologischen Merkmalen (z. B. /r/-Vokalisierung, vgl. Schlobinski 1996a sowie Monophthongierung von /au/ zu [o:] und /ai/ zu [e:], vgl. Schlobinski 1987: 63) untersucht werden. Darüber hinaus spielen u. a. Stereotype in Bezug auf die Sprechenden eine Rolle, sodass Berliner als direkt und arrogant, aber auch als lebensfroh angesehen werden; die Sprechweise tritt hier in den Hintergrund und wird von den sozialen Faktoren überlagert.

Auch die Ausdrucksseite gehört schließlich zur Gesamtheit der Konzeptualisierung, da auch sie Auskunft über Deutungsprozesse und Perspektivierungen (vgl. Abschnitt 1.2.4) gibt. Dass die Ausdrucksseiten dabei in besonderem Maße konventionalisiert sind, zeigt sich in empirischen Untersuchungen, die relativ homogene Bezeichnungskonventionen nachweisen können (vgl. beispielhaft Hannemann 2017 zum norddeutschen Raum; Schröder 2019).[37] Diese Stabilität des Wissens (repräsentiert durch Bezeichnungskonventionen) entsteht durch die Konventionalisierung. Auch wenn die Konventionalität hier anhand des Beispiels von sprachlichen Zeichen (nämlich den Dialektbezeichnungen) dargestellt wird, heißt das nicht, dass sich die Konventionalisierung auf solche bezieht. Vielmehr geht es um die substanziellen Wissens*strukturen* (vgl. Busse 2012: 610). Allerdings darf die Konventionalität von Frames nicht darüber hinwegtäuschen, dass durchaus eine gewisse gesellschaftliche (teilweise auch individuelle) Heterogenität in den Frames, den Slots und den Fillern sowie der Komplexität bestehen kann. Konventionalität bezieht sich vielmehr auf die potenzielle Verständlichkeit der einzelnen Bestandteile (ausdrucksseitige Synchronisierung). In Bezug auf verschiedene Kulturen ist zu bemerken, dass diese durchaus auch verschiedene Frames und damit auch Framesysteme, die die Relationen zwischen den Frames fokussieren (vgl. Abschnitt 1.2.5), besitzen, da die jeweiligen kulturellen Voraussetzungen, die die Entstehung von konventionalisierten Frames bedingen, unterschiedlich sind. Das triviale Beispiel für diese Gedanken ist die eigene Muttersprache, von der die L1-Sprecher ein recht dezidiertes Konzept besitzen. L2-Sprecher können durch den Spracherwerb auch ein Konzept erwerben. Besitzt man von einer Sprache keine Sprachkompetenz, so wird sich das Konzept auf spontane und intuitive Geschmacksurtei-

---

37 Hanemann (2017: 187) kann nachweisen, dass für den norddeutschen Sprachraum in überwiegender Anzahl die Benennungen NORDDEUTSCH sowie HOCHDEUTSCH gewählt werden. Schröder (2019: 207) arbeitet für den gesamten deutschen Sprachraum alters- und herkunftsunabhängig ein ähnliches Set an Sprachräumen heraus. Hier dominieren Sprachraumkonzepte von Österreich, der Schweiz, Berlin/Potsdam, das Rhein-/Ruhrgebiet sowie Norddeutschland und Bayern (vgl. Schröder 2019: 176).

le (z. B. zur Phonologie) beschränken. Auch innerhalb der Gruppe der Muttersprachler unterscheidet sich die Komplexität der Frames. Während einige Merkmale zu diversen Dialekten reproduzieren können, ist dieses Wissen bei anderen nicht vorhanden und Dialekt ist von niederer Relevanz (vgl. Hundt 2017).

4.1.2.4 Fokussierung und Perspektivierung

Sprachverwendung ist gewissermaßen per se Perspektivierung; sie ist der „operative Faktor in umfassenderen Ordnungsanstrengungen" (Köller 2004: 25). Unter Perspektivierung wird hier die sprachliche Gliederung der Welt im Rahmen einer räumlichen, zeitlichen und subjektzentrierten Ordnung verstanden (Hier-Jetzt-Ich-Origo, Bühler 1982: 149). Es geht also darum, dass sprachliche Äußerungen immer in Bezug auf bestimmte Kontexte (Raum und Zeit) getätigt (Subjekt) und unter Berücksichtigung dieser Kontexte interpretiert werden müssen.[38] Besonders deutlich wird das Wirken unterschiedlicher Perspektiven am Beispiel des Kubismus. Bei dieser Kunstgattung geht es darum, Form ebenso wie Inhalt gleichermaßen zu intensivieren, d. h. zu perspektivieren (vgl. Hofmann 1987: 270). Es sollen dabei bloß solche Dinge im Rahmen einer kubistischen Realität abgebildet werden, die „zusammen an einem Ort angetroffen werden können" (Fry 1974: 44), sodass aufgrund der Darstellungsweise ein bestimmter Weltausschnitt perspektiviert wird. Dieser Weltausschnitt bezieht sich auf die „Wirklichkeit der Vorstellung" (Fry 1974: 44).

Frames sind nun, anders als die Bilder des Kubismus, sprachbasiert, d. h. Sprache ist die Möglichkeit des Ausdrucks und der Beschreibung der kognitiven Denkrahmen, die gleichermaßen Deutungsrahmen sind und so die begreifbare Welt zunächst fokussieren („Füllung der Slots mit spezifischen (Sets von) Werten" (Busse 2012: 622)) und anschließend perspektivieren („Aktivierung bestimmter Sub-Sets von Slots [...]" (Busse 2012: 622)). So drückt eine Prädikation eines Dialektes als *hart*, *gemütlich* oder *unverständlich* ein Geschmacksurteil aus, das einen bestimmten Aspekt (vgl. Kubismus, Wirklichkeit der Vorstellung) des jeweiligen Frames fokussiert. So bezieht sich *hart* zumeist auf phonologische Besonderheiten, *gemütlich* auf prosodische und *unverständlich* beispielsweise auf lexikalische Merkmale. Voraussetzung dafür ist die in Abschnitt 1.2.3 angesprochene Heterogenität bei Frames. Wären die einzelnen Frames durchweg homogen, so wäre eine Perspektivierung einzelner Bestandteile nicht möglich. Dabei spielt auch eine Differenz in der

---

[38] „Der Begriff *Perspektive* ist strukturorientiert. Mit ihm lässt sich darauf aufmerksam machen, dass alle Wahrnehmungsinhalte eine relationale, wenn nicht interaktive Genese haben und folglich weder von der Objektseite noch von der Subjektseite her befriedigend beschrieben werden können, sondern nur aus dem Zusammenwirken beider. Perspektiven lassen sich deshalb als die Weisen bestimmen, in denen Subjekte in die Welt hineingleiten und Kontakt zu ihren Wahrnehmungsgegenständen bekommen. Die Ausbildungen von Perspektiven sind als Bemühungen von Subjekten zu verstehen, Sehepunkte [sic!] zu finden, von denen Objekte als aspektuell konturierte Objekte konkret zur Erscheinung kommen. Perspektivierungsprozesse sind deshalb die Grundlagen von Erkenntnisprozessen" (Köller 2004: 10, Herv. i. Orig.).

Wirkung der Slots in verschiedenen Kontexten eine Rolle. So können durchaus diskursiv Unterschiede existieren, die Slots in der individuellen Konzeption von gesellschaftlichen Vorstellungen unterscheiden. Diese Differenz kann schließlich zur sozialen oder kognitiven Verfestigung und „epistemisch verfestigte[n] Kontextualisierungen" (Busse 2012: 622) führen.

4.1.2.5 Rekursivität als Basis für die Entstehung von Dialekt-Frame-Systemen

Die Rekursivität von Frames beschreibt, kurz gesagt, die Möglichkeit, dass sich einzelne Frames in weitere Sub-Frames untergliedern, die dann miteinander vernetzt sind. So ist beispielsweise die Existenz eines allgemeinen Dialekt-Frames nicht zu leugnen. Dieser besteht wiederum aus diversen Sub-Frames (BAYERISCH, SÄCHSISCH, HOCHDEUTSCH etc.), die aus einzelnen Slots (PHONOLOGIE, SYNTAX, LEXIK etc.) bestehen. Die Slots, so der Rekursivitätsansatz, stellen ihrerseits wiederum Frames dar, die es zu untersuchen und zu beschreiben gilt. Daraus erwachsen für die praktische Forschung gewisse Herausforderungen, da die so entstehenden Frame-Systeme kaum noch abbildbar sind und in der Untersuchung zumeist bloß Teile untersucht werden (können). Die Rekursivität ist dabei ein Grundsatz, der für alle Frames und ihre Slots gilt. Dabei ist sie die Basis für die Entstehung von Frame-Systemen.

4.1.2.6 Die kognitive Vernetzung dialektologischen Wissens: Frame-Systeme entstehen

Grundsätzlich gilt, dass sich die Komplexität und Strukturiertheit des dialektologischen Wissens von Person zu Person z. T. stark unterscheiden kann (vgl. Hundt 2017). Auch wenn Anders (2010: 51) zunächst davon ausgeht, dass „der deutschsprachige linguistische Laie über ein ausgeprägtes Diskriminationsvermögen auf regionaler Sprechlagenebene verfügt", konnten weitere Studien zeigen, dass das Wissen keinesfalls einfach homogen vorliegt (vgl. z. B. Mattheier 1985; Hundt, Palliwoda & Schröder 2015, 2017; Lameli 2009, 2012; Niedzielski & Preston 2003) und deswegen mit Bedacht erhoben und analysiert werden muss.[39]

Man stelle sich trotz fehlender Homogenität Folgendes vor: Ein umfassender Dialektframe kann beispielsweise aus den Subframes BAYERISCH, SÄCHSISCH, BERLINERISCH und HOCHDEUTSCH[40] etc. bestehen. Dabei gleichen sich die einzelnen Slots. Werden beispielsweise gewisse lexikalische Besonderheiten ausgemacht (*Fleischpflanzerl*, *Kloß* bzw. *Klöß-*

---

[39] Lameli, Purschke & Kehrein (2008) konnten beispielsweise zeigen, dass sogar die Wahl des Untersuchungsinstrumentariums am Beispiel der Informationsdichte von Karten (Grundkartentypen) Einflusseffekte auf das dialektologische Wissen besitzt. Dies ist bereits ein erster Hinweis auf die Vernetzung bzw. das Aktivierungspotential von Wissen.

[40] HOCHDEUTSCH ist hier nicht im dialektologischen Sinn als Gegensatz zu NIEDERDEUTSCH zu verstehen, sondern das Konzept HOCHDEUTSCH beschreibt eine standardnahe Variante, die weitestgehend frei von regionalen Merkmalen ist (vgl. Beuge 2019: 151–161).

chen, *Bulette*, *Frikadelle*), stellen diese lexikalischen Einheiten Filler zum Slot LEXIK für das je spezifische Dialektkonzept dar. An der mentalen Repräsentation von Dialekten ist besonders, dass durchaus Slots vorstellbar sind, die nicht durch Filler gefüllt werden (können). So können in der direkten Interaktion potentiell Lexeme einem (subjektiven) Dialektraum zugeordnet werden, unabhängig von der Perzeption können diese Lexeme allerdings möglicherweise nicht reproduziert werden.[41] Diese einzelnen Slot-Filler-Relationen existieren nicht bloß für sich, sie stehen untereinander in Beziehungen. Dabei beziehen sich allerdings nicht ausschließlich die Filler aufeinander (in obigem Beispiel unter dem Gesichtspunkt semantischer Aspekte), auch die Slots haben gewisse Relationen. Angewendet bedeutet dies: Der Slot LEXIK, der selbst wiederum einen Frame darstellt, hat Beziehungen zum Slot SYNTAX und zum Slot PHONOLOGIE, die beide wiederum Relationen zueinander haben. Diesem System aus Vernetzungen[42] liegt die Annahme zugrunde, dass alle vorstellbaren Frames (und Slots) jeweils für andere Frames relevante Merkmale besitzen. Phonologische Merkmale sind immer auch relevant für den Lexik-Frame, um Begriffe aussprechbar zu machen. Syntaktische Merkmale sind dann wiederum für die konkrete Verwendungssituation relevant. Diese Merkmalsvernetzung zeigt, dass die jeweiligen Filler nicht separiert betrachtet werden können. Busse (2012: 636) beschreibt Frame-Systeme sogar als „ein generelles Phänomen des Wissens und seiner Strukturen". Mit etwas anderer Perspektivierung findet sich dieser Gedanke auch in der Theorie semantischer Netze von Ross Quillian (1967) wieder.[43] Für kognitionsdialektologische Studien ist die Untersuchung der einzelnen Relationen von zentralem Interesse, um ein umfassendes Bild der Dialekt-Frames zu erhalten (vgl. Busse 2018: 77).

Für die Etablierung von Frame-Systemen gibt es indes gewisse Constraints, d. h. Determinanten, die die einzelnen Vernetzungen überhaupt erst ermöglichen oder sie behindern bzw. über die Art der Verbindung Auskunft geben und schließlich auch für das potentielle Entrenchment, d. h. die kognitive (und soziale) Verfestigung verantwortlich sind. So liegen Verbindungen einzelner Bereiche wie SYNTAX und SEMANTIK oder LEXIK und PHONOLOGIE näher als andere wie beispielsweise SEMANTIK und PHONOLOGIE. Diese Constraints sind auf sprachsystematischer Ebene zu verorten. Es gibt darüber hinaus allerdings auch forschungspraktische Determinanten, da durch gezieltes Rückfragen ein-

---

41 Vorstellbar ist beispielsweise folgendes Szenario: Eine Gewährsperson schreibt dem BERLINERISCHEN „eine eigenartige Wortwahl" zu und referiert damit auf den Slot LEXIK. Durch konkrete Werte (bspw. Pfannkuchen, Bulette etc.) kann dieser Slot allerdings nicht gefüllt werden, sodass es bei einer „unspezifischen Ahnung" (Hundt 2017: 127) bleibt.
42 „A ‚frame' [...] is a *system* of categories structured in accordance with some motivating context" (Fillmore 1982a: 119, Kursivierung VS/TH).
43 Die Perspektivierung ist insofern eine andere, als dass es bei Quillian vielmehr darum geht, semantische Merkmale von lexikalischen Einheiten zu definieren, um diese zu spezifizieren. Die lexikalischen Einheiten (inklusive ihrer Merkmale) stehen dann beispielsweise in hierarchischen Relationen (type-token oder auch token-type) zueinander (vgl. Quillian 1967: 412).

zelne Bereiche miteinander verknüpft werden können ("Sie haben vorhin das einen typischen Satz des HESSISCHEN genannt. Gibt es das auch für das NORDDEUTSCHE?" oder "Sie haben das Beispiel Fleischpflanzerl genannt, als es um die Aussprache des BAYERISCHEN ging. Fallen Ihnen weitere Wörter ein, die typisch für das BAYERISCHE sind?").

4.1.2.7 Möglichkeiten der Visualisierung von Dialekt-Frames

Nun stellt sich die Frage, wie die erhobenen Dialekt-Frames in Forschungsarbeiten dargestellt werden können. Dazu existiert prinzipiell eine Vielzahl an Möglichkeiten. Beispielsweise können die Frames tabellarisch, in Form von Mind Map-ähnlichen Gebilden[44], als Liste oder als Fließtext dargestellt werden. Im Folgenden sollen exemplarisch zwei, u. E. besonders geeignete Formen vorgestellt werden. Primär muss ein geeigneter Mittelweg zwischen Übersichtlichkeit einerseits bei gleichzeitiger Ausführlichkeit der Inhalte andererseits gefunden werden. Zusätzlich bedarf es der Darstellung zweier Ebenen: a) der subjektiven Bezeichnungsebene und b) der Inhaltsebene. Bei der Darstellung der Inhaltsebene ist indes umsichtig vorzugehen. Laiendialektologische Äußerungen sind nicht zwingend adäquat mit linguistischen Bezeichnungskonventionen kompatibel, weswegen bei Uneindeutigkeit die in der Interviewsituation geäußerten laiendialektologischen Bezeichnungen genutzt werden sollten (vgl. Anders 2010: 108; Berthele 2006; Christen 1998).[45]

Für die Darstellung des gesamten Wissensbestandes einer Gewährsperson (oder einer gewissen Anzahl von Gewährspersonen) eignet sich besonders eine Abbildung des Epistemikons[46] in Gänze (vgl. Abb. 7). Besonders wünschenswert sind dabei dreidimensionale Darstellungen, die die mentalen Repräsentationen darstellen und auf die kognitiven Realitäten verweisen sollen. Die dreidimensionale Darstellungsvariante eröffnet darüber hinaus Möglichkeiten, einzelne Parameter auf der x-, y-, oder z-Achse abzutragen. Allerdings ist die Abbildung dreidimensionaler Inhalte auf einem zweidimensionalen Medium (Pa-

---

44 Mind Maps (bzw. daran angelehnte Darstellungsvarianten) können auch deshalb ein geeignetes Instrumentarium sein, da sie sich dazu eignen, geäußerte geografische Zusammenhänge abzubilden. Die Verbindung zwischen Mind Maps (als Methode) und Mental Maps (als kognitives räumliches Ordnungsschema) ist deshalb nicht bloß zufälliger Natur. Zusätzlich existiert die Möglichkeit Mental Maps nicht in Form von Äußerungen zu rekonstruieren, sondern sie durch Draw-a-Map-Tasks zu erheben (vgl. Abschnitt 5.2.1.1).
45 Es kann nicht davon ausgegangen werden, dass sich die Äußerung KLAR, wie der erste Eindruck wohl vermittelt, eindeutig auf phonetische Besonderheiten bezieht. Vorstellbar ist z. B. auch, dass sich KLAR auf ein eigenes laienlinguistisches Konzept bezieht, das aus lexikalischen, grammatikalischen und möglicherweise auch außersprachlichen Merkmalen zusammensetzt. Dies gilt es idealerweise in Interviewsituationen näher zu eruieren.
46 Als Epistemikon bezeichnen wir im Anschluss an Hoffmeister (2020b, 2021a, 2021b) die kognitive holistische Repräsentation der Wissensbestände (Episteme) in lexikonartigen Strukturen.

pier) gewissen Grenzen unterworfen, sodass eine Hilfsdarstellung (Abb. 7) ausreichend sein muss.

In Abb. 7 wird der Versuch unternommen, ein Dialektepistemikon in Gänze darzustellen (vgl. dazu ausführlich auch Hoffmeister 2021a). Dabei sind als Ellipsoide die einzelnen Dialektkonzepte (DKON 1–8) aufgeführt. Die jeweiligen Rechtecke beinhalten perzipierte bzw. assoziierte Dialektmerkmale (Perz/Ass 1–8). DKON 4–7 exemplifiziert den Fall, dass weder perzipierte noch assoziierte Dialektmerkmale genannt werden. Die Verbindungslinien dienen an dieser Stelle zum einen dazu, die Konzepte voneinander zu unterscheiden, und zum anderen dazu, Bezüge zwischen den einzelnen Merkmalen herzustellen (Cluster). So steht beispielsweise das Merkmal Perz 1 mit dem Merkmal Perz 2 in Verbindung, das Merkmal Perz 1 ist mit dem Merkmal Ass 2 verknüpft.

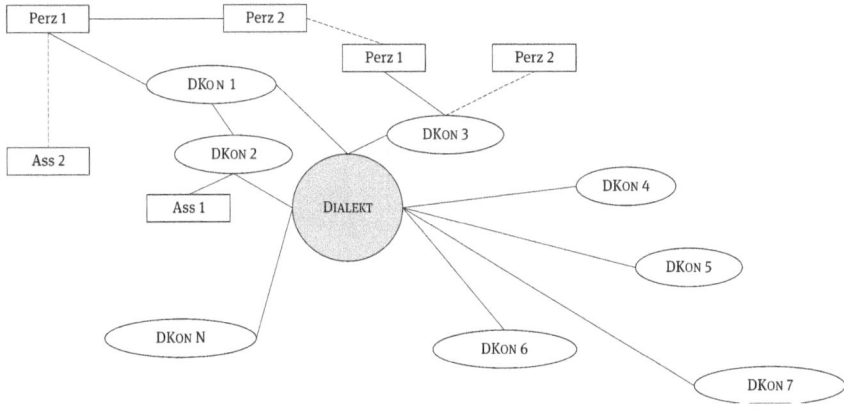

Abb. 7: Schematisierung eines Dialektepistemikons.

Im Zentrum der Abbildung steht der jeweils zu beschreibende Frame, in diesem Fall Dialekt. Ausgehend davon werden die reproduzierten Dialektkonzepte verzeichnet. Die Art der Strichführung (gestrichelt oder durchgezogen) gibt dabei Auskunft über die Art und Weise der Verbindung bzw. der Reproduktion. So sind beispielsweise gestrichelte Linien entweder nur indirekt mit dem Bezugsobjekt verknüpft oder aber die Verbindung ist eingeschränkt, möglicherweise durch eine verzögerte Auslösung der Reproduktion. In den rechteckigen Feldern werden die assoziierten bzw. perzipierten Dialektmerkmale aufgenommen, die ihrerseits wiederum durch Verbindungslinien zueinander in Beziehung gesetzt werden können. Dabei können auch Verbindungen zwischen einzelnen assoziierten und perzipierten Dialektmerkmalen hergestellt werden. Bei Bedarf können die Verbindungslinien zudem mit erklärenden Beschriftungen versehen werden, um die Verbindung näher zu charakterisieren (bspw.: Perz 2$_{DKON1}$ zu Perz 1$_{DKON3}$ mit der Beschriftung „hervorgerufen durch" oder „in Abgrenzung zu", usw.).

Mithilfe der Systematisierung in Abb. 7 wird das Ziel der Frame-Semantik, „die zur Erfassung lexikalischer Bedeutungen relevanten Wissensdomänen zu eruieren und für Bedeutungsbeschreibungen aufzubereiten" (Ziem 2020: 31), erfüllt. Die Darstellung bietet darüber hinaus weitere Möglichkeiten, Dialekt-Frames zu beschreiben (vgl. dazu die Varianten im Anhang). Durch eine Veränderung des Abstandes eines Dialektkonzeptes zum Zentrum kann beispielsweise ein zunehmender Dialektalitätsgrad schematisch abgebildet werden (vgl. dazu etwa Geeraerts 2003: 62). Bedacht werden muss, dass es prinzipiell nicht möglich ist, „(lexikalische) Bedeutungen vollständig zu erfassen, ohne dabei die übergreifende(n) Wissendomäne(n) zu berücksichtigen, in die lexikalische Bedeutungen jeweils eingebettet sind und vor deren Hintergrund sie sich erschließen lassen" (Ziem 2020: 31). Aus diesem Grund ist die möglichst vollständige bzw. ausführliche Darstellung des Epistems empfehlenswert. Allerdings kann es die wissenschaftliche Praxis unabdingbar machen, einzelne Episteme, d. h. Wissenselemente besonders hervorzuheben oder näher zu untersuchen.

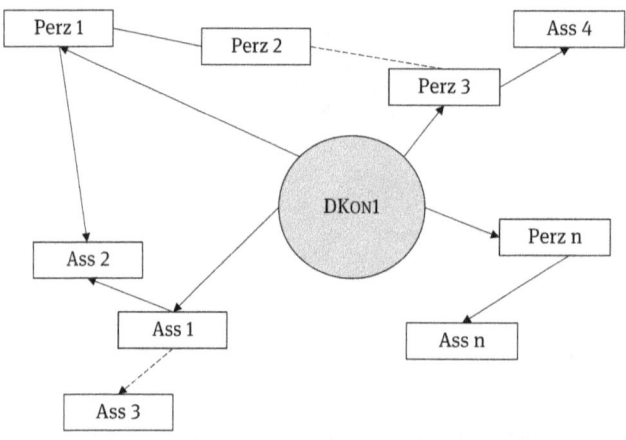

Abb. 8: Ausschnittsweise Darstellung eines Dialektkonzeptes.

Abb. 8 greift den Ansatz der kognitiven Vernetzung aus Abb. 7 auf. Allerdings liegt hier der Fokus nicht auf dem gesamten Epistemikon, sondern auf einem einzelnen Dialektkonzept (bzw. Ausschnitten dessen). Die Pfeile stellen den Aktivierungsweg dar. Perz 3 wird beispielsweise direkt durch das Dialektkonzept (beispielsweise durch das Hören einer Hörprobe) aktiviert, während Ass 2 durch Perz 1 aktiviert wird. Diese Darstellung ermöglicht prinzipiell die Veranschaulichung aller denkbarer kognitiver Verbindungen. Es muss allerdings auch hierbei darauf geachtet werden, Ausführlichkeit und Übersichtlichkeit ausgeglichen zu gestalten.

Um eine inhaltlich möglichst ausführliche Darstellung nutzen zu können, schlagen wir im Anschluss an Hoffmeister (2020b) die folgende Visualisierungsvariante vor (vgl.

Abb. 9), die den kognitiven Besonderheiten der Dialektrepräsentation sowie der wirkenden Prozesse größere Rechnung trägt.[47]

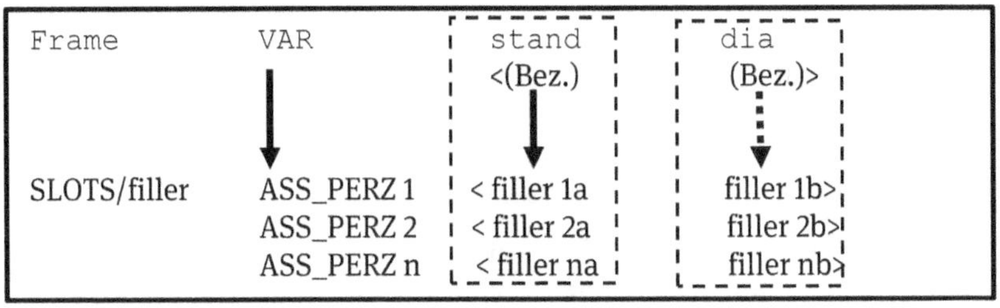

```
Frame         VAR            stand          dia
                             <(Bez.)        (Bez.)>
                                ↓
SLOTS/filler  ASS_PERZ 1    < filler 1a    filler 1b>
              ASS_PERZ 2    < filler 2a    filler 2b>
              ASS_PERZ n    < filler na    filler nb>
```

Abb. 9: Abstrakte Darstellung des Variation-Epistems (nach Hoffmeister 2020b).

Abb. 9 ist in insgesamt vier Spalten gegliedert. Links finden sich die Angaben zur theoretischen Perspektive (Frame, Slots, Filler). In der zweiten Spalte wird zum einen der Frame bezeichnet (hier VAR für Variation) und zum anderen die Art und Weise der damit verbundenen Merkmale als Slots (ASS(oziation) bzw. PERZ(eption)), die durch Attribute näher bestimmt werden können (bspw. ASS/PERZ SPACE für raumbezogene Merkmale, ASS/PERZ PHON für phonetisch-phonologische Merkmale etc., vgl. Christen 1998: 57). In den durch Strichelung abgetrennten Bereichen finden sich die einzelnen Sub-Frames bzw. Konzepte (hier `Standard (stand)` bzw. `Dialekt (dia)` als Sub-Frames des Frames `Variation`) inklusive der Bezeichnungen durch die Gewährsperson. Die Filler bestehen schließlich aus den konkreten Wissensbeständen (Füllwerte).[48] Diese bilden das Zentrum für die Untersuchung von Standardwerten (default values), d. h. einen Vergleich der Wissensbestände mehrerer Gewährspersonen oder der Verfestigung des Wissens auf individueller Ebene.[49] Die Pfeile bilden Zugriffsqualitäten ab. Der direkte Pfeil von VAR zur den ASS/PERZ-Merkmalen verdeutlicht einen potenziell ungehinderten, d. h. unmittelbaren

---

[47] Damit geht keine Wertung einher. Welche der beiden Darstellungsvarianten genutzt wird, hängt einzig von den jeweiligen Ansprüchen und Bedürfnissen in der Forschungspraxis ab.
[48] Hier sind Leerstellen selbstverständlich denkbar, wenn das Merkmal ASS/PERZ PHON im Standard-Konzept beispielsweise gefüllt ist, im Dialektkonzept allerdings leer bleibt. So muss „nicht jeder Slot bei jeder einzelnen kognitiven Aktualisierung des Frames relevant oder gegeben (aktiviert) sein" (Busse 2018: 79). Die Leerstellen bedürfen aber ebenfalls einer Untersuchung, einerseits im Hinblick auf die Struktur (Wo sind Leerstellen zu finden?) und andererseits im Hinblick auf potenzielle Gründe (Warum sind dort Leerstellen vorhanden?).
[49] In der Forschungspraxis ist dabei darauf zu achten, dass Repräsentativität i. d. R. nicht erreicht werden kann und die Ergebnisse gewissermaßen Momentaufnahmen einer bestimmten Anzahl von Gewährspersonen darstellen.

Zugriff, d. h., dass die Gewährsperson ohne Einschränkung das Wissen aktivieren und verbalisieren kann. Der gestrichelte Pfeil im Dialekt-Konzept verweist auf einen eingeschränkten Zugriff. Die Mischvariante wird durch den unterbrochenen Pfeil im Standard-Konzept verdeutlicht. Die einzelnen Pfeile können beliebig angewendet werden, je nach den entsprechenden Äußerungen der Gewährsperson. Einzig der erste Pfeil ist in seiner Position festgelegt, da er ein Potenzial abbildet und sich nicht auf empirische Daten bezieht.

Eine mit empirischen Werten gefüllte Darstellung der Abstraktion in Abb. 9 findet sich in Abb. 10. Dort sind die einzelnen Slots durch Filler spezifiziert. Anhand des Slots ASS/MOD (Assoziation/Modellsprecher) im Dialekt-Frame (`dia`, bzw. Nicht-Hochdeutsch) zeigt sich, dass einzelne Slots durchaus ungefüllt bleiben können. Die eckigen Klammern deuten an, dass potenziell weitere Slots und Filler vorhanden sein können, die in der jeweiligen Erhebungssituation aber nicht expliziert werden.

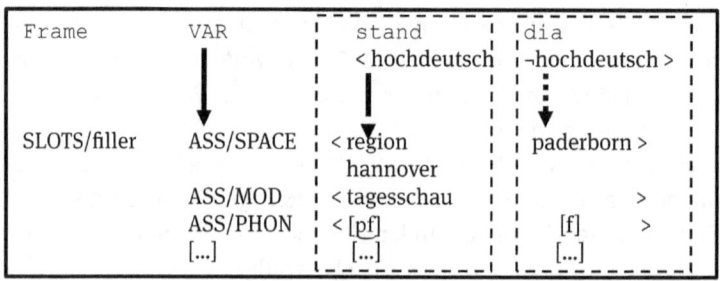

Abb. 10: Exemplarische Darstellung eines VAR-Epistems (Hoffmeister 2020b: 175).

Mithilfe der Darstellungsvarianten können schließlich die „mental models of language" (Berthele 2002) systematisch und gut greifbar visualisiert werden. Selbstverständlich sollen die Ausführungen in diesem Abschnitt keine pauschale Allgemeingültigkeit beanspruchen. Insbesondere zur Darstellung von Raumkonzepten (Mental Maps), bieten sich durch die Verwendung beispielsweise von Geoinformationssystemen (GIS, vgl. Abschnitt 5.3.2) gute Möglichkeiten, die Konzepte adäquat abzubilden.

4.1.3 Weitere kognitive Repräsentationsformen von Dialekt

Zur Beschreibung der Konzeptualisierungen von Dialekt eignen sich nicht bloß Frames. So hält Anders (2010: 107) allgemein fest, dass „das kognitive Subjekt sich in seiner Umwelt orientieren und kognitive Stabilität aufbauen kann, was wiederum ein Handeln erst ermöglicht". Die Konzeptualisierungsprozesse sind in der Kognitionslinguistik vielfach beschrieben worden. Im Folgenden soll im Anschluss an Anders (2010: 107–110) einerseits kurz auf die Prototypentheorie Eleanor Roschs (1975) sowie die Erweiterung von Lakoff (1987) eingegangen werden. Andererseits sollen kurz die Ansätze innerhalb der Wahrnehmungsdialektologie aufgegriffen und diskutiert werden, die auf kognitive Repräsentationsformen von Dialekt eingehen.

Die Prototypentheorie wurde in den 1970er Jahren von Eleanor Rosch (1973, 1975) entwickelt. Die Grundannahme ist dabei recht einfach: „categories are composed of a ‚core meaning' which consists of the ‚clearest cases' (best examples) of the category, ‚surrounded' by other category members of decreasing similarity to that meaning" (Rosch 1973: 112). Stellt man sich also einen Dialekt-Prototypen vor, so wird dieser aus einem Dialektkonzept mit subjektiv als hoch wahrgenommenem Dialektalitätsgrad bestehen (z. B. BAYERISCH, vgl. insb. Kiesewalter 2014; weiterführend auch Hoffmeister 2017 sowie Purschke 2010). Christen (1998: 51) hält indes fest, dass „[d]ie Prototypentheorie […] bis heute keinen Eingang in die Dialektologie gefunden" hat. An dieser Feststellung hat sich auch gut 20 Jahre später wenig geändert (vgl. z. B. Purschke 2010; Torstensson, Eriksson & Sullivan 2004). Dabei sei sie durchaus fruchtbar für die Untersuchung laikaler Konzeptualisierungen von Dialekt (vgl. Christen 1998: 52). Die Kategorienbildung von Nicht-Linguisten unterscheidet sich in der Herangehensweise von der wissenschaftlichen. Als Hauptmerkmale der laikalen Kategorienbildung hält Christen (1998: 52–54) die folgenden fest:

1. *Familienähnlichkeit* (vgl. Wittgenstein 1953/2016): Hier werden Elemente beschrieben, die zwar untereinander Eigenschaften teilen, obwohl die einzelnen Elemente insgesamt nicht eine oder mehrere Eigenschaften teilen (vgl. die Regelhaftigkeit eines (Gesellschafts-)Spiels oder aus wahrnehmungsdialektologischer Sicht die Konzepte NORDDEUTSCH und BERLINERISCH versus BAYERISCH und SCHWÄBISCH). Es geht also darum, dass kein Merkmal genannt werden kann, das allen Konzepten inhärent ist.
2. *Unscharfe Kategoriengrenzen*: Einzelne Begriffe sind nicht klar voneinander abgrenzbar, ihre Merkmale und Eigenschaften verschwimmen (vgl. den Grenzbereich bei Baum versus Strauch, bzw. aus wahrnehmungsdialektologischer Perspektive die Konzepte BAYERISCH und ÖSTERREICHISCH).
3. *Statusvarianz*: Einzelne Elemente von Kategorien haben einen unterschiedlichen Status, so ist beispielsweise das Konzept HESSISCH ein weniger idealer Vertreter für das Konzept Dialekt als das BAYERISCHE. Dies gilt auch innerhalb von Konzepten. So ist der Bereich der Lexik möglicherweise zur Bestimmung des HESSISCHEN zentraler als für das BAYERISCHE, während dort der Bereich Phonetik/Phonologie einen zentralen Bestandteil darstellt.

Lakoff (1987) entwickelt die Prototypentheorie von Rosch weiter und nimmt an, dass das Weltwissen durch ein System strukturiert wird, das aus Idealized Cognitive Models (ICMs) besteht. Lakoff (1987: 68) unterscheidet in seiner Theorie der ICMs vier von der menschlichen (individuellen, sozialen, kulturellen etc.) Erfahrung abhängige Strukturprinzipien (vgl. Anders 2010: 109; Christen 1998: 54f.):
1. propositional structure (im Anschluss an Fillmore 1982b)

2. image-schematic structure (nach Langacker 1986)
3. metaphoric mappings (vgl. Lakoff & Johnson 2011)
4. metonymic mappings (vgl. Lakoff & Johnson 2011)

Bei diesen vier Prinzipien geht es einerseits um die (Nicht-)Existenz von Merkmalen und die anschließende Kategorisierung (1.). Langackers Bildschemata zielen auf Kategorisierung von Objekten nach bildhaften Vorstellungen (2.). Metaphorische Zuordnungen beziehen sich auf eine interkategoriale Übertragung propositionaler Einheiten also den Übertrag der Eigenschaften und Merkmale einer Quelldomäne auf diejenigen einer Zieldomäne ((3.), vgl. Anders 2010: 109). Die metonymischen Zuordnungen charakterisieren schließlich den Prozess, in dem ein Element einer Kategorie die gesamte Kategorie repräsentiert (4.). Die Annahme in 2. postuliert, dass metadialektale Äußerungen als Bildschemata repräsentiert werden. So lässt sich in der Äußerung „In Bayern wird ein stärkerer Dialekt als in Schwaben gesprochen" ein Bezug zur Domäne space feststellen, da der [DIALEKT$_{Bayern}$][50] mithilfe geopolitischer Kategorien (hier Bezeichnung als Bundesland) vom [DIALEKT$_{Schwaben}$] abgegrenzt wird. Dieses Verhältnis ließe sich mit Langacker (1986) auch visuell darstellen. Etwas weniger offensichtlich wird die bildschematische Darstellung von Dialekteinstellungen. Äußert eine Gewährsperson beispielsweise, dass sie das SÄCHSISCHE hässlich finde, so stellt sich das Verhältnis aus Profil und Basis etwas anders dar. Hierbei stellt das Dialektkonzept („SÄCHSISCH") die Basis (bzw. die Domäne) dar, während die Prädikation („hässlich") das Profil bildet. Mithilfe dieser bildsemantischen Beschreibungsvariante lassen sich die Repräsentationen der Dialektkonzepte inhaltsorientiert abbilden (vgl. Inoue 1999: 152–158); es steht die Frage im Vordergrund welche Qualitäten welchen Domänen zugeschrieben werden. Der Fokus liegt dabei also auf den Zuschreibungsprozessen bzw. der Herausbildung der Konzepte; die semantischen Strukturen werden dabei als Wissenssysteme charakterisiert, deren Umfang im Wesentlichen unbegrenzt ist (vgl. Langacker 1986: 2). Metaphorische Zuschreibungen (3.) sind ein häufiger Bestandteil metadialektaler Urteile. Beuge (2019) kann für das Konzept GUTES DEUTSCH beispielsweise zeigen, dass häufig Attribute wie klar, farblos etc. assoziiert werden und Sprache durch metaphorische Modelle wie Sprache als Substanz, als Material, als Organismus oder als Territorium konzeptualisiert wird. Auch Berthele (2010b: 268) beschreibt metaphorische Modelle von Sprache, die er einerseits in ein romantisches Verständnis (Sprache als des Menschen Seele, als ein Zuhause etc.) und andererseits in ein rationalistisches Modell (Sprache als Werkzeug, Schlüssel, Material etc.) unterteilt (vgl. außerdem Berthele 2001, 2008; Christen 2010; Geeraerts 2003 sowie aus methodischer Sicht Spiekermann 2012). Die in 4. angesprochenen metonymischen Zuschreibungen wurden beispielsweise von Christen (1998) im Rahmen ihrer Studie für schweizerdeutsche Varietäten

---

[50] Die Notation durch Majuskeln in eckigen Klammern schließt an die allgemeingültige Praxis der Notation von Domänen in der Kognitiven Grammatik an.

nachgewiesen (vgl. dazu Anders 2010: 109). Metonymien liegen beispielsweise vor, wenn Sprecher des norddeutschen Sprachraums von Gewährspersonen als „Fischköppe" oder als „Hafenarbeiter" charakterisiert werden.

Die traditionelle Prototypensemantik (nach Rosch & Lakoff) kann allerdings nur eingeschränkt Anwendung finden. Es ergeben sich insbesondere Probleme, wenn einzelne Dialektkonzepte mit dem idealen Vertreter bzw. dem besten Exemplar abgeglichen werden sollen, da sich die Frage stellt, was in Bezug auf Dialekte als idealer Vertreter gelten kann. Zentraler Gedanke der revidierten Fassung der Prototypentheorie ist die tendenzielle Abschaffung des Konzeptes eines einzigen Prototyps als idealer Vertreter einer Kategorie zugunsten der Einführung von Prototypizitätsgraden, die von Rosch selbst stammt, aber zumeist unbeachtet bleibt (vgl. Rosch 1978: 40 sowie Kleiber 1998: 111). Mit Kleiber (1998: 113) sind schließlich zwei Grundthesen erhalten geblieben, die auch für die prototypensemantische Sicht auf Dialekt Gültigkeit besitzen:

1. „Es gibt nur noch prototypische Effekte: Der Prototyp als Vertreter der kategoriellen Begriffe und als strukturelle Basis der Kategorie existiert nicht mehr.
2. Die Relation, die die verschiedenen Vertreter derselben Kategorie verbindet, ist bei den Kategorien jedweder Art die der Familienähnlichkeit."

Diese Form der Neuordnung der Prototypentheorie kann (durchaus in Kombination mit der Standardform) Anwendung auf die Interpretation laikaler Dialektwissensbestände finden. Die hier dargestellten Theorieansätze beanspruchen gleichwohl keine abschließende Vollständigkeit, sie sind unseres Erachtens besonders geeignet, die kognitiven Prozesse, die bei der Dialektkonzeptualisierung wirken, zu beschreiben und die Inhalte der entstandenen Konzepte zu interpretieren.

4.2 Konzepte der Wahrnehmung und deren Anwendung

Perzeption ist ein individueller Vorgang – Wahrnehmung hingegen ist ein sozialer Prozess. Das Aufmerksamwerden und die Verarbeitung der gewonnenen Informationen auf einen bestimmten Gegenstand zu richten, ist zumeist nicht voluntativ, es ist durch soziale Kontexte determiniert. Diese kursorische Skizze zeigt, dass wir einerseits psychologische, andererseits aber auch z. B. kognitive, epistemologische und soziologische Aspekte der Wahrnehmung untersuchen können. U. E. ist eine strikte Trennung der einzelnen Bereiche in diesem Zusammenhang weder möglich noch überhaupt sinnvoll, sodass wir mal mehr, mal weniger explizit auf die entsprechenden Bereiche eingehen werden. Wahrnehmung (vgl. ausführlich Schlicht, Vetter, Thaler & Moss 2013) kann im Anschluss an Anders (2010: 61) als „kognitive Informationsaufnahme, Informationsverarbeitung und Informationsspeicherung in natürlichen kognitiven Systemen" verstanden werden. Im Rahmen einer „Soziologie der Aufmerksamkeit" leitet Schroer (2019a: 432–435) plausibel her, wie der Prozess des Aufmerksamwerdens den spezifischen Gegenstand nicht nur zugänglich macht, sondern ihn überhaupt erst diskursiv konstituiert. Der zugrundeliegende Gedanke ist recht basal: Wird man nicht aufmerksam auf einen bestimmten Gegenstand, bespricht man ihn nicht, so herrscht in einer spezifischen Gesellschaft bzw. für ein bestimmtes Individuum als Teil der Gesellschaft auch kein Bewusstsein über dessen Existenz. Bernhard Waldenfels (2016: 27) nennt dies treffend „Aufmerksamkeit als Urtatsache". Auch wenn zu Beginn dieses Abschnittes angedeutet wurde, Aufmerksamkeit sei kein voluntativer Akt, so zeigt doch die Möglichkeit des Entzuges von Aufmerksamkeit (*Ignorieren*), dass u. U. eine gewisse Bewusstheit mit Aufmerksamkeit einhergehen kann. Aufmerksamkeit ist also zweifach zu denken: voluntativ und determiniert. Eine linguistische Betrachtung von Sprache ist in aller Regel voluntativ, wir richten als Linguisten unsere Aufmerksamkeit gezielt auf ein bestimmtes sprachliches Phänomen. Bei der Wahrnehmung von Sprache allerdings, mit der wir im Alltag häufig zu tun haben, geschieht die Aufmerksamkeit zumeist ohne Intention. Das Prinzip des Aufmerksamwerdens auf ein bestimmtes, aus einem bestimmten Grund auffälliges sprachliches Phänomen bezeichnet man als *Salienz* (vgl. Gessinger & Butterworth 2015; Purschke 2011: 80–87; für einen guten Überblick die Beiträge im Sammelband von Christen & Ziegler 2014 sowie aktueller Hettler 2018: 11–42). Die Salienz ist dabei,

> die dem Gebrauch einer sprachlichen Variante durch Interpretation zugewiesene Eigenschaft, situativ von einem individuellen Normhorizont abzuweichen, und zwar insofern, als phänomenspezifische Eigenschaften von Hörern durch kontextuelle und hörerindividuelle Parameter als abweichend definiert werden.
>
> (Purschke 2011: 84)

Saliente Sprachformen setzen dann einen Reflexionsprozess in Gang, der eine Bewertung vor allem hinsichtlich der Kategorien *relevant* bzw. *irrelevant* vornimmt. Diese „subjektive Relevanz auffälliger Phänomene" (Purschke 2011: 85) wird als *Pertinenz* (vgl. auch die *soziolinguistisch bedingte Salienz*; vgl. Auer 2014: 10) bezeichnet. Die beiden Einheiten *Salienz* und *Pertinenz* stellen dann, so Purschke (2011: 80), die „Basiskategorien des Hörurteils" dar. Diese Trennung von Aufmerksamkeit bedingt durch Auffälligkeit (*Salienz*) sowie die subjektive Relevanzzuschreibung (*Pertinenz*) ist sicherlich analytischer Natur, da, wie Hettler (2018: 29) festhält, jedwede „Wahrnehmung auffälliger Stimuli automatisch eine Bewertungskomponente enthält und schon die Tatsache, dass etwas im Vergleich zur Standardsprache als auffällig bzw. abweichend eingeordnet wird, ein normierendes Urteil darstellt". Allerdings ist gerade die analytische Dichotomie die Stärke des Konzeptes, da so die „automatische Bewertungskomponente", die sonst wegen ihrer Automatizität wohl keinerlei Reflexion erführe, begrifflich fixiert wird und sie so in Studien eingehender reflektiert werden kann. Die Betonung der individuellen Relevanzzuschreibung durch die begriffliche Fassung als Pertinenz hat den Vorteil, dass es die Bewertung sprachlicher Muster, die wiederum im Rahmen von Sprachideologien, d. h. Überzeugungen über sprachlich-soziale Realitäten, zu einer sozialen Positionierung (vgl. Spitzmüller 2013: 268–273) führen können, erklärt. Mittels der Bewertung sprachlicher Phänomene positionieren wir uns im Hinblick auf soziale Normen, Hierarchien, unsere eigene Identität und Werte etc.

Die Grundlage für all die eben geschilderten Vorgänge und Implikationen ist allerdings der biophysikalische Wahrnehmungsvorgang. Die phonetischen Vorgänge des Hörens im Allgemeinen, d. h. der Wahrnehmung von Schallwellen mit einfachen Frequenzen und Amplituden, sollen im Folgenden nicht vertieft werden (vgl. dazu z. B. Goldstein 2014: 257–283). Es soll vielmehr um Wahrnehmung von Sprache im Besonderen gehen, die sich vom Hören im Allgemeinen (bspw. von Verkehrslärm) durch die Komplexität von Frequenz und Amplitude sowie anschließende kognitive Reflexions- bzw. Verstehensprozesse abgrenzt. Dass der Verstehensprozess als kognitive Reflexion und die rein akustische Wahrnehmung zusammenhängen, zeigt sich einerseits an Beispielen wie der Distinktion von *UMfahren* und *umFAHREN*, die aufgrund der Akzentuierung semantisch unterschieden werden können. In Bezug auf Dialekte ermöglicht die Perzeption, d. h. die akustische Wahrnehmung bspw. von [r], die Zuordnung, dass die Person Sprecher des Bairischen ist. Perzeption und Wahrnehmung müssen hier also voneinander unterschieden werden (vgl. Anders 2010: 57–61). Schon im Kontext der Wahrnehmung sind also konstruktivistische Ansätze (vgl. Abschnitt 4.2) einzubeziehen: Es wird dabei gemeinhin zwischen der Perzeption und der Apperzeption unterschieden. Die Perzeption stellt die „Aufnahme externer Informationen mittels der menschlichen sensorischen Kanäle" (Anders 2010: 58) dar, während die Apperzeption die „Weiterverarbeitung der wahrgenommenen Informationen innerhalb eines kognitiven Systems" (Anders 2010: 58) meint. In Bezug auf das oben genannte Beispiel, der Wahrnehmung des dialektal markierten [r]-Allophons ist das Hören dieses salienten Phons also der perzeptive Vorgang, die Reflexion und Zuordnung von [r] zum bairischen Sprachraum im Rahmen der Pertinenzbeurteilung (vgl. Purschke 2011) stellt die Apperzeption dar. Auch hier ist die Separation analytischer Natur, linguistischen Laien fällt die Nennung sprachlicher Einzelmerkmale häufig schwer, obwohl sie dennoch eine klare Zuordnung oder Bewertung vornehmen können (vgl. Hundt 2017: 124–138), d. h. sie können Sprecher u. U. zwar in den bairischen Sprachraum verorten, allerdings in einer konkreten sprachlichen Äußerungen keine Merkmale ausmachen, anhand derer sie die Zuordnung vornehmen. Es gibt jedoch auch die Fälle, in denen ein eindeutiges salientes Merkmal benannt werden kann, das dann sogar mit dialektologischen Besonderheiten übereinstimmt. Die erfolgreiche Zuordnung einzelner sprachlicher Ausdrücke zu Dialektgebieten ohne die Nennung von sprachlichen Einzelmerkmalen ist mit Anders (2010: 58–59) auf die Gestalttheorie (vgl. grundlegend von Ehrenfels 1890; weiterführend Harrington 2002; Metz-Göckel 2008, 2016) zurück zu führen, wonach eine „Wahrnehmung ganzheitlicher Muster von Reizen und ihrer Konfiguration" (Anders 2010: 58) erfolgt. Diese Wahrnehmung der ganzheitlichen Muster (aber auch ggf. deren einzelne Teile) ist nicht statisch und unveränderbar, sondern die Verarbeitung ist variabel vor allem hinsichtlich des Kontextes und der Sprecher (vgl. Goldstein 2014: 317–318). Auch wenn die wahrnehmungspsychologische Deutung des Kontextes auf die Lautumgebung abzielt, kann *Kontext* auch sozialphänomenologisch gedeutet werden. Ob demnach ein bestimmtes sprachliches Muster positiv oder negativ evaluiert wird, hängt maßgeblich vom Verwendungszusammenhang ab (vgl. dazu auch Tophinke & Ziegler 2002, 2006 sowie Abschnitt 2.3.1): So kann beispielsweise die Verwendung geschlechtergerechter Sprache in beruflichen Kontexten erwünscht sein, während sie im Gespräch mit den eigenen (Groß-)Eltern nicht nur nicht erfolgt, sondern sogar als unangemessen gilt. Auch das Salienzpotenzial hängt von diesen äußeren Umständen der spezifischen Erfahrungen ab. Dieses Prinzip könnte man auch als *Situativität* der Wahrnehmung bezeichnen. Die Situativität der Wahrnehmung kommt indes nicht nur bei abstrakten sprachlichen Mustern (wie der geschlechtergerechten Sprache) zum Tragen, sondern kann auch auf Phonemebene beobachtet werden. Noch heute gilt die alveolare statt palatale Realisierung von *s* vor *p* und *t* ([s] statt [ʃ], *stolpern übern spitzen Stein*) aus laienlinguistischer Perspektive als Merkmal des HAMBURGISCHEN bzw. NORDDEUTSCHEN (vgl. Hundt 2017: 136–137). Allerdings handelt es sich dabei, wie Hundt (2017: 137) festhält, um ein „faktisch ausgestorbene[s] Merkmal", das also in heutigen Kontexten zwar noch in den Wissensbeständen (bzw. *Epistemika*, vgl. Hoffmeister 2021a) linguistischer Laien repräsentiert ist und aktiviert werden kann, das aber in der Praxis nicht mehr vorkommt. Dass damit heute eine „vermeintlich korrekte[] Aussprache nach der Schrift" (Hundt 2017: 137) verbunden wird, hängt also vom Kontext ab, während es zu früherer Zeit lediglich als Regionalmarker für Hamburg fungiert haben dürfte. Das Merkmal wird in dieser Form ohnehin primär von süddeutschen Personen assoziiert (vgl. Hundt 2017: 137), was die Kontextualität bzw. Situativität noch hervorhebt. Die Kontextualität hängt aber natürlich eng mit der jeweiligen individuellen und sozial gesteuerten Bedeutung(szuweisung) zusammen, die ein Merkmal erfährt (vgl. dazu überblicksartig Kompa, Moll, Eckardt & Grassmann 2013).

Neben der Variabilität des Kontextes spielt auch die Individualität unterschiedlicher Sprecher eine wichtige Rolle. Sprecherbezogene Besonderheiten wie z. B. Sprechtempi und Frequenzen führen im Rahmen individueller Vorlieben zu unterschiedlichen Bewertungen der Sprecher. Diese Faktoren können dazu führen, dass dasselbe sprachliche Muster unterschiedlich bewertet wird. Um der Variabilität unterschiedlicher Sprecher entgegen zu wirken, wurde die Matched-Guise-Technik entwickelt, die in der aktuellen Forschungspraxis oft auch in Abwandlungen (Verbal-Guise oder Open-Guise) eingesetzt wird (vgl. dazu ausführlich Abschnitt 5.2.2.2 sowie 5.2.3.3). Diese Variabilität führt der schnelleren Verarbeitung sowie reibungsloseren Reaktion wegen zu Schematisierungen, Stereo- und Prototypisierungen, die man auch als *kategoriale Wahrnehmung* bezeichnet. Die etwas abstrakte Definition kategorialer Wahrnehmung bezeichnet den Fall, „wenn ein kontinuierliches Spektrum an Reizen zur Wahrnehmung einer begrenzten Anzahl von Wahrnehmungskategorien führt" (Goldstein 2014: 318). In Anwendung auf Prozesse von Sprachperzeption und -apperzeption bedeutet dies, dass sich Bewertungsroutinen wahrgenommener sprachlicher Merkmale entwickeln, die sich mit zunehmender Häufigkeit verfestigen (können). Nimmt eine Person also bspw. das Diminutiv *-le* wahr und verknüpft dies z. B. über die Schibboleth-Phrase *Schaffe, schaffe, Häusle baue!* mit dem SCHWÄBISCHEN, so wird das Diminutiv nicht mehr separiert betrachtet, sondern durch die kategoriale Wahrnehmung dominiert ein spezifischer Verwendungszusammenhang. Die soziokulturellen Implikationen der gesamten Phrase sedimentieren sich dann in Stereotypen. Darüber hinaus werden mittels kategorialer Wahrnehmung auch Priorisierungen vorgenommen, die dann über Rekonstruktionen Aufschluss über die jeweiligen spezifischen subjektiven Lebenswelten geben können. Diese Lebenswelten, in denen die linguistischen Laien als soziale Lebewesen handeln, werden in ihrer Struktur durch die Wissenssoziologie näher untersucht (vgl. Abschnitt 4.3).

4.3 Individuum und Gesellschaft: Wissenssoziologische Grundannahmen und deren Operationalisierung

Nachdem schon in Abschnitt 4.1 die Grundlagen einer kognitionslinguistisch fundierten Dialektologie umrissen und dort auf die kognitiven Perspektiven auf Wissen eingegangen wurde, soll im Folgenden die gesellschaftliche Perspektive vertieft werden, die bislang zu kurz gekommen ist.[51] Dabei sind Kognition und Gesellschaft letztlich nicht getrennt voneinander zu denken: Auch wenn Wissen individuell und gewissermaßen in den Köpfen verarbeitet wird und repräsentiert ist, ist das Individuum doch immer in Gesellschaften eingebunden und interagiert dort mit den anderen Mitgliedern der jeweiligen Gesellschaft.

Der wissenssoziologische Ansatz innerhalb der Wahrnehmungsdialektologie, der mit einem gemäßigten (Wissens-)Konstruktivismus einhergeht, hat eine gewisse Tradition und sich mittlerweile etabliert. Schon bei Anders (2010) wird diese Herangehensweise an laiendialektologisches Wissen ausführlich entwickelt und findet so auch Eingang in die Forschungsarbeiten größerer Projekte (vgl. z. B. Hundt, Palliwoda, Schröder 2017; Schröder 2019).

Das wissenssoziologische Verständnis von Wissen geht, allgemein gesprochen, von der Annahme aus, dass Wissen in gesellschaftlichen Diskursen ausgehandelt und so konstruiert wird. Dabei baut das Wissen einerseits auf Erfahrungen (direkten und vermittelten, vgl. Hoffmeister 2021b) auf, andererseits werden aus diesen Erfahrungen Routinen abgeleitet, die die Anwendung und Reaktion in neuen Situationen erleichtern (vgl. Schütz & Luckmann 2003: 156–163). Dabei spielt der Kontext, in dem ein Individuum sozialisiert wird, eine entscheidende Rolle; er fungiert gewissermaßen als Determinator, vor dessen Hintergrund der Aufbau eines Wissensvorrates möglich ist und deshalb auch von der Forschung interpretiert werden muss. Allerdings gibt es gewisse Grundelemente des Wissensvorrates, die unabhängig von der „relativ-natürliche[n] Weltanschauung" (Schütz & Luckmann 2003: 160) existieren, in die ein Individuum hineingeboren wird. Diese Grundelemente, die man auch als *Wissensuniversalien* bezeichnen könnte, sind primär Dinge, die das Überleben sichern: Wasser kann man trinken, um nicht zu verdursten. Verunreinigtes Wasser sollte man, wenn irgendwie möglich, nicht trinken. Wir müssen regelmäßig Nahrung zu uns nehmen usw. Da Sprache hingegen selbst ein kulturelles Gut ist, sind natürlich die Wissenselemente über Sprache in hohem Maße kulturell geprägt. Dies zeigt sich

---

[51] Einen immer noch guten Überblick bieten das Handbuch von Schützeichel (2007a) sowie Knoblauch (2014).

ideal an Idiomen, deren Verständnis uns in erlernten Fremdsprachen zum Teil große Probleme bereitet.[52] Der Wissensvorrat über Sprache ist also das „‚Produkt' der in ihm sedimentierten Erfahrungen" (Schütz & Luckmann 2003: 163). So ist der Wissensvorrat gleichermaßen individuell wie sozial, was Anders (2010: 70–72) im Anschluss an Seel (1991) zu der Annahme führt, das Wissen sei nicht in kognitiv und sozial trennbar, sondern es sei ein „von kognitiven Prozessen gekennzeichnetes System [...], das sich durch Dynamik und permanente Modifizierbarkeit auszeichnet" (Anders 2010: 70). Dies vernachlässigt allerdings die schon in Abschnitt 4.1.2.3 dargestellten Prozesse des Entrenchments, d. h. der Verfestigung und Routinisierung von Wissen (vgl. allgemein Divjak & Caldwell-Harris 2015 sowie in Bezug auf laienlinguistisches Sprachwissen Hoffmeister 2021a, 2021b). Wissen wird in der Regel also gerade nicht „ständig kontrolliert, redigiert und modifiziert" (Anders 2010: 70), sondern besitzt nur das Potenzial dazu. Inwieweit dieses Potenzial genutzt wird, hängt von individuellen kognitiven Voraussetzungen ab und kann nicht verallgemeinert werden. Anders (2010: 71) definiert das Alltagswissen als

> Schnittpunkt sozialen und individuellen Wissens definiert, das als die organisierte interne Struktur von Alltagserfahrungen der Individuen sowie der sozialen Gruppe gelten kann und in diesem Kontext einen konstituierenden Teil der sozialen Konstruktion der Wirklichkeit darstellt.

Die Emphase auf der „sozialen Konstruktion" im Zitat von Anders ist essenziell: Es ist davon auszugehen, dass das jeweilige Wissen „nicht das Ergebnis rationaler Denkvorgänge" (Schütz & Luckmann 2003: 177) ist, sondern mittels alltagslogischer Schlussverfahren (vgl. Hundt 2017; grundlegend Kienpointner 1992) funktioniert. Das zeigt sich schon daran, dass die Umwelt oftmals unreflektiert hingenommen wird und eine Reflexion der eigenen Position und Handlungen häufig unterbleibt. Dies hängt unmittelbar mit der von James (1890) eingeführten Unterscheidung von *knowledge about* (Vertrautheitswissen) und *knowledge of acquaintance* (Bekanntheitswissen) zusammen: Es gibt gewisse Elemente, von denen man gehört hat bzw. über deren Existenz man Bescheid weiß (Vertrautheitswissen). Demgegenüber steht das Bekanntheitswissen, das eine eingehende Beschäftigung verlangt und auf das Vertrautheitswissen aufbaut. Bei laienlinguistischem Sprach- und Dialektwissen ist die Zuordnung schwierig: Beide Varianten sind denkbar, häufig ist von einem Kontinuum auszugehen, sodass einzelne Bereiche im Vertrautheitswissen, andere im Bekanntheitswissen liegen. Allerdings braucht es hier eine wichtige Zusatzannahme, die den epistemologischen Status des laienlinguistischen Wissens betrifft. Man darf nicht dem Fehlschluss unterliegen, dass es sich bei laienlinguistischem Wissen um linguistisch abgesicherte Erkenntnisse handelt, die einer Überprüfung an fachwissen-

---

52 So kann das englische *a dime a dozen* nicht direkt ins Deutsche übertragen werden. Am ehesten könnte man dies mit *wie Sand am Meer* übersetzen. Ähnliches trifft z. B. auch auf das Schwed. *lägga rabarber på något* (wörtl.: Rhabarber auf etwas legen) zu, was am ehesten dem Deutschen *sich etwas unter den Nagel reißen* entspricht.

schaftlichen Standards standhalten würden, gleichwohl erhält es aus kognitionspsychologischer und wissenssoziologischer Sicht den Status von Wissen. Weniger als fachwissenschaftlich korrekt ist das laienlinguistische Wissen vielmehr das Resultat von in Diskursen ausgehandelten, durch unterschiedliche Aussagen repräsentierten Wissenseinheiten, die dann zu einem von einer relativen Mehrheit als Wissen akzeptierten Gut werden können (vgl. Hoffmeister 2021a: 104–107; Konerding 2015: 60).[53] Somit kann Wissen als „geteilte Akzeptanz von Erkenntnis" (Warnke 2009: 113) verstanden werden. Tragfähig ist in diesem Zusammenhang auch die von Felder (2018, 2021) in die Diskussion eingebrachte Unterscheidung von *Daten* und *Fakten* (vgl. auch Abschnitt 2.1). Diese terminologische Unterscheidung zielt auf diskursive Prozesse bei der Wahrheitskonstitution ab. Demnach sind Daten „unstrittig, also allseits akzeptiert" (Felder 2018: 385). Für Dialektwissen könnte ein solches Datum folgende Aussage sein: *Die deutsche Sprache gliedert sich in viele verschiedene Dialekte.* Die Ansicht darüber dürfte gemeinhin unstrittig sein, eine gegenteilige Aussage bedürfte nicht nur eingehender Begründung, sondern würde von vielen Menschen schlicht als unplausibel abgelehnt. Ein Fakt steht dem gegenüber als „von Diskursakteuren sinnvoll Gemachtes und von hoher und breit akzeptierter Plausibilität" (Felder 2018: 385). Die Fakten stehen hier also den Daten gegenüber, sie müssen nicht zwangsläufig ontologischen Status haben, sondern es reicht ein Konsens. In Bezug auf Aussagen über Dialekte könnte ein derartiges Faktum folgendermaßen lauten: *Das beste Hochdeutsch wird in Hannover gesprochen.* So hat sich in empirischen Untersuchungen immer wieder gezeigt, dass *reines* Hochdeutsch nach Hannover verortet wird (vgl. Beuge 2019: passim; Elmentaler 2012; jüngst Conrad, Ehrlich & Schlobinski 2021), sodass daraus ein gesellschaftlicher Wissensbestand bzw. ein Konsens rekonstruiert werden kann.

Diese Unterscheidung Felders schließt an eine Definition von Wissen aus wissenssoziologischer Perspektive an, die für die Wahrnehmungsdialektologie nutzbar gemacht werden kann. Nach Schützeichel (2007b: 451) beruht Wissen „auf konstruierten Repräsentationen über Zustände in der Welt". Zugrunde liegt das Verständnis von Wissen als Erfahrung. Diese Zustände in der Welt stellen in Bezug auf Sprachvariation die Existenz verschiedener Varietäten (soziale, funktionale und eben auch regionale) dar. Diese sind dann bspw. im Rahmen von Mental Maps kognitiv repräsentiert, sodass ein kognitives Dialektkonstrukt bzw. -konzept entsteht. Dieses fußt maßgeblich auf der Erfahrung, sei es aus erster oder zweiter Hand (vgl. Moscovici 2001: 9–10, zit. nach Schützeichel 2007b: 451)

---

[53] Vgl. dazu auch die Definition in Hoffmeister (2021a: 105–106): „Ich verstehe Wissen also als ein sozial ausgehandeltes und von einer relativen Mehrheit akzeptiertes Gut, das einerseits sozio-kulturell tradiert und andererseits von Individuen kognitiv verarbeitet und repräsentiert wird. Dabei muss das Wissen keinesfalls immer explizierbar, d. h. uneingeschränkt abrufbar, sein. Die im Diskurs gewonnenen Bezeichnungskonventionen basieren auf gemeinsamen Weltansichten und Konzepten von der Welt. Das darf natürlich nicht heißen, dass alles durch Aussagen repräsentierte Wissen widerspruchsfrei als solches akzeptiert wird. Vielmehr geht es darum, dass sich eine Diskursgemeinschaft über gemeinsame Sinnhorizonte verständigt, auf deren Basis die einzelnen Wissensinhalte verhandelt werden können."

bzw. vermittelt oder unvermittelt. Diese Dichotomie der Erfahrungsweisen nutzt innerhalb einer exemplarischen wahrnehmungsdialektologischen Studie auch Schröder (2019: 85). Dort wird die Sozialität des Wissens einerseits über die Sozialität von Sprache insgesamt und andererseits über die Tradierung des Wissens als soziale Praxis bestimmt. Im Anschluss an die grundlegende Arbeit von Schütz & Luckmann (2003) entwickelt Schröder (2019: 86) schließlich ein wissenssoziologisch motiviertes Modell für die Wahrnehmungsdialektologie, das subjektives Wissen auf der einen Seite und gesellschaftliches Wissen auf der anderen sowie deren Wechselwirkungen beschreibt. Auch wenn es sich bei dieser Perspektive um einen geeigneten ersten Aufschlag zur Bestimmung der Dynamizität von Wissen handelt, bleiben doch etliche Fragen offen. So bleibt unter anderem ungeklärt, welche Einheiten denn nun Wissen im eigentlichen Sinne darstellen (und welche nicht). Darüber hinaus können derartige Modelle (wie bspw. auch das von Anders 2010: 111) nicht erklären, wo und wie die diskursiven Aushandlungsprozesse genau ablaufen. Es reicht also nicht, die Perspektive der Sozialität einzunehmen, gleichzeitig bedarf es der Fokussierung der Individualität (Kognition) sowie der Praxeologie beider Einheiten (Sozialität und Individualität bzw. Kognition). Dafür bietet sich in der Tradition der Wissenssoziologie, die sich als Disziplin insgesamt durchaus als nutzbar für die Wahrnehmungsdialektologie erwiesen hat, die Erweiterung um Ansätze der praxeologischen Wissenssoziologie (vgl. Bohnsack 2017) an. Der Vorteil, den diese neue Perspektive in die Diskussion bringt, ist die Fokussierung des Handelns linguistischer Laien. Wenn also die Berücksichtigung der praxeologischen Wissenssoziologie auch nicht die oben angeprangerte fehlende Berücksichtigung der Individualität zu beheben vermag (dies ist, nebenbei bemerkt, ohnehin nicht Anspruch der Wissens*soziologie*), so kann sie doch die wirkenden diskursiven Prozesse einer näheren theoretischen Unterfütterung unterziehen, um so das theoretische Fundament der Wahrnehmungsdialektologie zu stärken. Letztlich stellt dieser Ansatz also eine Möglichkeit dar, Diskurslinguistik auf der einen und Wahrnehmungsdialektologie auf der anderen Seite miteinander zu verbinden, was vor allem der Wahrnehmungsdialektologie zugutekäme. Nun scheint es gewissermaßen widersprüchlich, wirft man der Wahrnehmungsdialektologie einerseits eine gewisse Theorieferne vor und will sie andererseits um Aspekte der Praxis ergänzen. Allerdings handelt es sich bei der Praxeologie nicht um Versuche empirischer Ausformungen, sondern um die Praxis*theorie*, d. h. man begreift die Sozialität als spezifische (Handlungs-)Praktiken von Individuen. Für die Wahrnehmungsdialektologie bedeutet dies, dass die Reflexion und in der Folge die Konzeptualisierung von Dialekten eine spezifische Praxis eines Individuums einer spezifischen Gemeinschaft ist, und diese Praxis einen Einfluss auf das Zusammenleben ausübt. Dieser Weg wurde für die Spracheinstellungsforschung auch von Purschke (2014, 2015) eingeschlagen, allerdings scheint dort Praxis oftmals mit Interaktion zu kongruieren. Die Richtung ist indes die richtige, wenngleich der letzte Schritt hin zu einer praxeologisch fundierten Wahrnehmungsdialektologie fehlt, die danach fragt, wie das „was für wahr und richtig gehalten wird, im Alltag *hergestellt* [wird, VS/TH]" (Bohnsack 2017: 59, Herv. i. Orig.). Diese Frage ist dann auch zentral für die Sprachideologieforschung (vgl. dazu einführend Busch 2019).

Kern der praxeologischen Wissenssoziologie ist darüber hinaus die Integration der Dokumentarischen Methode, die Handlungen und Wissen immer vor dem Hintergrund eines spezifischen Kontextes analysiert. Dieses Vorgehen ist zwar in der Wahrnehmungsdialektologie etabliert, allerdings fehlt hier wie so oft das theoretische Fundament, das diesen Kontext näher zu konturieren vermag. Für die Laienlinguistik im Allgemeinen hat Hoffmeister (2021a) dazu einen Versuch unternommen. Er postuliert im Anschluss an die noch immer grundlegende Studie von Gipper (1987) Sprachwelten, in denen die Sprecher leben und handeln, man könnte auch sagen: in denen sie *sind*. Diese Sprachwelten zeichnen sich unter anderem durch medial distribuierte agonale Diskurse (vgl. Felder 2013) aus, in denen das gesellschaftliche Wissen ausgehandelt wird; das Ziel der Akteure ist dabei die Selbstbehauptung, deren Versuch teilweise auch über eine inszenierte Betroffenheit (vgl. Antos 2021) sowie Singularisierungstendenzen (vgl. Reckwitz 2017) erfolgt. Es kommt also zu einem Amalgam von „subjektiv gemeintem Sinn und objektiven geistigen Erfahrungszusammenhängen" (Bohnsack 2017: 65). Das Ziel einer praxeologisch fundierten Wahrnehmungsdialektologie ist also zum einen die subjektiven und objektivierten Wissenselemente offen zu legen (individuelles Wissen und default values), zum anderen aber die übergeordneten Sinnabschnitte zu betrachten, in die die Wissenselemente eingebettet sind, um so auch gewissen normativen Erwartungen Rechnung zu tragen, denen die Subjekte ausgesetzt sind (vgl. Bohnsack 2017: 104). Der Prozess des Wissenserwerbs und der -distribution wird in diesem Zusammenhang also aufgrund der Intentionalität als Handlung bzw. als wirkende Praxis begriffen:

> Akteure reflektieren den bis zu einem bestimmten Zeitpunkt üblichen Erfahrungszusammenhang und leiten daraus eine (für den Moment) gültige Theorie ab, die möglicherweise den Anschein des Atheoretischen hat, sich aber immer noch speziellen systemisch-kollektiven Bedingungen, i. e. Sinnsystemen verpflichtet sieht.
>
> (Hoffmeister 2020b: 163)

Weitere Implikationen einer praxeologischen Wissenssoziologie sollen an dieser Stelle nicht diskutiert werden. Es sei dafür grundlegend auf die Monografie Bohnsacks (2017) sowie deren exemplarische Anwendung auf die Wahrnehmungsdialektologie in Hoffmeister (2020b: 163–165) verwiesen.

Was die Wahrnehmungsdialektologie von der Wissenssoziologie bisher übernommen hat, ist vor allem die Einsicht, dass Wissen Produkt überwiegend sozialer Repräsentationsvorgänge ist. Anders (2010: 101) fasst dies schließlich zusammen. Demnach sei das Vorgehen überwiegend sozialkonstruktivistisch. Dabei würden „nicht nur die Struktur und die Inhalte individuellen und gesellschaftlichen Wissens, sondern auch die differenzierten Vorstellungen über das Alltagswissen und seine Entstehung und Verbreitung in der Gesellschaft untersucht".

Da der Ansatz von Alfred Schütz bzw. der von Schütz & Luckmann (2003) sowie Berger & Luckmann (2013) für die Wahrnehmungsdialektologie grundlegend ist, soll er abschließend nochmals insbesondere im Hinblick auf die Ausführungen zum Zusammenhang von Gesellschaft und Sprache genauer diskutiert werden. Die Ausgangslage ist dabei die von Hundt (2017: 139) skizzierte:

> Sowohl das gesellschaftliche Wissen (und damit das allen zugänglich, gegenseitig vorausgesetzte Wissen) als auch die damit verbundene Wirklichkeit der Alltagswelt werden als Konstruktionen der handelnden Subjekte einer Gesellschaft verstanden. Da wir alle täglich kommunizieren, glauben wir auch, etwas von diesem Kommunikationsmittel, von der deutschen Sprache zu wissen.

Diesem Verständnis obliegen einige (wissens-)soziologische Grundannahmen, die Pirsching (2018: 594–598) in insgesamt fünf Problematisierungen fasst, von denen drei uneingeschränkt auch für die Anwendung in der Wahrnehmungsdialektologie tragfähig sind. Die drei Problematiken umfassen (1) das Orientierungsproblem, (2) das Wertproblem sowie (3) das Gemeinschaftsproblem.

Das Orientierungsproblem (1) schließt an die Grundstruktur des Alltäglichen an: „*Das Alltägliche ist (traditionellerweise) das Nicht-Pathologische.* Das Normale und Gesunde. Das Selbstverständliche und Gegebene. Das Zugängliche und Nicht-Transzendente. Die Basis unseres Wissens und unseres Lebens." (Prisching 2018: 591). Gerade weil die alltäglichen Lebenswelten für uns unmittelbar zuhanden sind, begegnen wir ihnen oftmals fraglos; Schütz (1974: 146) nennt dies die *Generalthesis des alter ego,* die besagt, dass „der Mensch in der relativ-natürlichen Einstellung des Alltags [...] als ein immer in eine bereits bestehende Sozialwelt hineingeborenes Wesen die Existenz seiner Mit- und Nebenmenschen darin als fraglos gegeben hinnimmt" (Schnettler 2007: 104). Der Mensch nimmt in letzter Konsequenz nicht nur die Existenz weiterer Menschen als fraglos gegeben hin, sondern alle Dinge der Umwelt, also auch die Sprache. Damit eine Reflexion über Aspekte der Sprache stattfindet, bedarf es eines Auslösers, einer kognitiven Dissonanz. Dies sind solche Situationen, in denen die bloße Akzeptanz nicht mehr reicht, weil das wahrgenommene (vgl. Abschnitt 4.2) Merkmal in einem essenziellen Maße von eigenen subjektiven Theorien abweicht (vgl. Hoffmeister 2020a). Dies führt uns zum oben genannten Orientierungsproblem (1). Weil die als fraglos hingenommene Welt nicht mehr weiter existiert und ein Infragestellen stattfindet, das aus der Inkongruenz von Wahrnehmung und Präkonzept entsteht, ist auch die (kognitiv-konzeptuelle) Ordnung der Welt in Gefahr und es droht ein Orientierungsverlust: Wir haben das Bedürfnis, mit unseren Lebenswelten vertraut zu sein (vgl. Prisching 2018: 594). In noch stärkerem Maße gilt das für die Sprache, die nicht nur Kommunikationsmittel und damit Grundbedingung für Sozialität, sondern auch Identifikations- und Identitätsfaktor ist.

Aus dem Orientierungsproblem resultiert gewissermaßen das Wertproblem (2). Weil die sonst übliche Ordnung nicht mehr recht stabil ist, werden auch die eigenen Werte hinterfragt, was die Ordnungslosigkeit weiterhin katalysiert. Die Unsicherheit drückt sich auch sprachlich aus. Dies zeigt sich auch im Umgang mit Zweifelsfällen (vgl. Schmitt, Szczepaniak & Vieregge 2019) bzw. der nach wie vor hohen Nachfrage nach Beratungsangeboten z. B. Sprachratgebern. In Bezug auf Dialekte wird das Wertproblem in ein Normbedürfnis überführt: Gutes Deutsch ist am Standard orientiertes Deutsch (vgl. Beuge 2019). Sprachideologien und Spracheinstellungen unterschiedlichster Art (vgl. Busch 2019;

Soukup 2019) stellen die Werte dar, die Orientierung in einer vielfältigen und dadurch strukturlos wirkenden Welt bieten sollen. Diese Werte, die Ausdruck von einer (Sprach-)Identität sind, drücken den Versuch der Konturierung von Gemeinschaft aus, sodass ein Wertverlust zum Verlust von Gemeinschaft(sgefühl) und damit zur Gemeinschaftsproblematik (3) führt. Auch wenn Reckwitz (2017) Singularisierungstendenzen innerhalb der Gesellschaft, d. h. das Bedürfnis nach Einzigartigkeit, diagnostiziert, so zielt dies bloß auf unsere Rolle *innerhalb* einer Gemeinschaft ab: Wir wollen individuell sein und aus der Masse von Menschen herausstechen, um wahrgenommen zu werden, allerdings nicht den Schutz und den Gemeinsinn der Gesellschaft vermissen – die Corona-Pandemie hat dies einmal mehr eindrücklich vergegenwärtigt. Sprache ist allerdings ein Politikum – die unterschiedlichen, sich zum Teil gegenseitig ausschließenden und unvereinbar gegenüberstehenden Sprachideologien und Spracheinstellungen führen zur fortlaufenden Politisierung der Sprache. Unterschiedliche Sprachideologien und Spracheinstellungen, individuelle Adäquatheitsurteile, die zunächst neutral als Divergenzen bestimmbar sind, führen in der Konsequenz häufig zum Gefühl der Ungeborgenheit und Einsamkeit (vgl. Prisching 2018: 596) in Bezug auf die für die eigene Identität wichtige Sprache. Um dieser Entfremdungsgefahr entgegenzuwirken, nehmen die Definition sprachlicher Normen und deren Einhaltung eine immer wichtige Rolle ein – das (Sprach-)Normbedürfnis linguistischer Laien, das auch für die Wahrnehmungsdialektologie ein zentrales Muster ist, leitet sich aus dem Orientierungsproblem (1), dem Wertproblem (2) sowie dem Gemeinschaftsproblem (3) ab. Das Orientierungsproblem zielt darauf ab, dass linguistische Laien ein Bedürfnis haben, sich in ihrer eigenen Sprache und damit einhergehend auch in ihrer eigenen Welt orientieren zu können; mit anderen Worten: Sie sollen wissen und verstehen, wie Sprache, die sie betrifft, funktioniert und welche Dinge sprachlich von ihnen erwartet werden. Das Wertproblem meint das Aufeinandertreffen unterschiedlicher ideologischer Systeme, die sich in Sprache manifestieren können. Damit sind zum einen sprachliche Wertsysteme gemeint (z. B. Verständlichkeit vs. Eloquenz) und zum anderen politische Ideologien, die bspw. im Diskurs über Sinn und Unsinn einer gendergerechten Sprache erkennbar werden. Das Gemeinschaftsproblem zielt auf die Beschreibung von Sprache als soziale Tatsache ab und ist in gewisser Weise das Resultat aus den Punkten (1) und (2). Hierbei kommt es auf die gemeinschaftsstiftende Funktion von Sprache an, die zu einer (gemeinsamen) Identitätsbildung führt (oder zumindest führen kann).

Die Sprache ist, so Schütz & Luckmann (2003: 668, Herv. i. Orig.) zusammenfassend,

> das hauptsächliche Mittel des gesellschaftlichen Aufbaus jeder *menschlichen* Wirklichkeit; sie ist aber auch das Hauptmedium der *Vermittlung* einer bestimmten, also geschichtlichen, gesellschaftlich schon aufgebauten Wirklichkeit. Unter beiden Aspekten ist die Sprache wesentlich, als quasi-ideales Zeichensystem ist sie die Voraussetzung zur Entsubjektivierung, d. h. zur geschichtlich-gesellschaftlichen Bestimmung der subjektiven Orientierung des einzelnen in seiner Lebenswelt.

Daraus geht auch hervor, weshalb die Wahrnehmungsdialektologie die theoretisch-fundamentalen Anleihen ausgerechnet bei der konstruktivistisch ausgerichteten Wissenssoziologie vorgenommen hat, weil nämlich die Repräsentation von Dialekten in den Köpfen komplementär zur gesellschaftlichen Konstruktion von Wirklichkeit anzusehen ist und Sprach- und Dialektthematisierung immer im Kontext gesellschaftlicher Zusammenhänge und Diskurse stattfindet.

4.4 Raummodelle: Objektive Räume und deren subjektive Repräsentation

Die Bezugsgröße für die in Abschnitt 4.1 bis 4.3 dargestellten Konzepte ist in der Wahrnehmungsdialektologie die Einheit *Raum*. Die Auseinandersetzung mit dem *Raum* beginnt bereits in der Antike (vgl. Platon 1992; Aristoteles 1998) und ist in den verschiedenen aktuellen Forschungsdisziplinen (Soziologie, Philosophie u. a.) immer noch ein wichtiger und viel diskutierter Bereich (vgl. Dünne & Günzel 2010; Günzel 2010; Kaminske 2012; Löw 2017; Rau 2013; Schroer 2012 & 2019). Ab dem 17. Jahrhundert entstanden vor allem in den Naturwissenschaften sowie in der Philosophie wegbereitende Schriften zur Kategorie *Raum* (vgl. Newton 1687/1872; Leibniz 1765/1873; Kant 1781/1965; Simmel 1908/1992). In der deutschen Sprachwissenschaft konkretisierten sich spezifische Raumkonzepte erst mit der Herausbildung und Fundierung der Dialektologie[54] als wissenschaftlicher Disziplin. So forderte Leibniz die Gelehrten bereits um 1700 auf, *peculiares suae regionis voces*[55] zu dokumentieren (vgl. Besch 1982: 6). In der Folge entstehen erste Wörterlisten und Sammlungen von eigentümlichen[56] Ausdrücken, die spezifisch für eine bestimmte Region sind und deshalb einer Übersetzung bedürfen. Mit der Etablierung der Dialektologie als eigenständiger Forschungsdisziplin zu Beginn des 19. Jahrhunderts (vgl. Besch 1982: 13) musste auch der (Sprach-)Raum als Forschungsgegenstand definiert werden. Die Dialektologen bzw. später auch die Wahrnehmungsdialektologen nutzen hierfür die Raumkonzepte aus anderen Wissenschaftszweigen und formen diese nach ihren Kriterien um (vgl. hierzu z. B. Anders 2010: 82–88; Purschke 2011: 37–45; Lameli 2015).

Maßgeblich sind vor allem die Raumkonzepte aus den Natur- und Geisteswissenschaften, die zwei grundlegende, in Opposition zueinanderstehende Raumbilder voneinander unterscheiden: Zum einen wird der *absolute Raum* angenommen, der unabhängig von den Körpern existiert und wie ein Container strukturiert ist, „in dem Dinge und Menschen aufgenommen werden können und ihren festen Platz haben" (vgl. Schroer 2019: 13). Zum

---

54 „Unter Dialektologie verstehen wir die Abteilung der Areallinguistik, die die diatopische Erforschung von Dialekten zur Aufgabe hat. Ihr Arbeitsinstrument ist die Sprachkarte" (Goosens 1977: 23). Vgl. hierzu auch die Einführungen von Löffler (2003) und Niebaum & Macha (2014).
55 Die sprachlichen Besonderheiten („peculiares voces") seiner [d. h. der eigenen] Region („suae regionis") sollen dokumentiert werden.
56 Das Wort „eigentümlich" steht in diesem Kontext für etwas, „was in der Schriftsprache nicht allgemein bekannt ist, und mit einer Erklärung für jedermann belegt werden muß" (Fulda 1788: A3).

anderen wird ein *relationales Raummodell* vertreten, in dem der Raum als etwas „Gemachtes" erscheint: „Körperliche Objekte und ‚Raum' bilden einen unauflösbaren Zusammenhang. Innerhalb dieses ‚Raumes' sind ‚Orte' jeweils durch die relationale Lage körperlicher Objekte gegeben" (Läpple 1991: 189). Während der absolute Raum eher als geschlossen, physisch-materiell und statisch angenommen wird, ist der relationale Raum von den Individuen konstruiert und deshalb dynamisch (vgl. Schroer 2019: 11): „Beide Raumbegriffe sind freie Schöpfungen der menschlichen Phantasie, Mittel ersonnen zum leichteren Verstehen unserer sinnlichen Erlebnisse" (Einstein 1960: XIII).

Um nachvollziehen zu können, wie diese beiden Raumkonzeptionen für die Variationslinguistik, besonders für die Wahrnehmungsdialektologie anwendbar gemacht werden können, wird ein kurzer chronologisch-interdisziplinärer Überblick zum Raumdiskurs gegeben. Es wird sowohl die Herausbildung und Entwicklung des absoluten als auch des relationalen Raumkonzepts dargestellt und beide im Rahmen einer Synthese auf die (Wahrnehmungs-)Dialektologie übertragen.

4.4.1 Raumkonzeptionen in der Physik, Philosophie und Soziologie

Erste Konzeptionen von einem physischen Raum entstanden schon in der Antike, so entwickelt Platon (427–347 v. Chr.) im *Timaios* eine Theorie des Raums. Hier fungiert der Raum als dritte Kategorie neben den beiden Kategorien des *Werdens* und *Seins* (vgl. Schroer 2012: 31). Der Raum bietet allem Werdenden eine Stätte, entzieht sich jedoch zugleich der Wahrnehmung. Aristoteles (384–322 v. Chr.) greift diese Theorie in seiner Kategorienlehre auf und entwickelt eine Vorstellung vom Raum als Gefäß. Diese Gefäß-Metapher prägt auch die Raumvorstellungen der folgenden Jahrhunderte (vgl. Schroer 2012: 31).

Im 17. Jahrhundert entwickelte sich auch eine relativistische Sicht auf den Raum, vertreten u. a. durch Leibniz (1646–1716) und Huygens (1629–1695), die der absoluten Sichtweise, u. a. von Newton (1643–1727) und Clarke (1675–1729) entgegenstand. In seinem Werk *Mathematische Prinzipien der Naturlehre* (Philosophiae Naturalis Principia Mathematica) (1687) beschreibt Newton sowohl einen *absoluten* als auch einen *relativen* Raum:

> Der absolute Raum bleibt vermöge seiner Natur und ohne Beziehung auf einen äussern Gegenstand stets gleich und unbeweglich. Der relative Raum ist ein Maass oder ein beweglicher theil des erstern, welcher von unsern Sinnen, durch seine Lage gegen andere Körper bezeichnet und gewöhnlich für den unbeweglichen Raum genommen wird. Z. B. ein Theil des Raumes innerhalb der Erdoberfläche; ein Theil der Atmosphäre; ein Theil des Himmels, bestimmt durch seine Lage gegen die Erde. Der absolute und relative Raum sind dasselbe an Art und Grösse, aber sie bleiben es nicht immer an Zahl. Bewegt sich z. B. die Erde, so ist der Raum unserer Atmosphäre, welcher in Bezug auf unsere Erde immer derselbe bleibt, bald der eine, bald der andere Theil des absoluten Raumes, in welchen die Atmosphäre übergeht und ändert sich so beständig.
>
> (Newton 1687/1872: 2526)

Die Existenz des absoluten Raumes ist nicht an die Existenz in ihm befindlicher materieller Körper gebunden. Anders formuliert würde der absolute Raum auch dann weiterbestehen, wenn sich keinerlei Körper in ihm befänden. Zudem entzieht er sich der Beobachtung bzw. Wahrnehmung der Individuen, da er als „Sensorium der Gottheit" (Jammer 1960: 139) bzw. nach Cassirer (1969: 155) „als absolute[s] Attribut Gottes" fungiert. Demzufolge kann nur Gott den absoluten Raum erkennen:

> Er ist weder die Ewigkeit noch die Unendlichkeit, aber er ist ewig und unendlich; er ist weder die Dauer noch der Raum, aber er währt fort und ist gegenwärtig; er währt stets fort und ist überall gegenwärtig, er existirt stets und überall, er macht den Raum und die Dauer aus. [...] Es ist klar, dass der höchste Gott nothwendig existire, und vermöge derselben Nothwendigkeit existirt er *überall* und *zu jeder Zeit*.
> (Newton 1687/1872: 509–510)

Die menschliche Wahrnehmung beschränkt sich hingegen nur auf den scheinbaren, relativen Raum, der jedoch einen Teil des wahren, absoluten Raumes bildet (vgl. Schroer 2012: 36).

Leibniz wendet sich gegen diese absolutistische Raumvorstellung Newtons und geht stattdessen von einem relativistischen Raumkonzept aus, in dem der Raum keine substanzielle Realität besitzt (vgl. Schroer 2012: 39; Cassirer 1969: 155). D. h., der Raum ist für Leibniz nicht dinglich existent, sondern eine rein ideale Ordnungsform (vgl. Cassirer 1969: 155). Der Raum ist eine „Ordnung des Beisammenseins" (Cassirer 1969: 157), der sich aus den Relationen der Körper zueinander ergibt:

> Und wie die Körper von einer Stelle des Raumes zur andern übergehen, nämlich in ihrer Ordnung untereinander wechseln, so gehen auch die Dinge von einer Stelle der Ordnung oder der Zahl zur andern über, wenn z.B. das erste das zweite wird und das zweite das dritte u. s. w. In der That sind Zeit und Raum nur Weisen der Ordnung [...].
> (Leibniz 1873: 101)

Je nach Blickwinkel bzw. Perspektive des Beobachters verändert sich die Gestalt des relativen Raumes, folglich ist die Lage eines Körpers nur in Relation zu einem anderen Körper ableitbar[57] (vgl. Schroer 2012: 40):

> Und wie eine und dieselbe Stadt von verschiedenen Seiten betrachtet ganz anders und gleichsam perspektivisch vervielfacht erscheint, so kommt es auch, daß es infolge der unendlichen Vielheit der ein-

---

[57] „Nun bewirkt diese Verbindung oder Anpassung aller geschaffenen Dinge an jedes und eines jeden an alle anderen, daß jede einfache Substanz Beziehungen hat, die alle anderen ausdrücken, und daß sie folglich ein immerwährender Spiegel des Universums ist" (Leibniz 1714/2012: 41).

fachen Substanzen ebenso viele verschiedene Universen gibt, die dennoch nur die unterschiedlichen Perspektiven eines einzigen gemäß den verschiedenen Gesichtspunkten jeder Monade[58] sind.

(Leibniz 1714/2012: 41, 43)

Die absolutistische Raumvorstellung Newtons und die relativistische Raumvorstellung Leibniz' bilden die Ausgangsbasis für weitere Konzepte. So basiert Kants (1724–1804) Raumvorstellung auf der Kritik an diesen beiden Konzepten. Raum versteht er als eine „Form aller Erscheinungen äußerer Sinne, d. i. die subjektive Bedingung der Sinnlichkeit, unter der allein uns äußere Anschauung möglich ist" (Kant 1781/1965: 70), die der empirischen Wahrnehmung *a priori* zugrunde liegt (vgl. Schroer 2012: 42). Dieser wird allein in der Vorstellung des jeweiligen Betrachters geschaffen und ist nur innerhalb der eigenen subjektiven Perspektive für das Individuum erfahrbar. Der Raum fungiert als Ordnungsstruktur der Wahrnehmung und ist dieser zeitlich vorgelagert im Sinne eines räumlichen Apriories:

> Der Raum ist eine notwendige Vorstellung a priori, die allen äußeren Anschauungen zum Grunde liegt. Man kann sich niemals eine Vorstellung davon machen, daß kein Raum sei, ob man sich gleich ganz wohl denken kann, daß keine Gegenstände darin angetroffen werden.
>
> (Kant 1781/1965: 67)

Während in der Physik und Philosophie eher die Struktur des Raumes als absolut oder relativ im Vordergrund steht, sieht die Soziologie den Raum als „etwas sozial Hergestelltes" (Schroer 2019: 11) an und rückt das Individuum und damit den relativen Raum stärker in den Fokus.

In seiner *Soziologie* (1908/1992)[59] widmet sich Simmel (1858–1918) ausführlich der Raumproblematik und geht auch auf die Rückwirkungen des Raumes auf das Soziale, also auf „das Leben und die Form der sozialen Gruppen" (Schroer 2012: 63) ein. Soziologische Relevanz erhält der Raum erst durch das soziale Geschehen in ihm und die daraus resultierenden Wechselwirkungen. Durch diese „seelischen Inhalte" (Simmel 1908/1992: 688) wird der Raum sozial konstruiert als „Tätigkeit der Seele [...], nur die menschliche Art, an sich unverbundene Sinnesaffektionen zu einheitlichen Anschauungen zu verbinden" (Simmel 1908/1992: 688–689). Darauf aufbauend leitet Simmel fünf *Grundqualitäten des Raumes*[60] (vgl. Simmel 1908/1992: 687–790) ab. So unterscheidet er zwischen natürlichen

---

[58] „1 Die Monade, von der wir hier sprechen werden, ist nichts anderes als eine einfache Substanz [...], einfach heißt: ohne Teile. [...] 3 [...] Und diese Monaden sind die wahren Atome der Natur oder, mit einem Wort, die Elemente der Dinge" (Leibniz 1714/2012: 11).

[59] Das Kapitel „Der Raum und die räumliche Ordnung der Gesellschaft" in Simmels „Soziologie" (1908/1992) gilt als Basis für die Auseinandersetzung der Soziologie mit der Thematik „Raum" (vgl. Schroer 2012: 60).

[60] Zu den Grundqualitäten des Raumes zählen die *Ausschließlichkeit*, die *Einrahmung durch Grenzen*, die *Fixierung*, die *sinnliche Nähe* und die *Bewegung* (vgl. Simmel 1908/1992: 687–790).

Grenzen (z. B. Gebirgszüge und Wasserscheiden) sowie unnatürlichen Grenzen (z. B. politische Grenzen), „die nur eine geometrische Linie zwischen zwei Nachbarn legen" (Simmel 1908/1992: 689). Im Gegensatz zu natürlichen Grenzen sind politische Grenzen relativ leicht aufhebbar und wirken erst, wenn eine psychologische Grenzsetzung stattgefunden hat. Das bedeutet, dass die Individuen diese unnatürliche Grenzziehung wahrnehmen und nach ihr handeln müssen, indem sich soziale Gruppen auf emotionaler Ebene voneinander entfernen und neue Gruppen nach innen bilden. Geschieht dies nicht, bleibt die Grenze wirkungslos.

Es kann festgehalten werden, dass das absolutistische Raumkonzept Newtons und das relativistische Raumkonzept Leibniz´ die Grundlage zahlreicher jüngerer Raumtheorien bilden und dementsprechend die Vorstellungen von Raum bis heute prägen. Während der absolute Raum (auch Behälter-Raum oder Container-Raum) unveränderlich und von äußeren Einflüssen unabhängig ist, sich jedoch der Wahrnehmung der Individuen entzieht, ist der relative Raum immer von der Perspektive des Betrachters, der ihn wahrnimmt, abhängig und strukturiert sich aus der jeweiligen Relation der Körper zueinander. Die Grenzen, die die Struktur des Raumes prägen, können natürlich oder unnatürlich sein, wobei letztere erst auf emotionaler Ebene wirksam werden müssen, um als Grenze zu fungieren.

4.4.2 Raumkonzepte in der Dialektologie

> Professionelle und nicht-professionelle Sprachbetrachter sind sich einig: Sprache ist an den geografischen Raum gebunden. In der Sprachwissenschaft bzw. den Philologien hat sich schon in frühester Zeit eine Teildisziplin entwickelt – die Dialektologie –, deren primäres Ziel die Erforschung der arealen Distribution sprachlicher Merkmale ist [...].
>
> (Auer 2004: 149)

Die Erforschung der Strukturen des (Sprach-)Raums bzw. nach Auer die „areale Distribution sprachlicher Merkmale" bildet die Hauptaufgabe der Dialektologie. Indem die Grenzstrukturen bzw. Isoglossen eruiert und nachgezeichnet werden, soll die räumliche Struktur einer Varietät sichtbar gemacht werden. Die Gestalt der (Sprach-)Räume ist, je nach dialektologischer Teildisziplin, verschieden und die Erhebungsmethoden müssen disziplinspezifisch angewendet werden. So strebten die Vertreter der traditionellen Dialektologie, u. a. Schmeller (1785–1852) und Wenker (1852–1911), zunächst die Darstellung trennscharfer Dialektgrenzen und klar strukturierter Dialekträume an:

> Als ich vor neun Jahren die Mundarten meiner Heimatprovinz in Untersuchung zog, [...] lebte ich noch in der schönen und beruhigenden Überzeugung, diese Charakteristika müßten ganz oder nahezu ganz einträchtiglich zusammengehn und so eine klare Dialektgrenze ergeben, der zufolge jeder Ort entweder dem einen oder dem andern Dialektgebiete zugewiesen werden könnte. Jene Voraussetzung erwies sich bald genug als eine durchaus irrige, die Grenzen der vermeintlichen Charakteristika liefen eigensinnig ihre eigenen Wege und kreuzten sich oft genug.
>
> (Wenker 1886: 189–190)

Dialekt wurde „als ein zumeist homogenes Subsystem" (Putschke 1983: 234) definiert und ein „strikte[s] Raumprinzip" (Putschke 1983: 236), im Sinne eines absoluten Raumverständnisses vertreten (vgl. Schröder 2019: 28). Dieses strikte Raumprinzip kann auch in der *Deutschen Mundartforschung* von Bach (1950: 80–81) abgeleitet werden:

> [S]o stellen unsere Mda-Grenzen (,Linienbündel') Verkehrsgrenzen dar, die Kernlandschaften aber sind Gebiete verhältnismäßig einheitlichen landschaftlichen Verkehrs [...]. [...] Wenn wir nach den Kräften forschen, die sie ausgeformt haben und zusammenhalten, so finden wir, daß es sich nicht selten um staatliche Organisationsräume des späteren Mittelalters und der frühen Neuzeit handelt, also um die Territorien, die in einem Zeitalter strenger Gebundenheit und schlechter Verkehrsverhältnisse, vor allem aber mangelnder Freizügigkeit, eine außerordentliche Macht über die Verkehrsbeziehungen der in ihnen lebenden Menschen besaßen.
>
> (Bach 1950: 80–81)

Bach vertritt hier die These, dass extralinguistische Grenzen die Kommunikation zwischen den Sprechergruppen behindern können und dies wiederum dazu führt, dass die notwendigen Akkomodationsprozesse[61] zwischen den Sprechern nicht mehr stattfinden können. Folglich prägen sich an den Verkehrsgrenzen neue Dialektgrenzen aus. Auer (2004: 161–162) verweist zu Recht auf die Unplausibilität dieser Modellvorstellung und erklärt, dass Dialektgrenzen auch dann noch weiterbestehen, wenn die ursprünglichen extralinguistischen Grenzen längst nicht mehr existieren und die Akkomodationsprozesse ungehindert stattfinden könnten. In diesen Fällen würde die Wirkung der politischen Grenze auf das Verhalten der Sprecher dann noch erhalten bleiben, wenn diese nicht mehr existiert. Auer stellt dementsprechend klar:

> Es sind also nicht die faktischen Verkehrsgrenzen, sondern der Raum als mentales Konstrukt, der die Wahrnehmung sprachlicher Variabilität steuert und gegebenenfalls auch in der sprachlichen Produktion sprachliche Grenzen (Isoglossen) bewahrt oder sogar aufbaut. Allenfalls können natürliche oder politische Grenzen für diese mentalen Raumkonzepte auslösend sein, nicht aber für die sprachlichen Divergenzen im Raum selbst.
>
> (Auer 2004: 162)

Auers Grenzkonzept stimmt in Zügen mit Simmels Konzept überein (vgl. hierzu Kapitel 5.1.1), der die Wirksamkeit von unnatürlichen Grenzen, z. B. politischen Grenzen, davon abhängig macht, ob diese auch emotional-psychologisch bzw. kognitiv von den Individuen wahrgenommen werden. Anders formuliert bleiben unnatürliche Grenzen so lange wirkungslos wie sie von den Individuen nicht als (emotionale) Begrenzung wahrgenommen werden und dementsprechend ihr Handeln im Raum beeinflussen. Ebenso geht Auer davon aus, dass der (Sprach-)Raum durch die in ihm befindlichen natürlichen und unna-

---

[61] Unter *Akkomodation* wird der „Prozess der wechselseitigen Anpassung der Gesprächspartner" (Riehl 2013: 388) verstanden.

türlichen Grenzen mental konstruiert wird. Dieses mentale Konstrukt, dass bei jedem Sprecher individuell ist, prägt wiederum dessen (Sprach-)Handeln (vgl. Auer 2004: 160).

Diese Erkenntnisse können auch auf die Ausprägung sprachlicher Isoglossen an politischen Grenzen übertragen werden (vgl. hierzu z. B. Palliwoda & Sauer & Sauermilch 2019). Demnach können z. B. Ländergrenzen erst dann auf die betroffenen Sprecher wirken, wenn diese sich emotional-psychologisch voneinander abgrenzen und neue Sprechergruppen, z. B. mit dem eigenen politischen Hinterland bilden. Das bedeutet, dass politische Ländergrenzen nur dann neue Isoglossen hervorbringen, wenn diese von den jeweiligen Sprechern und ihrem veränderten (Kommunikations-)Verhalten evoziert werden (vgl. Sauer 2018: 10, 20–23).

Mit der Einführung der Wahrnehmungsdialektologie als wissenschaftlicher Disziplin im deutschsprachigen Raum in den 1980er Jahren (vgl. Ammon 1983; Diercks 1988; Kremer 1984; Macha & Weger 1983; Steinig 1982) standen nun die Sprecher und deren Wahrnehmung des Sprachraumes als konstituierende Elemente im Vordergrund (vgl. Schröder 2019: 29). Im Hinblick auf die Strukturierung des (wahrnehmungsdialektologischen) Raums schlägt Anders (2010: 97) vor, in Anlehnung an die humangeografische Raumgliederung (vgl. Knox & Marston 2001: 38), drei Dimensionen des Sprachraumes zu unterscheiden: die *absolute* Dimension, die *relative* Dimension sowie die *kognitive* Dimension. Die absolute Dimension des Sprachraumes kann z. B. mittels einer Analyse von objektiven, dialektgeografischen Sprachdaten erfasst werden, wohingegen die Beschreibung der relativen Dimension eine Analyse der „infrastrukturelle[n], ökonomische[n], politische[n] und soziale[n] Faktoren" (Anders 2010: 97) erfordert. Die Wahrnehmungen, Meinungen und Wertvorstellungen der Sprecher konstituieren hingegen die kognitive Raumdimension (vgl. Anders 2010: 97–98).

Nach Purschke (2011: 43) wird der Sprachraum durch „linguistisch-objektive" Grenzen strukturiert, also „Grenzen zwischen Varietäten, die Ausdruck eines konsistenten Gruppenverhaltens sind und über eine messbare kommunikative Reichweite verfügen" (Purschke 2011: 43) sowie „individuell-subjektive" Grenzen, im Sinne von „kognitiv eigenständigen Sprachraumkonzepten, die Ausdruck einer sozial-funktionalen[62] wie situativ-attitudinalen[63] Normativität sind" (Purschke 2011: 44). Während das Auftreten von Isoglossenbündeln sowie Synchronisierungsproblemen auf die linguistisch-objektive Eigenständigkeit eines Sprachraumkonzeptes hindeutet, ist die perzeptive Distinktheit, d. h. die bewusste Unterscheidung zwischen zwei oder mehreren Räumen in der Wahrnehmung der Sprecher, das Kriterium für die individuell-subjektive Grenzziehung. In beiden Raumkonzeptionen spielt sowohl der absolute Raum, der sich der Wahrnehmung der Individu-

---

[62] Als Indikatoren zur Beschreibung des Kriteriums *sozial-funktionale Normativität* nennt Purschke die *Situationsinterpretation* sowie die *Pertinenz* (vgl. Purschke 2011: 43).
[63] Hier nennt Purschke die *Verständlichkeit* sowie die *Gruppenidentität* als Indikatoren zur Beschreibung des Kriteriums *situativ-attitudinale Normativität* (vgl. Purschke 2011: 43).

en entzieht, als auch der relative Raum, der von der Perspektive des jeweiligen Betrachters abhängig ist, eine Rolle.

Lameli (2015: 62–63) definiert (Sprach-)Räume als „mentale Konstrukte", die als „Resultat der individuellen Wahrnehmung immer nur vermeintlich, d. h. subjektiv real [sind, VS/TH], wenngleich sie durchaus konkret in Folge vermittelter, d. h. durch Wahrnehmung veranlasster Handlungskonsequenzen auf die Realität der Menschen rückwirken". Dieser Prozess wird von Schmidt & Herrgen (2011: 28) als „Synchronisierung"[64] bezeichnet und ist gewissermaßen der Motor der Sprachdynamik[65]. Die Sprecher wenden unbewusst Optimierungsstrategien in der Interaktion mit anderen Sprechenden an, um z. B. besser verstanden zu werden oder effizienter kommunizieren zu können. Deshalb synchronisieren die Sprechenden ihr Wissen bzw. ihre individuellen Kompetenzen ständig in der Einzelinteraktion („Mikrosynchronisierung") (vgl. Schmidt & Herrgen 2011: 29–30). Dieser individuelle Kompetenzausgleich wirkt sich auch auf die Sprechergruppe, in der vorwiegend kommuniziert wird, aus. Es kommt zur „Herausbildung gruppen- und situationsspezifischer sprachlicher Konventionen" (Schmidt & Herrgen 2011: 37). Auf der Ebene der Gesamtsprache, z. B. der deutschen Standardsprache, findet schließlich die sog. „Makrosynchronisierung" statt, also die Ausrichtung der Sprachgemeinschaft an einer gemeinsamen Norm (vgl. Schmidt & Herrgen 2011: 32–34).

Zwischen den Variablen *Sprachraum* und *sprachlichem Handeln* besteht folglich eine wechselseitige Abhängigkeitsbeziehung: Zum einen ist sprachliches Handeln immer an einen spezifischen geografischen bzw. absoluten Sprachraum gebunden[66], in dem es stattfindet. Vor allem da die Kommunikationsdichte meist eine Funktion räumlicher Nähe ist (vgl. Schmidt & Herrgen 2011: 59). Zum anderen wirkt sich das sprachliche Handeln der Individuen und Sprechergruppen im Rahmen von Synchronisierungsakten auf die Struktur des Sprachraumes aus. Dieser ist also nicht statisch und von den in ihm lebenden Individuen unabhängig, sondern dynamisch und durch das sprachliche Handeln in ihm beeinflusst. Für die Dialektologie bzw. Wahrnehmungsdialektologie können dementsprechend zwei grundlegende Raumkonzepte abgeleitet werden, ein „objektiver" und ein „subjektiver" Raum.

---

[64] Synchronisierung ist zu definieren als der „Abgleich von Kompetenzdifferenzen im Performanzakt mit der Folge einer Stabilisierung und/oder Modifizierung der beteiligten aktiven und passiven Kompetenzen" (Schmidt & Herrgen 2011: 28).

[65] „Unter Sprachdynamik verstehen wir daher die Wissenschaft von den Einflüssen auf die sich ständig wandelnde komplexe Sprache und von den sich daraus ergebenden stabilisierenden und modifizierenden Prozessen" (Schmidt & Herrgen 2011: 20).

[66] Natürlich läuft die Kommunikation unter den Sprechern heute immer häufiger unter räumlicher Distanz ab. Allerdings sind die Mesosynchronisierungen, also der sprachliche Abgleich zwischen Mitgliedern einer Sprechergruppe, kaum ohne räumliche Nähe der Beteiligten möglich. Schmidt & Herrgen (2011: 58) sprechen in diesem Zusammenhang von einem sprachlichen Raum-Apriori (vgl. hierzu auch Kapitel 4.4.1).

4.4.3 Synthese

Das dieser Einführung zugrundeliegende (Sprach-)Raumkonzept[67] geht von zwei gleichzeitig nebeneinander existierenden Räumen aus, dem „Operationsraum" und dem „Perzeptionsraum" (vgl. Sauer 2018: 15). Der Operationsraum kann auch als „objektiver Raum" bezeichnet werden, der sich der Wahrnehmung der in ihm lebenden Individuen entzieht. Hierin liegt eine Gemeinsamkeit mit dem absoluten Raum nach Newton (vgl. hierzu Kapitel 4.4.1), der aber nicht unabhängig von äußeren Einflüssen existiert (vgl. Sauer 2018: 15). Der Perzeptionsraum oder auch „subjektive Raum" wird vollständig durch die individuelle Wahrnehmung des jeweiligen Sprechers konstruiert und strukturiert und stellt ein perspektivisch, selektiv und ggf. verzerrt wahrgenommenes Abbild des Operationsraums dar.

Veränderungen in der Wahrnehmung des Individuums (resultierend aus Synchronisierungsakten, vgl. hierzu Kapitel 4.4.2) können wiederum zu einer Strukturänderung des Perzeptionsraums führen. Daraus können Modifikationen des sprachlichen Handelns des Sprechers resultieren, die im Operationsraum wirksam werden, da nur hier Kommunikation und Synchronisation stattfinden. Zwar hat die Wahrnehmung des Sprechers prinzipiell keinen Einfluss auf den Operationsraum, allerdings führt das modifizierte (sprachliche) Handeln der Sprecher zu Strukturänderungen innerhalb des objektiven Raumes. Aus diesen Überlegungen können folgende Definitionen abgeleitet werden:

> Der Operationsraum oder auch objektive Raum ist der Raum, in dem die Sprecher agieren bzw. kommunizieren und er besteht unabhängig von der Wahrnehmung des jeweiligen Individuums. Der Perzeptionsraum oder auch subjektive Raum ist die perspektivische, selektive und ggf. auch verzerrte Wahrnehmung des Operationsraumes durch das Individuum. Seine Struktur ist direkt abhängig von der individuellen Wahrnehmung.
>
> (Sauer 2018: 16)

---

[67] Das hier vorgestellte Konzept ist nicht nur auf den Sprachraum anwendbar, sondern auch für andere Wissenschaftsbereiche nutzbar.

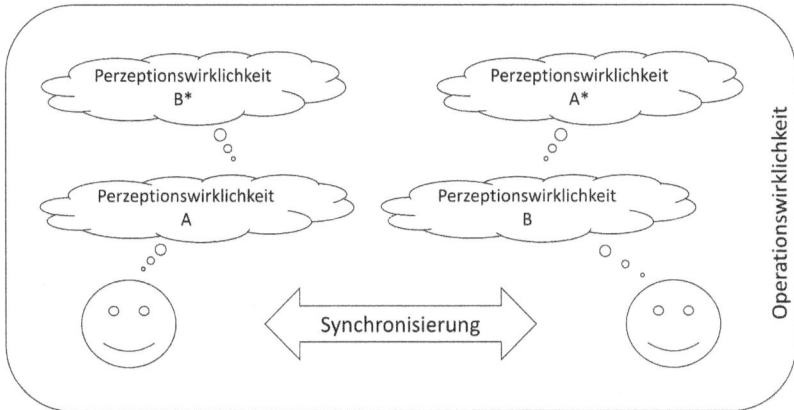

Abb. 11: Verknüpfung der Perzeptionsräume durch Synchronisierung.

Durch Synchronisierung erhalten die Sprecher Einblick in den Perzeptionsraum des jeweiligen Kommunikationspartners (vgl. hierzu Abb. 11). Dies geschieht über die Rückmeldungen, die Sprecher A von Sprecher B (bzw. umgekehrt) innerhalb des Kommunikationsaktes erhält. Sprecher A kann so sein Sprachnormwissen sowie seine Spracheinstellungen mit denen von Sprecher B abgleichen und ggf. modifizieren. Allerdings ist die Wahrnehmung des Perzeptionsraumes von Sprecher B durch Sprecher A nur perspektivisch, selektiv und ggf. verzerrt.

Beispielsweise könnte der Sprecher A, der ein Zungenspitzen-R bzw. ein „gerolltes" R spricht, von Sprecher B als Rückmeldung ein Grinsen erhalten oder auch den Kommentar: „Du sprichst das R ja lustig aus!" Sprecher A könnte daraus ableiten, dass das Zungenspitzen-R für Sprecher B ein auffälliges Merkmal ist, weil es ggf. im Kommunikationsradius von B nicht häufig vorkommt und dementsprechend für B eine Abweichung von der Norm darstellt (Informationen über das Sprachnormwissen von B). Darüber hinaus kann A ableiten, dass B das alveolar gebildete R als „lustig" empfindet (Information über die Spracheinstellung von B). A gleicht nun sein Sprachwissen bzw. seine Einstellungen mit denen von B ab und gelangt zu dem Urteil, in der Kommunikation mit B das Zungenspitzen-R besser zu vermeiden, um nicht „ausgelacht" zu werden. Jedoch ist die Wahrnehmung des Perzeptionsraums von B durch A verzerrt, weil B das alveolar gebildete R bei A sympathisch findet und deshalb gerne hört.

Durch die Synchronisierung untereinander können die Sprecher zum einen die Perzeptionsräume ihrer Kommunikationspartner eruieren und zum anderen durch ihr sprachliches Handeln den Operationsraum neu strukturieren.

Tab. 3: Raumkonzepte in der Dialektgeografie und Wahrnehmungsdialektologie.

	Dialektgeografie	Wahrnehmungsdialektologie
Zugrunde liegendes Raumkonzept	Operationsraum	Perzeptionsraum
Konstitution von Grenzen auf Basis	Linguistisch-objektiver Daten (z. B. aus Variablenanalyse)	Individuell-subjektiver Daten (z. B. aus Hörerurteilstests)
Dynamik bedingt durch	Sprachliches Handeln	Individuelle Wahrnehmung & Handlung

Operations- und Perzeptionsraum sollen nun in einem letzten Schritt den dialektologischen Teildisziplinen zugeordnet werden (vgl. hierzu Tab. 3): Der Operationsraum, der durch das Auftreten von Isoglossenbündeln „linguistisch-objektiv" (Purschke 2011: 43) definiert werden kann, ist zentraler Gegenstand der Dialektgeografie, die ihren Fokus auf „die geografische Verteilung der Sprechweisen" (Hundt 2018: 99) legt. In der Wahrnehmungsdialektologie, die sich mit dem „Blick des linguistischen Laien auf Dialekte/Regiolekte und deren Sprecher" (Hundt 2018: 100) beschäftigt, steht der Perzeptionsraum im Mittelpunkt. Dieser konstituiert sich auf Basis „individuell-subjektiver" (Purschke 2011: 43) Grenzziehungen, also beispielsweise Hörerurteilen und salienten Dialektmerkmalen (vgl. hierzu Abschnitt 5.2.2.1). Um das Konzept *Sprachraum* umfänglich zu verstehen, ist also immer auch Wissen über die Konzepte von Raum aus anderen Wissenschaftsbereichen, etwa den Naturwissenschaften, der Philosophie, Soziologie etc. notwendig.

4.5 Übungsaufgaben

4.5.1 Übungsaufgaben zu Dialekt als kognitives Phänomen

1a. Visualisieren Sie einen Frame zu folgendem Transkriptausschnitt.

Erklärung der Abkürzungen: EXP = Explorator, GP = Gewährsperson, (0.9) = Pause von 0.9 Sekunden

```
EXP  und zwar was ist für dich gutes deutsch?
GP9  (3.7) gutes deutsch eine gewählte aussprache dass man sich gut
EXP  mhm
GP9  ausdrücken kann  ach so stehen da die
EXP   nicht auf meinen fragebogen gucken
GP9  antworten drauf oder?  ach so   nein ich dachte
```

EXP nein es gibt gar keine ((lacht))
GP9 vielleicht dass die da irgendwie drauf geschrieben sind
EXP nein ((lacht))
GP9 (0.9) nein also (1.7) einfach dass man wirklich sich gewählt und
GP9 deutlich ausdrücken kann und sagen kann was man willund was man
EXP hm
GP9 denkt und was man möchte
EXP könntest du das irgendwie… also könntest du jemanden erkennen der gutes deutsch spricht? oder wer gibt es für dich
GP9 (11.0)
EXP bestimmte markante beispiele oder merkmale?
GP9 also jetzt eine person direkt fällt mir jetzt nicht ein
GP9 also sicherlich viele also (0.9) ganz viele berühmte persönlichkeiten die
EXP hm
GP9 einfach hochdeutsch sprechen dass ist einfach so das was ich damit
GP9 verbinde also ich würde sagen hochdeutsch ist erst mal das korrekte deutsch würde ich jetzt so sagen weil es halt einfach nicht geprägt ist von
EXP mhm
GP9 irgendwelchen akzenten von irgendwelchen ja regionalen unterschieden
GP9 (1.7) aber ob man da jetzt einen direkten vergleich machen kann weiß
GP9 ich nicht
EXP und eine ganz andere frage kannst du dir vorstellen wie
GP9 (1.2) hm
EXP hochdeutsch entstanden ist? oder gutes deutsch entstanden ist?
GP9 (1.0) ja ich wusste das mal also ich habe da mal was drüber gelesen so
GP9 gesagt aber ich habe letztendlich… keine ahnung weiß ich nicht kann
EXP aha
GP9 ich mir nicht so wirklich vorstellen also vielleicht einfach weil man das in
GP9 dieser… ich hätte es jetzt einfach so vielleicht unter dem zufall überlassen
GP9 dass man einfach die region sich einfach ausgebildet hat und weil
EXP mhm
GP9 wir eben diese klare aussprache haben weil wir eben diese klare ja auch
GP9 erkennbarkeit haben dass das eben einfach zu erkennen ist dass das auch fast jeder verstehen kann dass es deswegen dazu gekommen ist dass das auch diese popularität halt bekommen hat

[Dieses Beispiel stammt aus den Daten des DFG-Projektes „Der deutsche Sprachraum aus der Sicht linguistischer Laien, vgl. Hundt, Palliwoda & Schröder 2017.]

1b. Diskutieren Sie im Anschluss an Aufgabe 1a. mögliche Probleme, die sich im Hinblick auf die Arbeit mit subjektiven Daten ergeben können.
2. Diskutieren Sie, warum der kognitive Blick auf Dialekte notwendig ist.
3. Stellen Sie die vier wahrnehmungsdialektologischen Prinzipien dar.

4.5.2 Übungsaufgaben zur Wahrnehmung und Wissenssoziologie

1. Beschreiben Sie, inwiefern Wahrnehmung eine psychologisch-kognitive und eine soziale Dimension besitzt.
2. Stellen Sie den Prozess der Wahrnehmung eines Objektes anhand eines selbstgewählten dialektologischen Beispiels dar. Gehen Sie dabei vor allem auf die Konzepte Salienz und Pertinenz ein.
3. Erläutern Sie, warum sich ein wissens*soziologischer* Blick auf Wissen in der Wahrnehmungsdialektologie anbietet. Warum kann ein linguistischer Laie nicht autonom gedacht werden?

4.5.3 Übungsaufgaben zum Raum

1. Setzen Sie sich mit dem „Synchronisierungsbegriff" nach Schmidt & Herrgen (2012: 28) auseinander. Erläutern Sie auf dieser Basis die Auswirkungen der Synchronisierung auf die Struktur des subjektiven und objektiven Sprachraums.
2. Ermitteln Sie die Gemeinsamkeiten und Unterschiede der Raumkonzepte von Anders (2010: 82–88) und Purschke (2011: 37–45). Stellen Sie Ihre Ergebnisse tabellarisch dar.
2. Gestalten Sie ein Poster (A0) zu den Ihrer Ansicht nach prägendsten Raumkonzepten seit dem 17. Jahrhundert. Strukturieren Sie Ihre Angaben wie folgt: *Urheber des Raumkonzeptes, Entstehungszeitraum, Benennung des Raumkonzepts, Eigenschaften des Raumes, Kritische Betrachtung.* Nutzen Sie für Ihre Recherche u. a. Dünne & Günzel 2010, Jammer 1960, Löw 2017, Schroer 2019 sowie Herrgen & Schmidt 2019.

4.6 Weiterführende Literatur

4.6.1 Überblicksdarstellungen zur Kognitiven Linguistik

Croft, William & D. Alan Cruse (2004): *Cognitive Linguistics*. Cambridge: Cambridge University Press.
Dąbrowska, Ewa & Dagmar Divjak (Hrsg.) (2019a): *Cognitive Linguistics – Foundations of Language*. Berlin, Boston: De Gruyter.
Dąbrowska, Ewa & Dagmar Divjak (Hrsg.) (2019b): *Cognitive Linguistics – A Survey of Linguistic Subfields*. Berlin, Boston: De Gruyter.

Dąbrowska, Ewa & Dagmar Divjak (Hrsg.) (2019c): *Cognitive Linguistics – Key Topics*. Berlin, Boston: De Gruyter.
Dancygier, Barbara (Hrsg.) (2017): *The Cambridge Handbook of Cognitive Linguistics*. Cambridge: Cambridge University Press.
Evans, Vyvyan & Melanie Green (2006): *Cognitive Linguistics. An Introduction*. Edinburgh: Edinburgh University Press.

4.6.1.1 Zum Einstieg in die Frametheorie

Fillmore, Charles J. & Collin Baker (2015): A Frames Approach to Semantic Analysis. In Bernd Heine & Heiko Narrog (Hrsg.), *The Oxford Handbook of Linguistic Analysis*. 2. Auflage, 791–816. Oxford: Oxford University Press.
Minsky, Marvin (1975): A Framework for Representing Knowledge. In Patrick Henry Winston (Hrsg.), *The Psychology of Computer Vision*, 211–277. New York. u. a.: McGraw-Hill.
Petruck, Miriam R. L. (1997): Frame Semantics. In Jef Verschueren & Jan-Ola Östman (Hrsg.), *Handbook of Pragmatics*, 1–13. Amsterdam: John Benjamins Publishing.

4.6.1.2 Frames weiterführend

Busse, Dietrich (2012): *Frame-Semantik. Ein Kompendium*. Berlin, Boston: De Gruyter.
Konerding, Klaus-Peter (1994): *Frames und lexikalisches Bedeutungswissen. Untersuchungen zur linguistischen Grundlegung einer Frametheorie und ihrer Anwendung in der Lexikografie*. Tübingen: De Gruyter.
Ziem, Alexander (2008): *Frames und sprachliches Wissen. Kognitive Aspekte der semantischen Kompetenz*. Berlin, Boston: De Gruyter.

4.6.2 Überblicksdarstellungen zur Wahrnehmung

Anderson, John R. (2013): *Kognitive Psychologie*. 7., erw. und überarb. Aufl. hg. v. Joachim Funke. Heidelberg: Springer.
Goldstein, E. Bruce (2015): *Wahrnehmungspsychologie. Der Grundkurs*. 9. Auflage. Hg. v. Karl R. Gegenfurther. Heidelberg: Springer.
Margolis, Eric, Richard Samuels & Stephen P. Stich (Hrsg.) (2012): *The Oxford Handbook of Philosophy of Cognitive Science*. Oxford: Oxford University Press.
Reisberg, Daniel (Hrsg.) (2013): *The Oxford Handbook of Cognitive Psychology*. Oxford: Oxford University Press.

4.6.3 Überblicksdarstellungen zur Wissenssoziologie

Brekhus, Wayne H. & Gabe Ignatow (Hrsg.) (2019): *The Oxford Handbook of Cognitive Sociology*. Oxford: Oxford University Press.
Konblauch, Hubert (2014): *Wissenssoziologie*. 3. überarb. Aufl. Konstanz: UVK.
Poferl, Angelika & Michaela Pfadenhauer (Hrsg.) (2018): *Wissensrelationen. Beiträge und Debatten zum 2. Sektionskongress der Wissenssoziologie*. Weinheim, Basel: Beltz Juventa.
Schütz, Alfred & Thomas Luckmann (2013): *Strukturen der Lebenswelt*. Konstanz: UVK.
Schützeichel, Rainer (Hrsg.) (2007): *Handbuch Wissenssoziologie und Wissensforschung*. Konstanz: UVK.

4.6.4 Überblicksdarstellungen zum Raum

Auer, Peter & Schmidt, Jürgen Erich (2010): *Language and Space. An International Handbook of Linguistic Variation. Theories and Methods.* (Handbücher zur Sprach- und Kommunikationswissenschaft 30/1). Berlin, Boston: De Gruyter Mouton.
Dünne, Jörg &,Stephan Günzel (2010): *Raumtheorie. Grundlagentexte aus Philosophie und Kulturwissenschaften.* Frankfurt am Main: Suhrkamp.
Günzel, Stephan (2010): *Raum. Ein interdisziplinäres Handbuch.* Stuttgart: Metzler.
Kaminske, Volker (2012): *Die räumliche Wahrnehmung. Grundlage für Geografie und Kartografie.* Darmstadt: WBG.
Löw, Martina (2017): *Raumsoziologie.* Frankfurt am Main: Suhrkamp.

5 Methoden der Wahrnehmungsdialektologie

In der Regel folgen empirische Untersuchungen fünf Schritten: der Erarbeitung des Forschungsdesigns (Abschnitt 5.1), der Erhebung der Daten (Abschnitt 5.2), der Aufbereitung (Abschnitt 5.3) und Analyse der Daten (Abschnitt 5.4) sowie der Interpretation der Ergebnisse und der Theoriebildung (Abschnitt 5.5).

Das Forschungsdesign beschreibt die Anlage der empirischen Untersuchung und umfasst neben einer klaren Zielformulierung auch Hypothesen bzw. Forschungsfragen. Im Anschluss an die Planung der Untersuchung erfolgt die Erhebung der empirischen Daten und die Zusammenstellung des Forschungskorpus. Hier können qualitative Daten, z. B. aus biografischen Interviews oder quantitative Daten, die bspw. im Rahmen von Pilesorts (vgl. Abschnitt 5.2.1.4) erhoben wurden, gesammelt werden. Häufig wird eine Kombination aus qualitativem und quantitativem Material erhoben und beide Ansätze miteinander verknüpft. Die vorliegenden Datensätze werden anschließend aufbereitet und ausgewertet. Im Hinblick auf die Datenerhebung und -analyse bedient sich die Wahrnehmungsdialektologie u. a. der Methoden aus der Geografie (u. a. *map tasks*, vgl. Kehrein, Lameli & Purschke 2008), der Psychologie (u. a. *trigger* bzw. *primes*, vgl. Palliwoda 2019) und der Meteorologie (u. a. *heat maps*, vgl. Lameli 2013).

Vor allem der letztgenannte Schritt, die Interpretation der Ergebnisse, wird in studentischen Arbeiten häufig vernachlässigt bzw. entfällt komplett, zumindest zeigt dies unsere langjährige Erfahrung in der Betreuung von studentischen (Abschluss-)Arbeiten. Dabei ist eben jener Schritt mithin der wichtigste, da hier die Theoriebildung und Ableitung gültiger Forschungshypothesen bzw. deren Bestätigung oder Widerlegung erfolgen. Dementsprechend wäre es fatal, diesen Schritt der empirischen Untersuchung auszulassen oder nur unvollständig auszuarbeiten. Im Folgenden wird der Fünf-Schritte-Ansatz empirischer Erhebungen in Bezug auf die Disziplin Wahrnehmungsdialektologie dargestellt und erklärt.

5.1 Schritt 1: Das Forschungsdesign

– *Leitfrage: Welches Thema wird unter welcher Zielsetzung bzw. angeleitet durch welche Forschungsfrage(n) auf Basis welcher empirischen Daten mittels welcher Methoden unter welchen Rahmenbedingungen bearbeitet?*

Das passende Forschungsdesign ist immer direkt abhängig von der Forschungsfrage, die die Untersuchung anleitet. In einem ersten Schritt müssen deshalb die zentrale Fragestellung und ggf. Hypothesen formuliert werden, die das Fundament der Untersuchung bilden und die Zusammensetzung und Ausgestaltung des Forschungsdesigns bestimmen. Es sollte geklärt werden, ob eine hypothesenprüfende (quantitative) Untersuchung oder eine hypothesenerkundende (qualitative) Untersuchung angestrebt wird. Erstere wird genutzt, um eine bereits bestehende Forschungshypothese zu bestätigen oder zu widerlegen. Zweitere wird durchgeführt, wenn noch keine (gültigen) Forschungshypothesen zur Untersuchungsthematik in der aktuellen Forschung bestehen und eigene wissenschaftliche Hypothesen generiert werden sollen.

Bei wahrnehmungsdialektologischen Untersuchungen liegt der Fokus zumeist auf der subjektiven Wahrnehmung von regionalen Varietäten durch die linguistischen Laien. Hier können z. B. metasprachliche Äußerungen bzw. Einstellungsäußerungen der Gewährspersonen zur Wahrnehmung ihres eigenen Dialektes (Autostereotyp) oder fremder Dialekte (Heterostereotyp) sowie Metastereotype[69] eruiert werden, also Annahmen der Gewährspersonen darüber, wie andere Sprecher sie bzw. ihre Sprechweise beurteilen. Die Erhebung kann auf Basis quantitativer oder qualitativer Verfahren erfolgen bzw. kann es sinnvoll sein, beide Ansätze miteinander zu kombinieren (vgl. Abschnitt 5.2.3), um von deren jeweiligen Vorteilen zu profitieren.

Der Erkenntnisgewinn ist das Ziel sowohl quantitativer als auch qualitativer Forschungsansätze. Quantitativ Forschende versuchen, durch Verallgemeinerung dieses Ziel zu erreichen und in der Folge Forschungshypothesen zu bestätigen oder zu widerlegen. In der qualitativen Forschung werden z. B. Einzelfallanalysen durchgeführt, um neue Hypothesen generieren zu können (vgl. Wichmann 2019: 53) und so zu einer Erkenntnis zu gelangen. Dementsprechend eignen sich qualitative Methoden sehr gut, um zunächst ein Verständnis von komplexen Zusammenhängen zu erlangen. Das Fundament qualitativer Ansätze bildet der Interpretativismus[70]. Meist basieren qualitative Untersuchungen nur auf relativ kleinen Datensätzen, die keinen Anspruch auf Repräsentativität erheben können, sondern nur eingeschränkt für das jeweilige Untersuchungsszenario sowie die ausgewählte Kohorte gelten. Vor allem ethnomethodologische Verfahren kommen hier zum Einsatz, wie etwa teilnehmende Beobachtungen oder qualitative Inhaltsanalysen (vgl. Anders 2010: 199).

Bei quantitativen Erhebungen können hingegen sehr viel größere Datenmengen, welche mittels statistischer Verfahren analysierbar sind, erhoben werden. Die erzielten Forschungsergebnisse werden anschließend herangezogen, um bestehende Forschungshypothesen zu prüfen und ggf. zu widerlegen oder zu bestätigen. Quantitative Daten können z. B. im Rahmen von standardisierten Befragungen oder Beobachtungen erhoben werden. Es gilt jedoch, dass „nur das gemessen wird, was vorher durch Items und deren Skalierung definiert wurde" (Anders 2010: 119). Zur Eruierung unbekannter Phänomene bzw. neuer Aspekte bekannter Phänomene sind quantitative Erhebungen eher weniger geeignet.

---

69 „[A] person's beliefs regarding the stereotype that outgroup members hold about his or her own group" (Vorauer, Main & O'Conell 1998: 917).
70 Für weitere Erläuterungen vgl. Abschnitt 5.5.

Neben der Zusammenstellung geeigneter Forschungsmethoden muss auch die Auswahl der Gewährspersonen sowie die Zusammensetzung des Untersuchungskorpus geplant werden. Purschke (2011: 212, Herv. i. Orig.) konnte zeigen, dass die „konstitutiven *Wissensfaktoren* wie *Herkunft, Alter, regionalsprachliche Kompetenz* etc." der Gewährspersonen Auswirkungen auf deren Sprachraumkonzepte haben (vgl. hierzu auch Schröder 2017: 265–266). So konzeptualisieren Gewährspersonen aus dem norddeutschen Raum ihre sprachliche Heimat tendenziell großräumiger als Gewährspersonen aus dem süddeutschen Raum, die eher kleinräumigere Konzepte entwerfen (vgl. Schröder 2017: 264–265). Darüber hinaus konnten Hundt, Palliwoda & Schröder (2017) ermitteln, dass die älteren Gewährspersonen regiolektale Sprechproben zum einen als positiver und zum anderen auch als korrekter einschätzten als die jüngeren Gewährspersonen. Dies ergab die Auswertung eines Ratespiels mit acht regiolektalen und einer standardsprachlichen Sprechprobe unter 139 Gewährspersonen, die drei Altersgruppen (AG) zugeordnet werden konnten (vgl. Palliwoda 2017: 104–110). Die Forschenden gehen davon aus, dass

> die älteren GPn noch eher stärker ausgeprägte dialektale Sprechweisen (aufgrund von größerer Lebenserfahrung/größerer Vertrautheit mit dialektalen Sprechweisen) als die jüngeren kennen [...] [und deshalb, VS/TH] ihnen die regiolektalen Sprechweisen als standardnäher erscheinen, als dies bei den jüngeren GPn der Fall ist.
>
> (Palliwoda 2017: 110)

Im Anschluss an die Konzeption des Forschungsdesigns der Untersuchung, also der Festlegung der Forschungsmethoden und der Zusammensetzung des Korpus, folgt die Datenerhebung (vgl. Abschnitt 5.2).

5.2 Schritt 2: Die Datenerhebung

– *Leitfrage: Welche Methoden können genutzt werden, um wahrnehmungsdialektologische Daten zu erheben?*

Die von Preston (2010) entwickelte Systematik zur Einteilung der wahrnehmungsdialektologischen Erhebungstechniken unterscheidet zum einen in den Bewusstheitsgrad der Gewährspersonen (‚conscious' und ‚subconscious') sowie zum anderen die Art der Produktionsdaten (‚production type') in externe/perzipierte Daten (‚external') und interne/assoziierte Daten (‚internal') (vgl. Abb. 12):

Two Modes of PD		Production Source	
		External	Internal
Regard Type	Conscious	1. Identification 2. Discrimination & Comprehension 3. Discourse	1. Same-different 2. Hand-drawn 3. Evaluations 4. Imitations 5. Discourse
	Subconscious	1. Misdirection 2. Matched-guise 3. Discourse	1. Discourse

Abb. 12: Überblick über die Methoden der Datenerhebung nach Preston (2010: 24).

Prinzipiell können zwei Arten von Sprachproduktionsdaten unterschieden werden: Die externen bzw. perzipierten Sprachdaten, bei denen die Gewährspersonen Sprechproben bekommen und diese bearbeiten, z. B. sprachlich verorten oder bewerten sollen, und jenen Untersuchungsanordnungen, bei denen keine Sprechproben vorgegeben wurden und dementsprechend interne bzw. assoziierte Sprachdaten gewonnen werden (vgl. Preston 2010a: 5).[71] Zudem muss auch unterschieden werden, ob die Gewährspersonen vorab über den genauen Untersuchungsgegenstand in Kenntnis gesetzt wurden oder nicht. Werden die Gewährspersonen bewusst ‚conscious') vom Explorator *direkt* bzw. *explizit* aufgefordert, einen bestimmten Dialekt zu bewerten oder erfolgt die Erhebung *indirekt* bzw. *implizit*, also bspw. im Rahmen eines biografischen Interviews, in dem die Gewährsperson unbewusst (‚subconscious') eine Bewertung des Dialektes abgibt. Indirekte Erhebungen bieten den Vorteil, dass seltener Verzerrungen, z. B. durch soziale Erwünschtheit, entstehen und die Daten dementsprechend belastbarer sind. Allerdings müssen vom Explorator forschungsethische Aspekte berücksichtigt werden, wie etwa die freiwillige informierte Einwilligung der Gewährspersonen in die Speicherung, Verarbeitung und ggf. eine Publikation der Daten.

Im Folgenden werden Forschungsmethoden zur Erhebung von assoziierten (internen) und perzipierten (externen) Sprachdaten vorgestellt, die direkt oder indirekt erhoben werden. Die Einführung in die Methoden der wahrnehmungsdialektologischen Datenerhebung ist angelehnt an den „five-point approach" von Preston (1999: xxxiv). Hierin unterscheidet er fünf Erhebungstypen von Sprachdaten: die Draw-a-Map-Aufgabe, die Degree-of-Difference-Evaluation, die Correctness/Pleasantness-Zuordnung, den Dialect-

---

[71] Die Bezeichnung als *assoziiert* und *perzipiert* zur Einordnung der Sprachdaten wurde von Anders (2010) übernommen.

Identification-Test (Hörerurteilstest) und die Sammlung qualitativer Daten (*Discourse*). Da eine Kombination aus internen und externen Sprachdaten empfehlenswert ist (vgl. hierzu Preston 2010a: 4), werden auch sog. *mixed methods* in der aktuellen wahrnehmungsdialektologischen Forschung vorgestellt (vgl. Abschnitt 5.2.3).

5.2.1 Erhebung assoziierter (internaler) Merkmale

5.2.1.1 Draw-a-Map

Nach Montgomery & Cramer (2016) ist die Draw-a-Map-Methode „perhaps the best known of all the methods of Perceptual Dialectology" (Montgomery & Cramer 2016: 11). Dieses „Standardverfahren" (Lameli, Kehrein & Purschke 2008: 55) dient der Erhebung sog. *Mental Maps* bzw. *Cognitive Maps*, die Aufschluss über die mentale Repräsentation von Sprachräumen geben sollen.

Als Vorläufer des Draw-a-Map-Tasks kann die Pfeilchenmethode nach Weijnen (1946) angesehen werden (vgl. Abb. 2 in Abschnitt 3.1). Auf Basis solcher Pfeilchen-Karten konnten erstmals Aussagen über die wahrgenommene Struktur der sprachlichen Nahräume (*Mikrokartierung*) getroffen und subjektive Sprachgrenzen abgeleitet werden (vgl. Weijnen 1946: 14–15). Der unklare Bezugsrahmen ist bei dieser Erhebungstechnik durchaus als problematisch einzustufen. So wird bspw. nicht deutlich, welche vertikale Sprechlage (Dialekt, Regiolekt etc.) von den Befragten beurteilt wird bzw. auf welcher Systemebene die Gemeinsamkeiten bzw. Unterschiede bestehen (Phonologie, Morphologie, Lexik, Syntax etc.) (vgl. Purschke 2011: 92).

Die daraus hervorgegangene Draw-a-Map-Methode dient der Erhebung assoziierter Dialektmerkmale zu Sprachräumen, Sprechern und ihren Sprechweisen (vgl. Preston 2010a: 11). Sie beruht auf einer geografischen Karte, die den Gewährspersonen vorgelegt wird. Auf dieser Karte können bereits unterschiedliche Informationen (Bundesländergrenzen, Flüsse, Städte etc.) vorgegeben sein, meist handelt es sich zumindest aber um eine Blankokarte, auf der die Umrisse des wahrnehmungsdialektologisch zu erhebenden Raumes dargestellt sind. In diese Karten tragen die Gewährspersonen entsprechend der gegebenen Aufgabenstellung jene Sprachlandschaften ein, die sie *(er-)kennen*, d. h. assoziieren oder – je nach Aufgabenstellung – auch perzipieren (vgl. Abschnitt 5.2.3). So werden neben den Sprachräumen, die die Gewährspersonen einzeichnen, auch die Grenzen sichtbar, die diese konstituieren (vgl. Abb. 13). Es wird nachvollziehbar, welche sprachlichen Räume in der Wahrnehmung linguistischer Laien existieren, wo diese zu verorten sind bzw. welche zusätzlichen Wissensbestände an diese Räume geknüpft sind, wie etwa Sprecherstereotype oder sprachliche Besonderheiten (vgl. Montgomery & Cramer 2016: 15).

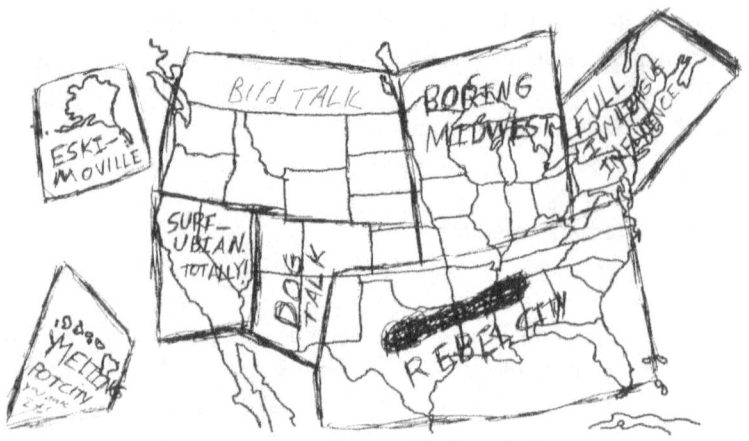

Abb. 13: Mental Map (Preston 1999a: 362).

Analysen der Struktur von Mental Maps linguistischer Laien zeigen, dass meist feindifferenzierte Nahräume (*Mikrokartierungen*) von eher grob umrissenen Großräumen (*Makrokartierungen*) unterschieden werden können. So konnten die Gewährspersonen den eigenen Sprachraum bzw. nahegelegene Räume sehr viel feiner differenzieren als weiter entfernt liegende Sprachräume, die in ihrer Alltagspraxis kaum eine Rolle spielten (vgl. Hundt 2010: 180). Die individuellen Ausgestaltungen der Mikrokartierung ergeben, je nach der Herkunft der Gewährspersonen, ein relativ heterogenes Bild. Im Hinblick auf die Makrokartierungen konnten hingegen für das Deutsche besonders prominente Dialekte ermittelt werden, die häufig von den Befragten benannt wurden: Hierzu zählen das BAYRISCHE, SÄCHSISCHE, SCHWÄBISCHE, BERLINERISCHE und das PLATTDEUTSCHE.[72] Durchschnittlich verorteten die Befragten der Pilotstudie zwischen acht und zehn Dialektregionen (vgl. Hundt 2010: 197).

Anders (2010) erstellte im Rahmen ihrer qualitativen Auswertung von 180 Mental Maps eine formal strukturelle Klassifikation nach Kartentypen (vgl. Anders 2010: 185) sowie eine inhaltlich-funktionale Klassifikation nach Kartierungstypen (vgl. Anders 2010:

---

[72] In der Pilotstudie von Hundt (2010: 197) wurden insgesamt 845 Fragebögen hinsichtlich der Dialektbenennungen der Befragten ausgewertet: Insgesamt konnten 13 Dialektbezeichnungen ermittelt werden, die mindestens von einem Viertel der Befragten benannt wurden: BAYRISCH (n=700; 82,8%), SÄCHSISCH (n=639; 75,6%), SCHWÄBISCH (n=589; 69,7%), BERLINERISCH (n=507; 60,0%), PLATTDEUTSCH (n=369; 43,7%), SCHWEIZERDEUTSCH (n=364; 43,1%), HESSISCH (n=354; 41,9%), FRÄNKISCH (n=352; 41,7%), NORDDEUTSCH (n=305; 36,1%), ÖSTERREICHISCH (n=296; 35,0%), KÖLSCH (n=251; 29,7%), BADISCH (n=238; 28,2%) und HOCHDEUTSCH (n=215; 25,4%).

196).[73] Sie konnte belegen, dass die Mental Maps linguistischer Laien entweder auf Basis von Knotenpunkt- oder Streckenwissen strukturiert sind. Knotenpunkte stellen „voneinander separierte Wissenseinheiten" (Anders 2010: 185) dar, die in Form von Merkzeichen (vgl. Abb. 14), Brennpunkten (vgl. Abb. 15) oder Bereichen (vgl. Abb. 13) in den Karten sichtbar werden.

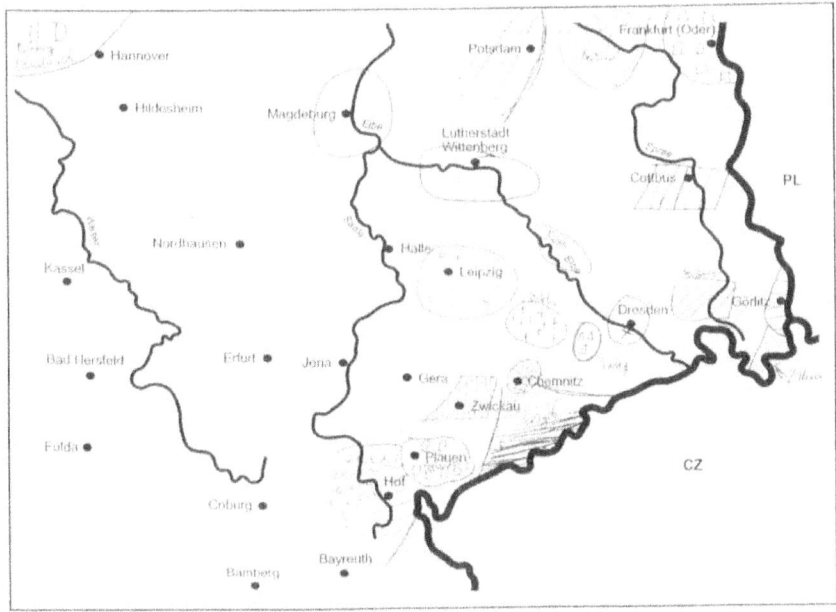

Abb. 14: Mental Map strukturiert auf Basis von Merkzeichen (Anders 2010: 187).

Als Merkzeichen fungieren urbane Raumeinheiten, z. B. die bereits in der Karte vorgegebenen Städte, die von den linguistischen Laien als Repräsentanten einer Dialektlandschaft herangezogen werden (vgl. Anders 2010: 185–186). Brennpunkte zeichnen sich durch ihren Verweisungscharakter aus, indem ausgehend von einem Knotenpunkt (z. B. einem städtischen Zentrum) auf andere städtische oder kulturelle Zentren verwiesen wird (vgl. Anders 2010: 188). So stellt die Stadt Leipzig in Abb. 15 einen Brennpunkt dar, von dem aus auf weitere städtische Ballungszentren wie Dresden, Cottbus, Görlitz, Lutherstadt Wittenberg, Halle, Gera etc. verwiesen wird. Die Ballungsräume Dresden, Görlitz und Cottbus bilden hingegen eine Struktur ohne klar erkennbaren Brennpunkt aus und beste-

---

73 Anders orientierte sich hier u. a. an der Arbeit von Lynch (2001), die als Grundlage für die Erstellung ihrer Klassifikationen dienten (vgl. hierzu auch Hundt 2010: 190–196).

hen gleichberechtigt nebeneinander. Neben Merkzeichen und Brennpunkten, die die Mental Maps strukturieren, können auch Bereiche den kognitiven Raum charakterisieren (vgl. Abb. 13). Die Bereiche werden etwa nach kulturellen Besonderheiten („Eskimoville')[74] gebildet oder basieren auf stereotypen Beschreibungen („Boring Midwest') (vgl. Abb. 13 sowie Preston 1999).

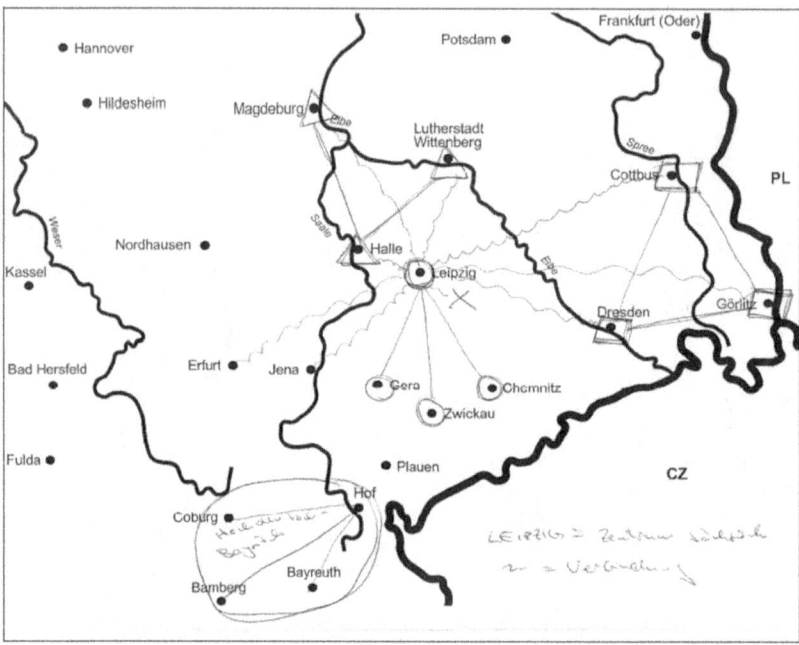

Abb. 15: Mental Map strukturiert auf Basis von Brennpunkten (Anders 2010: 189).

Darüber hinaus können Mental Maps auch auf dem Streckenwissen der linguistischen Laien basieren. Der daraus resultierende Kartentyp ist gekennzeichnet durch Grenzlinien (vgl. Abb. 16), etwa die ehemalige deutsch-deutsche Grenze oder politische Grenzen der Bundesländer, die als Strukturierungsgrundlage herangezogen werden (vgl. Anders 2010: 193).

---

[74] Die Bezeichnung *Eskimo* wird kontrovers diskutiert: Während sie „insbesondere von den Angehörigen der sich selbst als *Inuit* [...] bezeichnenden Völker Kanadas und Grönlands zum Teil als diskriminierend angesehen [wird], [verwenden] andere, verwandte Völkergruppen in Alaska und Sibirien [...] sie weiterhin als Selbstbezeichnung" (DWDS 2021).

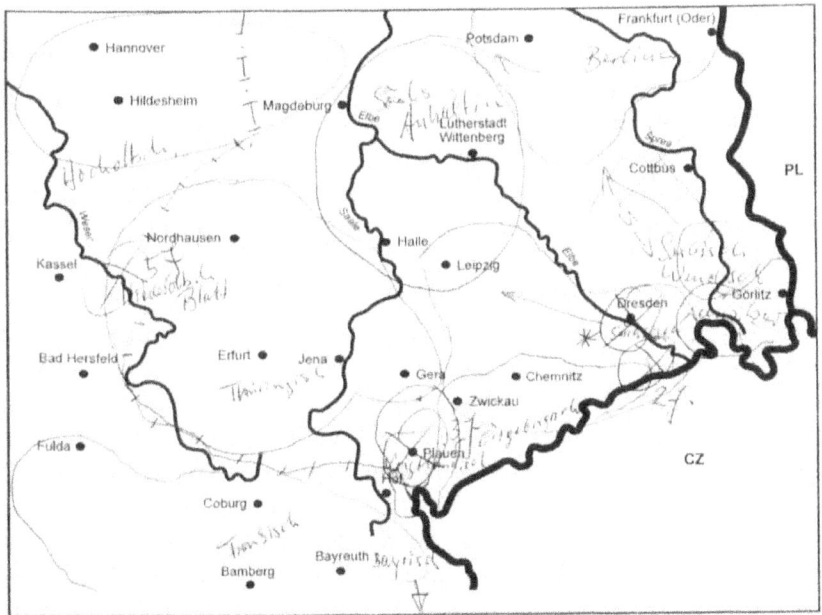

Abb. 16: Mental Map strukturiert auf Basis von Grenzlinien (Anders 2010: 193).

Zudem können drei verschiedene Kartierungstypen, der exhaustive, der selektive und der autozentrische Typ, unterschieden werden. Die exhaustive Karte ist stets komplett ausgefüllt, d. h., alle Bereiche der Karte werden räumlich verortet und es gibt keine ‚leeren' Zwischenräume (vgl. Anders 2010: 196). In Abb. 13 kann eine exhaustive Kartierung nachvollzogen werden, in der der komplette Raum lückenlos bearbeitet wurde. Der selektive Kartierungstyp, der von Anders (2010) am häufigsten nachgewiesen wurde, orientiert sich hingegen z. B. an städtischen oder kulturlandschaftlichen Kernregionen und lässt die Zwischenräume, die nicht genau definiert werden können, frei (vgl. Auer 2004: 152). So entstehen „mehr oder weniger große ‚blinde Flecken' auf der Karte" (Anders 2010: 197). Auch die Mental Map des autozentrischen Typs zeigt weiße Flecken, allerdings bezieht er sich auf ein singuläres Zentrum, nämlich seine eigene sprachliche Region bzw. die diese unmittelbar umgebende Landschaft. Der autozentrische Kartierungstyp führt dementsprechend eine Mikrokartierung seiner Umgebung durch, die sehr detailliert sein kann, aber stets auf das unmittelbar umgebende Zentrum beschränkt bleibt (vgl. Anders 2010: 198).

Sowohl die Struktur des Karten- als auch des Kartierungstyps kann durch die Gestaltung der Grundkarte beeinflusst werden. Die Vorgabe von Städten in der Grundkarte könnte ggf. die Verortung nach städtischen Merkzeichen bzw. Knotenpunkten begünstigen, während eine Grundkarte mit vorgegebenen Bundesländergrenzen eher die Bildung von Grenzlinien befördern könnte.

Die Auswirkungen der quantitativen und qualitativen Ausgestaltung der Ausgangskarte auf das Antwortverhalten der linguistischen Laien wurden u. a. von Kehrein, Lameli & Purschke (2008) auf Basis von 163 Mental Maps untersucht. Bezogen auf die Quantität der eingezeichneten Räume stellten sie fest, dass die meisten Nennungen auf die Grundkarte *Kombinationskarte* (9,58 Nennungen) und die wenigsten Nennungen auf die Grundkarte *Relief* (7,35 Nennungen) entfielen (vgl. Abb. 17). Die Grundkarte *Staatgrenze* beeinflusste die Gewährspersonen am wenigsten, da diese nur einen Stimulus, den Umriss Deutschlands, enthält und dementsprechend sehr gut den spontan verfügbaren Wissensstand der Gewährspersonen wiedergibt (vgl. Kehrein, Lameli & Purschke 2008: 63). Alle übrigen Grundkartentypen lenkten den Fokus der Befragten mehr oder weniger stark auf verschiedene Aspekte des Raums (z. B. Bundesländergrenzen, Flussverläufe, städtische Metropolregionen), die unterschiedliche Wissensaspekte aktivieren. Zudem besteht ein direkter Zusammenhang zwischen der Anzahl der gegebenen Stimuli auf der Grundkarte und der Anzahl der verorteten Räume durch die Gewährspersonen (vgl. Kehrein, Lameli & Purschke 2008: 63). Dementsprechend ist es sinnvoll, den Grundkartentyp entsprechend der Forschungsfrage zu wählen, d. h., dass eher großräumige, unspezifische Konzepte gut mittels einer Großraumkarte (z. B. einer Deutschlandkarte) erhoben werden können, wohingegen kleinräumigere, spezifischere Konzepte besser mittels Regionalkarten (z. B. einer Karte des betreffenden Bundeslandes) abgebildet werden können (vgl. Purschke 2011: 158).

Darüber hinaus können die Mental Maps sinnvoll durch zusätzliche Aufgaben ergänzt werden, wie etwa die verbale Einschätzung der sprachlichen Unterschiede der eingezeichneten Räume zueinander (Degree-of-Difference, vgl. Abschnitt 5.2.1.2), Einschätzungen bzgl. des Gefallens/Nicht-Gefallens der mit den Räumen assoziierten oder perzipierten regionalen Sprechweisen sowie deren Korrektheit in Bezug auf standardsprachliche Formen (Pleasantness/Correctness-Evaluation, vgl. Abschnitt 5.2.1.3) (vgl. Cramer 2016: 9). Im Folgenden werden verschiedene Techniken erläutert, die mit der Draw-a-Map-Aufgabe kombiniert bzw. untereinander im Rahmen eines Methodenmixes (Erhebung von externalen und internalen Daten) durchgeführt werden können.

Abb. 17: Verwendete Grundkarten in der Erhebung von Lameli, Kehrein & Purschke (2008: 58).

5.2.1.2 Degree-of-Difference

Die Degree-of-Difference-Aufgabe kann sowohl im Hinblick auf die horizontale Ebene (Vergleich der Dialekte unterschiedlicher Räume) als auch auf vertikaler Ebene (Dialekt vs. Standard) durchgeführt werden (vgl. Preston 2010a: 9). Sie basiert meist auf einer Bewertungsskala, z. B. mit den Werten *1* (*Hier wird genauso gesprochen wie in meinem Sprachraum*) bis *5* (*Hier wird ganz anders gesprochen als in meinem Sprachraum*). Die Gewährspersonen müssen die (vorgegebenen) Sprechweisen mit ihrer eigenen Sprechweise vergleichen und einem Wert der Skala zuordnen. Sprechweisen mit besonders niedrigen Werten sind dementsprechend in der Wahrnehmung der Gewährspersonen besonders ähnlich zu der eigenen Sprechweise strukturiert bzw. Sprechweisen mit höheren Werten eher davon abweichend (vgl. Montgomery & Cramer 2016: 21).

Die Skalenbreite sollte als wichtiges Kriterium, das Auswirkungen auf die Einschätzungen der Gewährspersonen haben kann, beachtet werden. Im Falle von Antwortskalen mit nur wenigen Antwortpunkten (etwa drei Auswahlmöglichkeiten), ist die kognitive Leistung, die von der Gewährsperson erbracht werden muss, relativ gering und die Aufgabe schnell bzw. leicht zu bewältigen. Allerdings kann eine solche Antwortskala die eigene Meinung der Gewährsperson ggf. nur unzureichend abbilden, da sie zu wenig ausdifferenziert ist. Zu viele Antwortpunkte auf einer Skala können jedoch dazu führen, dass die

Gewährspersonen nicht mehr sinnhaft zwischen den einzelnen Optionen unterscheiden können und die geforderte Abstraktionsleistung nicht erbringen können. Sehr häufig wird deshalb eine Skala mit sieben bis max. neun Antwortpunkten in der Forschung genutzt (z. B. eine Likert-Skala), da sich die kognitive Leistung, die von der Gewährsperson erbracht werden muss, im Rahmen hält und gleichzeitig gut differenzierte Ergebnisse abgeleitet werden können. Wichtig ist zudem, dass die Skala eine Mittelkategorie enthält, die bspw. als *teils teils* bezeichnet werden kann und angibt, dass sich die Gewährsperson genau zwischen den beiden Antwortpolen einordnen möchte. Dementsprechend sind Skalen mit ungeraden Antwortpunkten vorzuziehen (vgl. Angewandte Statistik 2016).

5.2.1.3 Pleasantness/Correctness-Evaluation

Pleasantness/Correctness-Evaluationen eignen sich gut, um Stereotype, die die Wahrnehmung der Gewährspersonen prägen, zu untersuchen (vgl. Preston 2010a: 14). Hierfür müssen die linguistischen Laien sprachliche Varietäten hinsichtlich ihrer wahrgenommenen Korrektheit (z. B. im Vergleich zur Standardsprache) oder dem Wohlgefallen (z. B. im Vergleich zur eigenen Sprechweise) bewerten (vgl. Montgomery & Cramer 2016: 10). Nach Montgomery & Cramer (2016: 21) benutzen Studien typischerweise „a scale from one to nine, where one indicates a variety that is least correct or least pleasant, while nine indicates a variety that is most correct or most pleasant". Auffällig sind die Ergebnisse von Montgomery & Cramer (2016: 22) im Hinblick auf die Gewährspersonen, die ihre eigene Sprechweise als besonders korrekt und angenehm einschätzen und in sprachlichen Räumen leben, die ebenfalls häufig als besonders korrekt und angenehm bewertet werden. Diese Gewährspersonen neigen dazu, jene sprachlichen Varietäten, die sie als am wenigsten korrekt und angenehm einstufen, als besonders unterschiedlich zu ihrer eigenen Sprechweise einzuschätzen bzw. sogar als unverständlich. Dahingegen konnten solche Effekte bei Befragten aus Gebieten, die geringere Werte bzgl. ihrer Korrektheit und des Gefallens erzielen, nicht nachgewiesen werden.

5.2.1.4 Pilesorting

Die Pilesort-Methode ist ein Sortierverfahren, bei dem kleine Kärtchen, auf denen Städte geschrieben stehen, zu Stapeln sortiert werden und mit dem statistisch gesicherte Aussagen über die Struktur des kognitiven Raums getroffen werden können (vgl. Anders 2010: 228). Es stellt eine sehr gute Ergänzung zur Draw-a-Map-Aufgabe dar, bei der die qualitative Analyse der Daten im Vordergrund steht.

Die Pilesorts basieren auf vordefinierten räumlichen Knotenpunkten, meist Städten, die von den Gewährspersonen nach der Ähnlichkeit der Sprechweise sortiert werden müssen. Jene Städte, die sich durch eine ähnliche Sprechweise auszeichnen, werden von den Gewährspersonen auf einen gemeinsamen Stapel sortiert. Jene Städte, die die Gewährsperson nicht kennt bzw. nicht zuordnen kann, werden aussortiert. Die Analyse der gebildeten Stapel ermöglicht im Anschluss die Rekonstruktion der wahrgenommenen Ähnlichkeits- bzw. Distanzbeziehungen der Knotenpunkte zueinander im kognitiven Raum (vgl.

Anders 2010: 229). Als mögliche Analyseverfahren können bspw. eine Multidimensionale Skalierung sowie eine Hierarchische Clusteranalyse genutzt werden (vgl. Abschnitt 5.4.3). Auch beim Pilesorting spielt das *standortabhängige Diskriminationsvermögen* der linguistischen Laien eine zentrale Rolle, da sie vor allem die räumlichen Knotenpunkte aus ihrem Nähebereich zusortieren, wohingegen sie weiter entfernte Knotenpunkte häufiger aussortieren (vgl. Anders 2010: 387).

5.2.1.5 Speech-Imitation

Bei der Speech-Imitation-Aufgabe werden die Gewährspersonen gebeten, einen Dialekt zu imitieren, für den sie über keine aktive Dialektkompetenz verfügen. So sollen zum einen assoziierte sprachliche Besonderheiten (z. B. lautliche, morphologische, lexikalische und syntaktische Merkmale) der imitierten Varietät herausgestellt werden (vgl. Preston 2010a: 14) und zum anderen können die gewonnen Sprechproben weiterverwendet werden im Rahmen von Hörerurteilstest (vgl. Abschnitt 5.2.2.1) oder Matched-Guise-Erhebungen (vgl. Abschnitt 5.2.2.2).

Purschke (2010a) wendete den Imitationstest z. B. auf das Hessische an und forderte nichthessische Sprecher zur Imitation hessischer Dialektmerkmale auf. Die entstandenen Sprachaufnahmen wurden anschließend phonetisch transkribiert und mit Sprachproben authentischer Sprecher verglichen. Die Analyse ergab, dass die Dialektalitätswerte der Imitatoren ein ähnliches Niveau aufwiesen wie die der authentischen Sprecher (vgl. Purschke 2011: 207), sowohl im Hinblick auf den „phonetischen Abstand von der Standardlautung als auch hinsichtlich der Qualität der verwendeten Merkmale" (Purschke 2011: 209). Die Sprechproben der Imitatoren sowie der authentischen Sprecher wurden dann zwei nicht dialektkompetenten Hörergruppen, einer hessischen Gruppe und einer norddeutschen Gruppe, vorgespielt. Beide Gruppen mussten das Gehörte hinsichtlich der Kriterien *Dialektalität*, *Regionalität* und *Authentizität*[75] beurteilen (vgl. Purschke 2011: 160). Purschke konnte zeigen, dass es den Imitatoren gelang, auf Basis ihres begrenzten Wissens, „die intendierte Regionalität [...] herzustellen" (Purschke 2011: 209) und bei den nicht hessischen Hörern das Konzept HESSISCH zu evozieren (vgl. Purschke 2011: 209). Darüber hinaus stellte Purschke fest, dass die hessischen Hörer deutlich differenzierter zwischen Imitatoren und authentischen Sprechern unterscheiden konnten als die norddeutschen Hörer (vgl. Purschke 2011: 209).

---

75 Während bei der Beurteilung der Dialektalität die vertikale Dimension im Fokus steht, tritt bei der Beurteilung der Regionalität die horizontale Dimension in den Vordergrund (vgl. Purschke 2011: 17). Das Kriterium *Authentizität* soll Aufschluss darüber geben, ob die Gewährsperson das Gehörte als Imitation oder als authentische Sprechweise beurteilen.

5.2.2 Erhebung perzipierter (externaler) Merkmale

Bei der Erhebung perzipierter Dialektmerkmale werden den Gewährspersonen z. B. Sprechproben vorgespielt. Diese sollen sie im Anschluss regional verorten sowie Merkmale benennen, die ihre Zuordnung bestimmt haben. In mehreren wahrnehmungsdialektologischen Studien (vgl. Hundt 2010; Sauer 2018) stellte sich heraus, dass das von den Gewährspersonen vermeintlich Gehörte nicht mit dem tatsächlich zu Hörenden der Sprechprobe übereinstimmte, d. h., dass die Gewährspersonen „Dialektmerkmale in die Tonproben hineingehört und eigentlich auffällige Marker [...] überhört [haben]" (Hundt 2010: 182). Die Forscher führen dieses Phänomen darauf zurück, dass die Gewährspersonen eher das hören, was sie kennen bzw. zur Einordnung des Gehörten auf Konzepte zurückgreifen, die bereits vorhanden sind (vgl. Hundt 2010: 182). Bei der Erhebung perzipierter Merkmale sollten folglich auch sprachliche Konzeptualisierungen und ggf. bestehende Stereotype der Gewährspersonen abgefragt werden, um die Daten sinnvoll interpretieren zu können.

Im Vergleich zu den assoziierten Merkmalen von Dialekten geben die perzipierten Merkmale Aufschluss darüber, welche Spracheinstellungen der linguistische Laie mit einer regionalen Sprechprobe verknüpft. Auch wenn die Gewährsperson das Gehörte, z. B. die Sprechprobe eines obersächsischen Sprechers, nicht korrekt sprachlich und regional verortet, können sprachlich saliente Merkmale des Obersächsischen in der Wahrnehmung der Gewährsperson rekonstruiert werden. Umgekehrt beziehen sich die von der Gewährsperson assoziierten Merkmale nicht zwangsläufig auf das vorgegebene sprachliche Konzept OBERSÄCHSISCH bzw. kann auf Basis assoziierter Merkmale nicht nachvollzogen werden, ob der Sprecher tatsächliche eine obersächsische oder ggf. eine davon stark abweichende Sprechweise assoziiert.

5.2.2.1 Hörerurteilstest

Der Hörerurteilstest wird angewendet, um die perzipierten Merkmale von regionalen Varietäten zu erheben. Dies geschieht mittels Sprechproben, die von den GPn angehört und anschließend verortet werden. Zusätzlich werden die Gewährspersonen meist noch aufgefordert, die salienten Merkmale in den Sprechproben zu beschreiben (vgl. Montgomery & Cramer 2016: 10). Nach Purschke (2011: 86) basiert das Hörerurteil auf sechs binär strukturierten Teilprozessen:

> 1. Kategorisierung der perzeptiven Distinktheit (auffällig/unauffällig), 2. Kategorisierung der interaktionalen Akzeptabilität (verständlich/unverständlich, vertraut/fremd), 3. Kategorisierung der situativen Signifikanz (signifikant/nicht signifikant), 4. Beurteilung der Pertinenz (relevant/irrelevant), 5. Stabilisierung/Modifikation der individuellen Kompetenz, 6. Handlungskontinuität/-änderung.

Ein sprachliches Merkmal ist jedoch nicht per se salient (vgl. Abschnitt 2.3.1), sondern wird es erst unter bestimmten Voraussetzungen: So können die Situation, der Verwendungskontext, das Normempfinden der Gewährsperson sowie dessen Herkunft zur Salienz eines Merkmals beitragen (vgl. Palliwoda 2017: 85). Zudem muss das sprachliche Merkmal, das in der Sprechprobe enthalten ist, dem Hörer auch bewusstwerden, da nur dann eine evaluative Zuschreibung (z. B. auffällig/unauffällig) erfolgen kann. Aktuelle Untersuchungen (vgl. Gessinger & Butterworth 2015; Hettler 2018; Kiesewalter 2019) zeigen, dass Gewährspersonen die sprachlichen Merkmale der eigenen Sprechweise als normkonformer bewerten als regionsfremde Gewährspersonen. Dies hängt u. a. mit der unterschiedlichen interaktionalen Akzeptabilität des Gehörten zusammen, das für die regionsfremden Gewährspersonen unverständlich sein kann bzw. nicht vertraut klingt. In der Folge wird das sprachliche Merkmal als subjektiv relevant, da kontextuell als auffällig eingeschätzt (vgl. Purschke 2011: 49). Die individuelle regionalsprachliche Kompetenz der Gewährspersonen stellt somit einen maßgeblichen Einflussfaktor auf die Hörerurteile der Gewährspersonen dar (vgl. Purschke 2011: 160). Neben Regionalitätsurteilen, also der horizontalen Einordnung des Gehörten können auch Dialektalitätsurteile im Sinne von vertikalen Zuordnungen erfolgen (vgl. Purschke 2011: 159).

5.2.2.2 Matched-Guise

Eine Möglichkeit, Spracheinstellungen indirekt zu erheben, stellt die Matched-Guise-Technik dar. Hierfür werden die Gewährspersonen gebeten, Sprechproben einzuschätzen und das Gehörte entsprechend vorgegebener Attributpaare auf einer Beurteilungsskala zu verorten (vgl. Soukup 2019: 87–88). Häufig werden semantische Differentialskalen zur Erhebung der Daten genutzt (vgl. Abschnitt 5.4.3). Die Besonderheit dieser Technik liegt darin, dass die Sprechproben von ein und demselben Sprecher stammen, der verschiedene (regionale) Sprechweisen oder Akzente imitiert. Über dieses Charakteristikum der Sprechproben werden die Gewährspersonen jedoch nicht in Kenntnis gesetzt. Zudem werden meist noch weitere ‚Füllstimmen' verwendet, um die Befragten abzulenken (vgl. Soukup 2019: 88). Einstellungen der Gewährspersonen, etwa zu regionalen Sprechweisen, bzw. sprachliche Stereotype können so ermittelt werden. Da einzig die Variation in der Sprachverwendung in den Sprechproben variabel ist, während sich die Stimme bzw. weitere Persönlichkeitsmerkmale des Sprechers nicht unterscheiden, können die auftretenden Abweichungen in der Bewertung der Sprechproben auf die unabhängige Variable *Variation in der Sprachverwendung* zurückgeführt werden (vgl. Soukup 2019: 88). Allerdings muss beachtet werden, dass der Sprecher in den Sprechproben lediglich die regionale Sprechweise imitiert, es sich also nicht um authentisches Material handelt. Die regionale Sprechweise könnte folglich verfälscht wiedergegeben bzw. durch die Stereotype des Sprechers verzerrt sein.

Um die Authentizität der Aufnahmen zu gewährleisten, und weil es schwierig ist, Sprecher zu erreichen, die die verschiedenen Sprechweisen überhaupt imitieren können, wird häufig eine abgewandelte Technik, das sog. Verbal-Guise-Experiment angewendet. Die verschiedenen regionalen Sprechweisen werden von verschiedenen authentischen Sprechern gesammelt und anschließend von den Gewährspersonen innerhalb eines semantischen Differentials eingeordnet. Zum einen können verzerrte, da auf Stereotypen basierende Aufnahmen vermieden werden, da die Sprecher über eine aktive Dialektkompetenz der betreffenden regionalen Sprechweise verfügen und diese nicht nur imitieren. Zum anderen ist auch die Rekrutierung der Sprecher sehr viel leichter (vgl. Soukup 2019: 88).

5.2.3 Mixed Methods

Im Folgenden werden aktuelle Forschungsansätze[76] vorgestellt, die sich durch ihren innovativen Methodenmix bzw. ihre Erweiterung der Forschungsperspektive auszeichnen.

5.2.3.1 Mixed Methods: Online-Befragung

Bei der Erhebung wahrnehmungsdialektologischer Daten werden inzwischen immer häufiger Online-Befragungen, z. B. mithilfe der Software SoSci Survey, genutzt (vgl. hierzu Kleene 2020; Oberholzer 2018; Studler i. Vorb.). Die Vorteile liegen u. a. in der Einbindung von Bild-, Audio- und Videodateien in den Fragebogen, der kontrollierten Randomisierung[77] und der automatischen Teilnehmerverwaltung. Über Zugriffsbeschränkungen soll zudem ermöglicht werden, dass nur jene an der Befragung teilnehmen können, die von der forschenden Person vorher ausgewählt wurden. So kann zwischen verschiedenen Optionen gewählt werden, etwa der Zugriffsberechtigung nur aus einem bestimmten IP-Bereich (z. B. dem Universitätsnetzwerk) heraus, der Vergabe einer individuellen Kennung oder eines individuellen Teilnahmelinks bzw. Passwortes. Natürlich kann trotz dieser Vorkehrungen nicht klar nachgewiesen werden, ob die vorher bestimmte Gewährsperson tatsächlich an der Befragung teilnimmt bzw. ob sich diese bei der Bearbeitung ggf. Hilfe durch Dritte geholt hat. Nichtsdestoweniger bieten die Optionen zur Gestaltung, Teilnehmerverwaltung und Auswertung immense Vorteile gegenüber anderen Formen der schriftlichen Befragung, wie etwa der herkömmlichen Befragung per Post oder E-Mail. Im Anschluss an die Erhebung der Daten können die Ergebnisse dann als csv-Datei im Tabellenformat exportiert und z. B. im Statistikprogramm SPSS ausgewertet werden.

---

[76] Die Auswahl der Forschungsprojekte erfolgte anhand der Kriterien Innovation (methodische Innovationen, neue Arbeitstechniken, Nutzung der Sozialen Medien etc.) und Aktualität (Projekte nicht älter als zehn Jahre). Natürlich ist die getroffene Auswahl keinesfalls erschöpfend, sondern stellt eine kleine Auswahl an Projekten dar, die im Bereich der Wahrnehmungsdialektologie in den letzten Jahren entstanden sind.

[77] Bei der Randomisierung werden die Teilnehmer der Befragung zufällig verschiedenen Gruppen zugeordnet. Das ist dann sinnvoll, wenn z. B. Primes (vgl. Abschnitt 5.2.3.2) gesetzt oder unterschiedliche Fragestellungen bearbeitet werden sollen. Für jeden Befragten wird ein spezifischer Code vergeben, der ihn der betreffenden Experimentalgruppe zuordnet. So können z. B. Vergleiche zwischen den Gruppen erfolgen oder es kann auch mit Kontrollgruppen gearbeitet werden.

Generell gilt, dass schriftliche (indirekte) Befragungen im Vergleich zu mündlichen (direkten) Befragungen stets kostengünstiger und in einer kürzeren Zeit bearbeitbar sind, weshalb die Erhebung eines dichteren Ortsnetzes möglich wird. Allerdings muss mit z. T. erheblichen Rücklaufverlusten gerechnet werden, da z. B. die Bereitschaft zur Teilnahme verworfen wird oder der Rückversand des ausgefüllten Fragebogens durch die Gewährsperson nicht gelingt. Darüber hinaus muss sich der Forscher darüber bewusst sein, dass das, „was die ausgefüllten Fragebögen repräsentieren [...] im allgemeinen [sic!] nur schwer zu beantworten ist" (Niebaum & Macha 2014: 18). Das liegt zum einen daran, dass nicht klar nachvollzogen werden kann, wer den Fragebogen bearbeitet hat und zum anderen keine Verständnis- bzw. Rückfragen der Gewährsperson an den Explorator möglich sind und deshalb Ungenauigkeiten bzw. Fehler in der Beantwortung der Fragen entstehen können.

Ein gelungenes Beispiel, wie Online-Befragungen zur Erhebung externaler und internaler Merkmale genutzt werden können, gibt Kleene (2020). Sie integrierte u. a. einen Hörerurteilstest in ihren Online-Fragebogen, um neben den assoziierten Dialektmerkmalen auch die perzipierten Dialektmerkmale des Bairischen erheben zu können. Insgesamt wurden zwei Versionen des Fragebogens (vgl. Abb. 18) erstellt: In beiden Versionen wird eine kurze Einführung sowie eine Anleitung zum Hörerurteilstest geben. Im Anschluss werden in der Version I zwölf dialektnahe Sprechproben vorgespielt und in der Version II 14 standardnahe Sprachaufnahmen eingebunden. Die Hörproben sollten nach dem empfundenen Dialektalitätsgrad auf einer siebenstufigen Skala zugeordnet werden und regional nach Land, Bundesland/Kanton und Stadt verortet werden. Außerdem wurden die Gewährspersonen nach (sprachlichen) Merkmalen gefragt, die ihnen in den Sprechproben auffielen (vgl. Kleene 2020: 127–128).

Hörprobe Nr. ...

a) Bitte ordnen Sie diese Aufnahme spontan auf der folgenden siebenstufigen Skala zwischen den Extremen „tiefster Dialekt" und „reines Hochdeutsch" ein.
tiefster Dialekt ☐ ☐ ☐ ☐ ☐ ☐ ☐ *reines Hochdeutsch*

b) Was glauben Sie, woher der Sprecher stammt? Versuchen Sie hier eine möglichst genaue Einordnung vorzunehmen.
Land:
  ☐ Österreich   ☐ Deutschland
  ☐ deutschsprachige Schweiz   ☐ Italien (Südtirol)

Bundesland/Kanton: _____

Region/Stadt: _____
c) Welche sprachlichen Merkmale waren für Sie auffällig?
_____

Abb. 18: Online-Fragebogen (Kleene 2020: 128).

Der Link zur Befragung wurde u. a. über die Sozialen Medien (Facebook) verteilt und das Schneeball-Prinzip zur Gewährspersonenakquise genutzt. Die Gesamtstichprobe umfasst 635 Gewährspersonen, die an der Online-Befragung teilgenommen und diese bis zum Schluss absolviert haben. Es fällt auf, dass die Stichprobe z. T. etwas unausgewogen ist, da keine Steuerung durch die Exploratorin vorgenommen wurde. So haben 238 (71,3%) weibliche und nur 94 (28,1%) männliche Gewährspersonen an der Befragung partizipiert[78], die hauptsächlich der AG der 21–30-Jährigen (220, 65,9%) angehören und das Abitur bzw. die Matura (140, 41,9%) oder einen Hochschulabschluss (171, 51,2%) vorweisen können (vgl. Kleene 2020: 129–130). Als besonders positiv ist hingegen hervorzuheben, dass Gewährspersonen aus drei Ländern (Deutschland, Österreich und Italien/Südtirol) befragt werden konnten und somit ein relativ großer Raum erforscht werden konnte.

5.2.3.2 Mixed Methods: Primes

Palliwoda (2019) verbindet in ihrem Projekt wahrnehmungsdialektologische Methoden (Hörerurteilstest, Draw-a-Map-Task, Pleasantness-Evaluation) mit der Priming-Methode aus der kognitiven Psychologie. Als Priming wird „im Allgemeinen die Erleichterung einer Reaktion auf einen Zielreiz (Target) aufgrund der vorhergehenden Darbietung eines Bahnungsreizes (Prime) [bezeichnet, VS/TH]" (Fischer et al. 2011: 190).

Ziel der Untersuchung war es, dass Konzept *Mauer in den Köpfen*[79] wahrnehmungsdialektologisch zu erforschen. Hierfür stellte Palliwoda drei Gewährspersonengruppen zusammen, die während des kombinierten Hörerurteilstests sowie der Draw-a-Map-Aufgabe entweder einen einfachen Prime, einen verstärkten Prime oder gar keinen Prime erhielten. Um das Konzept *Mauer in den Köpfen* zu evozieren, wurde als Bahnungsreiz das Ost-Ampelmännchen (einfacher Prime) bzw. Ost- und West-Ampelmännchen nebeneinander (verstärkter Prime) gezeigt, während die Sprechproben (Zielreiz) von den Gewährspersonen in einer Mental Map verortet wurden. Darüber hinaus gab es auch eine Kontrollgruppe, die keinen Prime erhielt, und so der Überprüfung der Ergebnisse diente (vgl. Palliwoda 2019: 96–99).

---

78 Zwei Befragte machten keine Angabe.
79 Hier steht die Frage im Zentrum, ob die Gewährspersonen die ehemalige deutsch-deutsche Grenze immer noch wahrnehmen und ob diese, z. B. bei der Verortung von Sprechproben eine Rolle spielt und ggf. die Wahrnehmung der Sprechproben bzw. Sprachräume beeinflusst, also als *Mauer in den Köpfen* immer noch vorhanden ist (vgl. Palliwoda 2019).

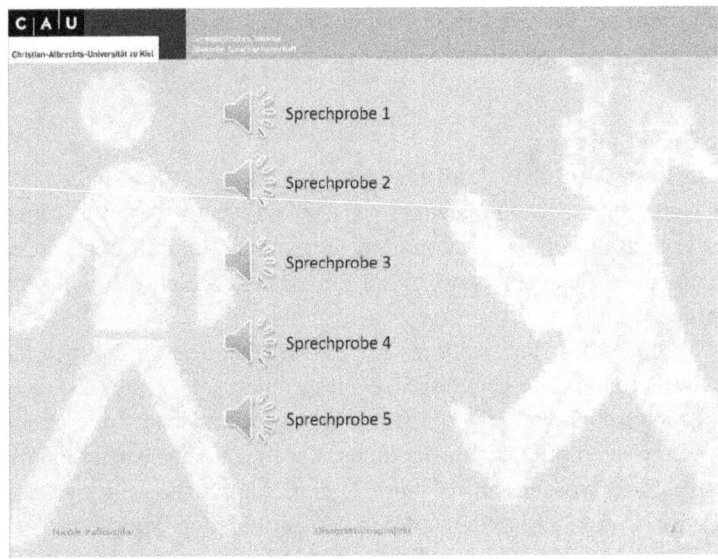

Abb. 19: Verstärkter Prime (Pallwoda 2019: 101).

Die entstandenen Mental Maps wurden zunächst mithilfe der Geoinformationssystemssoftware Quantum GIS georeferenziert und anschließend mit der Geoinformationssystemsoftware ArcGIS bearbeitet (vgl. Pallwoda 2019: 108). Mittels Heat Maps (vgl. Abschnitt 5.3.2) wurden die Überlappungen der von den Gewährspersonen eingezeichneten mentalen Räume dargestellt und miteinander verglichen. Pallwoda konnte zeigen, dass „es sich bei der *Mauer in den Köpfen* um eine Diskursmauer handelt [...], die durch unterschiedliche Konzepte getriggert werden kann [...]. [...] und durch einen Prime [...] Einfluss auf die Verortung und Bewertung von Sprechproben ausübt" (Pallwoda 2019: 255, Herv. i. Orig.). So hatte der Prime u. a. einen signifikanten Einfluss auf die Verortung und Bewertung der Sprechproben, da er „unbewusst eine Einstellungsänderung [bewirkte, VS/TH], die sich in einer Zugehörigkeit oder in einer Abgrenzung zu dem jeweiligen Sprachbeispiel äußert" (Pallwoda 2019: 249). Zum einen wurden häufiger *ostdeutsche* Merkmale in den Sprechproben wahrgenommen, wenn der Prime das Konzept OSTDEUTSCH[80] vorbereitete. Zum anderen wurden aber eher norddeutsche und westdeutsche Merkmale wahrgenommen, wenn der Prime eine Abgrenzung zum Konzept OSTDEUTSCH

---

[80] Das Konzept OSTDEUTSCH steht in einer gewissen Relation zum Konzept SÄCHSISCH und wird fast ausschließlich von *westdeutschen* Gewährspersonen evoziert, von den *ostdeutschen* Gewährspersonen hingegen nicht (vgl. Pallwoda 2019: 82 sowie Kehrein 2012 und Lameli 2012). Zudem stellte sich heraus, dass bei der Verortung von Sprechproben kein Konzept WESTDEUTSCH evoziert wurde.

anbahnte. Palliwoda (2019) konnte so einen signifikanten Einfluss der gesetzten Primes auf die Verortung und Bewertung der Sprechproben nachweisen.

5.2.3.3 Mixed Methods: Open Guise

Während bei der Matched-Guise-Technik (vgl. Abschnitt 5.2.2.2) verdeckt Sprechereinstellungen erhoben werden, werden die Gewährspersonen bei der Open-Guise-Technik vorher darüber informiert, dass es sich in den zu bewertenden Aufnahmen um dieselben Sprecher handelt, die jedoch in ihrer Sprechart sowohl auf einer horizontalen als auch auf einer vertikalen Skala variieren.

Diese methodische Variante wurde von Soukup (2013) entwickelt und im Rahmen einer Erhebung unter 123 Studierenden der Universität Wien evaluiert. Insgesamt mussten die Studierenden sechs Sprechproben von drei Sprechern in ein semantisches Differential einordnen und auf einer fünfstufigen Skala hinsichtlich 22 verschiedener Attributpaare beurteilen. Die Gewährspersonen wurden vorher von der Exploratorin darauf hingewiesen, dass es sich um dieselben Sprecher handelte, die in den Aufnahmen denselben Text „auf zwei verschiedene Arten" (Soukup 2013: 276) präsentieren. Hierzu sollten die Gewährspersonen einschätzen, wie die jeweilige sprachliche Variante bei einem öffentlichen Publikum ankommen würde (vgl. Soukup 2013: 276).

Soukup konnte zeigen, dass die Gewährspersonen die unterschiedlichen Varianten desselben Sprechers tatsächlich unterschiedlich bewerten. So wurden die Sprecher im Hinblick auf die dialektalen Sprechproben eher als *weniger gebildet*, *weniger ernst* und *weniger arrogant*, aber auch *natürlicher*, *ehrlicher* und *emotionaler* beurteilt als in den standardnahen Sprechproben (vgl. Soukup 2013: 281). Darüber hinaus konnte eine „possible interaction of language use with gender, whereby using the standard has more ‚negative' social consequences for females than for males" (Soukup 2013: 280) ermittelt werden. Die weiblichen Sprecherinnen wurden von den Gewährspersonen bei der Verwendung einer standardnahen Sprechweise signifikant häufiger als streng beurteilt als der männliche Sprecher. Soukup (2013: 280) konnte so nachweisen, dass die Verwendung des Standards für die Frauen in ihrem Sample mehr negative soziale Konsequenzen hatte als für den männlichen Sprecher.

Soukup (2013: 282) schließt aus ihren Ergebnissen, dass die Open-Guise-Technik sehr gut angewendet werden kann, um Bewertungen von unterschiedlichen Stilen (z. B. dialektale vs. standardnahe Sprechweise) zu erheben. Die Gewährspersonen sind folglich durchaus in der Lage, nachzuvollziehen, dass ein- und derselbe Sprecher zwischen verschiedenen Stilen wechseln kann (Code-Switching bzw. Code-Shifting). Eine verdeckte Erhebung, so Soukup (2013: 272), ist in der Folge nicht mehr notwendig, um Einstellungen zu Sprechern unterschiedlicher vertikaler Varietäten zu erheben.

5.2.3.4 Mixed Methods: Linguistic Landscaping

Die Linguistic Landscape-Forschung beschäftigt sich primär mit der Repräsentation von schriftlicher Sprache im (öffentlichen) Raum (vgl. Auer 2010: 297). Meist stehen städtische

Regionen im Mittelpunkt, da diese stärker durch Schriftzeichen, z. B. Hinweis- und Informationsschilder, in der Öffentlichkeit geprägt sind als ländliche Räume. Dies hängt u. a. damit zusammen, dass sich in den Städten mehr ortsunkundige Menschen bewegen als auf dem Land und für sie der Raum erst durch die vorhandenen Schilder interpretierbar wird. Nur so ist eine Orientierung im Raum möglich und in der Folge auch ein zielgerichtetes Handeln. Die ortsgebundenen Schriftzeichen ermöglichen zum einen die Kommunikation zwischen Zeichenproduzent (z. B. einer staatlichen Behörde) und Rezipienten und zum anderen eröffnen sie auch Handlungsräume (vgl. Auer 2010: 275).

Eine weitere wichtige Funktion von Schrift im öffentlichen Raum ist die Markierung von Zugehörigkeit (vgl. Auer 2010: 292). Aus einer wahrnehmungsdialektologischen Perspektive betrachtet, kann die Linguistic Landscape wichtige Einsichten bzgl. des Zugehörigkeitsempfindens sowie der Ortsloyalität der Schriftproduzenten zum betreffenden Raum liefern.

Petkova konnte herausstellen, dass Zugehörigkeit entweder ausdrucksseitig (durch explizite Nennung von z. B. Gemeinden etc.) oder inhaltsseitig (durch die Sprachwahl, etwa durch das Verwenden dialektaler Anschriften) dargestellt werden kann. Durch die Verwendung von Dialekt auf Schildern im öffentlichen Raum kann die Zugehörigkeit des Raumes mit der regionalen Varietät dargestellt werden.

In diesem Zusammenhang untersuchte sie die Linguistic Landscape vierer schweizerischer Gemeinden (Altdorf, Schwyz, Sarnen und Stans) (vgl. Petkova 2017: 154). Im Mittelpunkt standen zum einen die geografischen Größen (Gemeinde, Kanton, Region, Dialektgebiet etc.) sowie die Mittel, mit denen das Zugehörigkeitsempfinden dargestellt wurde. Besonderes Augenmerk legte sie auf die Verwendung von Toponymen im öffentlichen Raum (vgl. Petkova 2017: 160). In Abb. 20 wird die Zugehörigkeit des Zeichenproduzenten sowohl ausdrucksseitig, durch den Verweis auf den Ort Altdorf im Schweizer Kanton Uri, ausgedrückt als auch inhaltlich, durch die Verwendung der dort vorherrschenden regionalen Varietät.

Abb. 20: Linguistic Landscape Forschung in der Schweiz (Petkova 2017: 177).

Über das Luxemburger Crowdsourcing Projekt *Lingscape*[81] können sprachliche Zeichen im öffentlichen Raum per Smartphone-Applikation dokumentiert, kommentiert und georeferenziert in einer interaktiven Karte (vgl. Abb. 21) dargestellt werden. Hierbei handelt es sich um ein Werkzeug, das sowohl für Forschungs- als auch für Lehrzwecke eingesetzt werden kann. Es ist möglich, eigene Projekte anzulegen und Fotos der schriftlichen Zeichen in die App hochzuladen sowie diese zu kommentieren (z. B. hinsichtlich des Kontextes, des Entstehungsjahres sowie der auf dem Schild verwendeten Sprachen). Darüber hinaus kann jeder Nutzer auch auf die Fotos zugreifen, die bereits von anderen Lingscape-Nutzern in die interaktive Karte der App hochgeladen wurden. So kann z. B. die eigene Linguistic Landscape erkundet und die Kommentierungen zu den Fotos können zusätzlich herangezogen werden. Aktuell sind mehr als 25000 Fotos in der interaktiven Karte von Lingscape verfügbar, die nach verschiedenen Kategorien (Art der verwendeten Sprache(n), Anzahl der verwendeten Sprachen, Ort etc.) gefiltert und analysiert werden können. Zudem ist geplant, den Nutzern Heat Maps (vgl. Abschnitt 5.3.2) zur Verfügung zu stellen, die die Schilder hinsichtlich der Dominanz der verwendeten Sprachen im Raum darstellen (vgl. Purschke 2017: 197).

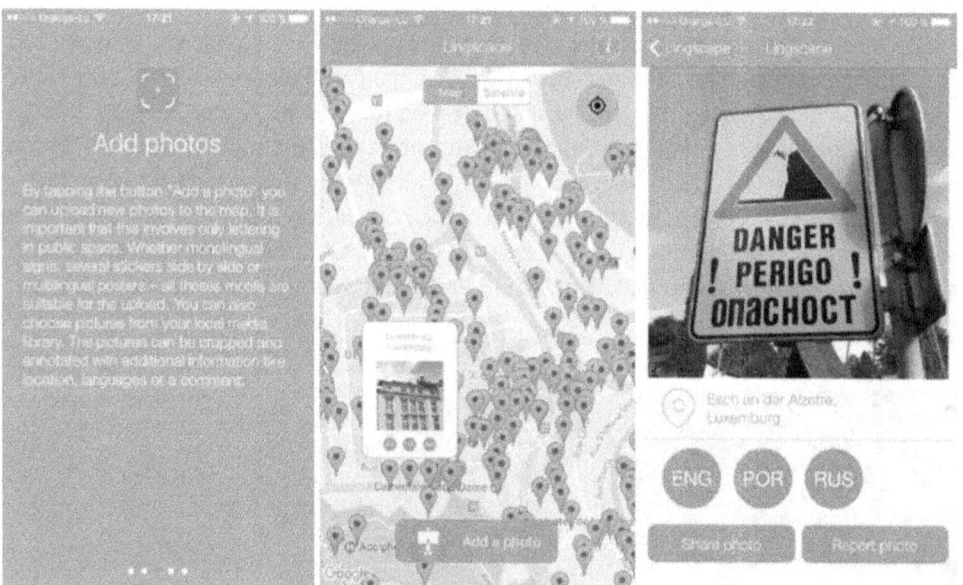

Abb. 21: Lingscape-App.

---

81 Weitere Informationen zum Projekt sowie zum Download der App sind unter dem Link https://lingscape.uni.lu/ (letzter Zugriff 05.03.2021) verfügbar.

Die Erforschung der Linguistic Landscape liefert wichtige Erkenntnisse darüber, wie ein Ort zu einem *place*, also einem „kognitiven Raum [...] [wird, VS/TH], der soziale Zuschreibung erfährt" (Christen et al. 2015: 621) und im Bewusstsein der Individuen mit spezifischen Charakteristika (z. B. dem ortstypischen Dialekt oder einer bekannten Persönlichkeit aus der Region) verknüpft ist.

5.2.3.5 Mixed Methods: IDS-Sprachmodul

Mit dem Sprachmodul des Leibniz-Instituts für Deutsche Sprache (IDS), welches in das Innovations-Sample des Sozio-ökonomischen Panels des Deutschen Instituts für Wirtschaftsforschung integriert ist, wird erstmals im Bereich der wahrnehmungsdialektologischen Forschung ein quantitativer Ansatz auf Basis einer deutschlandweiten Repräsentativerhebung verfolgt (vgl. Adler & Plewnia 2020: 16–17, 2021). Das Sprachmodul gliedert sich in zwei Teile, ein Face-to-Face-Interview sowie einen 40 Fragen umfassenden Online-Fragebogen.

In den Interviews werden neben Fragen zur Sprachkompetenz und alltäglichen Sprechlage der Befragten auch deren Einstellungen und Bewertungen zu Sprachen und Dialekten erhoben. Zur Erfassung nutzen die Forscher ein „Allgemeines Sprachbewertungs-Instrument (ASBI)" (Adler & Plewnia 2020: 23), das sowohl in einem offenen als auch einem geschlossenen Format angewendet werden kann. Beim offenen Fragenformat formulieren die Gewährspersonen ihre Antworten selbstständig, beim geschlossenen Format wird eine fünfstufige Skala vorgegeben, anhand derer die Bewertung vorgenommen werden muss. Insgesamt umfasst die Stichprobe 4380 Teilnehmer.

Das offene ASBI zeigt ähnliche Ergebnisse im Hinblick auf die Bewertung der deutschen Dialekte wie die Repräsentativerhebung von 2008 (vgl. Eichinger et al. 2009). Vor allem die NORDDEUTSCHEN Dialekte sowie das BAYRISCHE, SCHWÄBISCHE, SÄCHSISCHE und RHEINISCHE werden besonders häufig positiv bewertet. In der Kategorie der unsympathischen Dialekte ist das SÄCHSISCHE auf dem ersten Platz, gefolgt von BAYRISCH, NORDDEUTSCH und SCHWÄBISCH.[82] Die Ergebnisse aus dem geschlossenen ASBI weichen hiervon nur leicht ab. Am positivsten bewerteten die GPn stets ihren eigenen Dialekt, gefolgt von HOCHDEUTSCH, das im offenen ASBI nicht bewertet wurde, und NORDDEUTSCH (vgl. Adler & Plewnia 2020: 29). Allerdings wird auch hier das SÄCHSISCHE am negativsten bewertet und stellt zudem die einzige regionale Varietät dar, die nicht im positiven Bereich liegt (vgl. Abb. 22).

---

[82] Zur Problematik von Umfragen zur Beliebtheit und Unbeliebtheit von Dialekten siehe u. a. Hundt (2012).

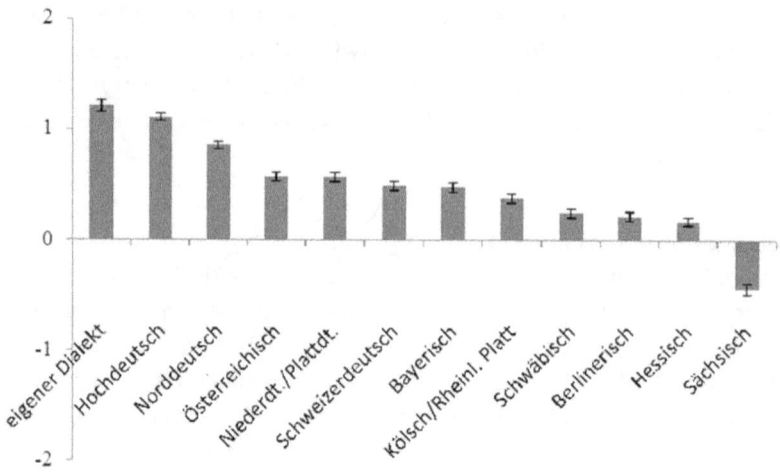

Abb. 22: Sympathiewerte deutscher Dialekte im geschlossenen ASBI (Adler & Plewnia 2020: 29).

Die Repräsentativerhebungen werden stetig weitergeführt, zuletzt wurden 2019 bzw. 2020 Befragungen zum Sprachrepertoire der Gewährspersonen sowie zum Dialektgebrauch im beruflichen Umfeld durchgeführt.

5.3 Schritt 3: Die Datenaufbereitung

– *Leitfrage: Wie können die erhobenen Daten aufbereitet, d. h. für die Auswertung zugänglich gemacht werden?*

5.3.1 Shaded Maps (*overlay techniques*)

Zur Aufbereitung der handgezeichneten Mental Maps wird u. a. die sog. Overlay-Technik verwendet. Diese wurde von Preston & Howe (1987) entwickelt und durch die Software *Perceptual Dialectology Quantifier (PDQ)* von Onishi & Long aktualisiert und für die Anwendung auf Windows-Computern nutzbar gemacht (vgl. Montgomery & Stoeckle 2013: 53). Die Overlays entstehen, wie der Name schon sagt, durch das Übereinanderlegen der Mental Maps der Gewährspersonen . So ist es möglich, die handgezeichneten Grenzverläufe bzw. sprachlichen Räume zu digitalisieren und anschließend die einzelnen Mental Maps sowie die eingezeichneten Grenzverläufe miteinander zu vergleichen (vgl. Abb. 23).

Schritt 3: Die Datenaufbereitung — 113

Abb. 23: Generierte Karte mittels Overlay-Technik nach Preston & Howe (1987: 373).

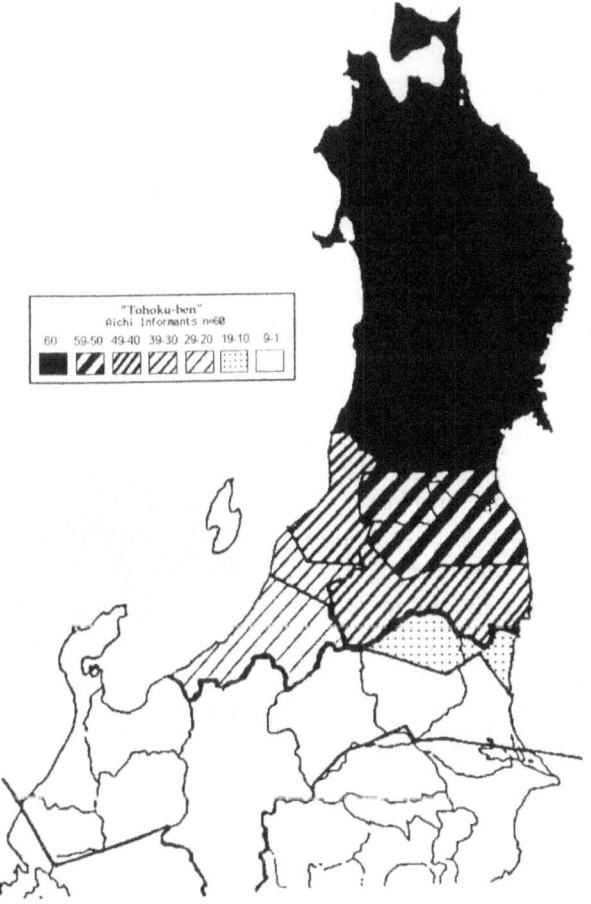

Abb. 24: Generierte Karte mittels PDQ-Software (Long 1999: 183).

Bis in die späten 1990er Jahre stellte die Overlay-Technik das Standardverfahren zur Aufbereitung von Mental Maps dar, heute wird sie immer noch vereinzelt angewendet: „This method was the first to provide a generalization technique that acknowledged the particular type of geographical data captured by the draw-a-map task" (Montgomery & Cramer 2016: 17).

Die Übereinstimmungsgrade der eingezeichneten Grenzlinien werden so durch die Verwendung unterschiedlicher Farben ausgedrückt und die Zugehörigkeitsgrade der Sprachräume durch spezifische Muster dargestellt (vgl. Montgomery & Cramer 2016: 17). Die nur noch vereinzelte Nutzung dieser Technik hängt vor allem damit zusammen, dass diese „lediglich an wenigen Computern in Japan zugänglich" (Stoeckle 2014: 111) ist und dementsprechend die generierten Karten nicht problemlos von anderen Wissenschaftlern genutzt und weiterbearbeitet werden können (vgl. Montgomery & Stoeckle 2013: 53). Darüber hinaus kann nur jeweils ein Sprachraum dargestellt werden und die Auflösung der Karten ist für die Publikation meist nicht gut geeignet (vgl. Montgomery & Stoeckle 2013: 53). Deshalb wird die Overlay-Technik nur noch im Rahmen von softwaregestützten Vektor-Illustrationen angewendet. Vektordaten sind raumbezogene Daten, die aus Punkten, basierend auf Koordinaten, bestehen. Diese Punkte können zu Linien bzw. zu Flächen, auch als Polygone bezeichnet, verbunden werden (vgl. Stoeckle 2014: 116).

Hierfür können konventionelle Grafikprogramme, bspw. die Software *CorelDRAW*, genutzt werden. Damit ist der Austausch der Daten in der scientific community leichter möglich als mit dem PDQ. Auch mittels Vektor-Technik werden die Dialekträume bzw. deren Grenzen nachgezeichnet und im Anschluss übereinandergelegt (vgl. Stoeckle 2014: 113). Die Vorteile gegenüber dem PDQ liegen, neben der besseren Zugänglichkeit der Technik, vor allem in der verbesserten Auflösung der Karten.

5.3.2 Geoinformationssysteme (GIS)

Heute werden Mental Maps meist unter Verwendung von Geoinformationssystem-Software aufbereitet, wie z. B. ArcGis oder QGIS (vgl. Montgomery & Cramer 2016: 18). Der entscheidende Vorteil dieser Methode liegt in der Verknüpfung von semantischen und geometrischen Informationen, d. h., dass die Mental Maps zunächst eingescannt und die eingezeichneten kognitiven Räume in ein Geoinformationssystem übertragen und georeferenziert werden müssen. Die soziodemografischen Daten der Gewährspersonen werden ebenfalls in das Programm eingespeist. Im Anschluss können die Karten bzw. die generierten Polygone mittels Frequenzanalyse miteinander verglichen werden und z. B. Kern- und Randzonen der eingezeichneten mentalen Räume bestimmt werden (vgl. Abb. 25).

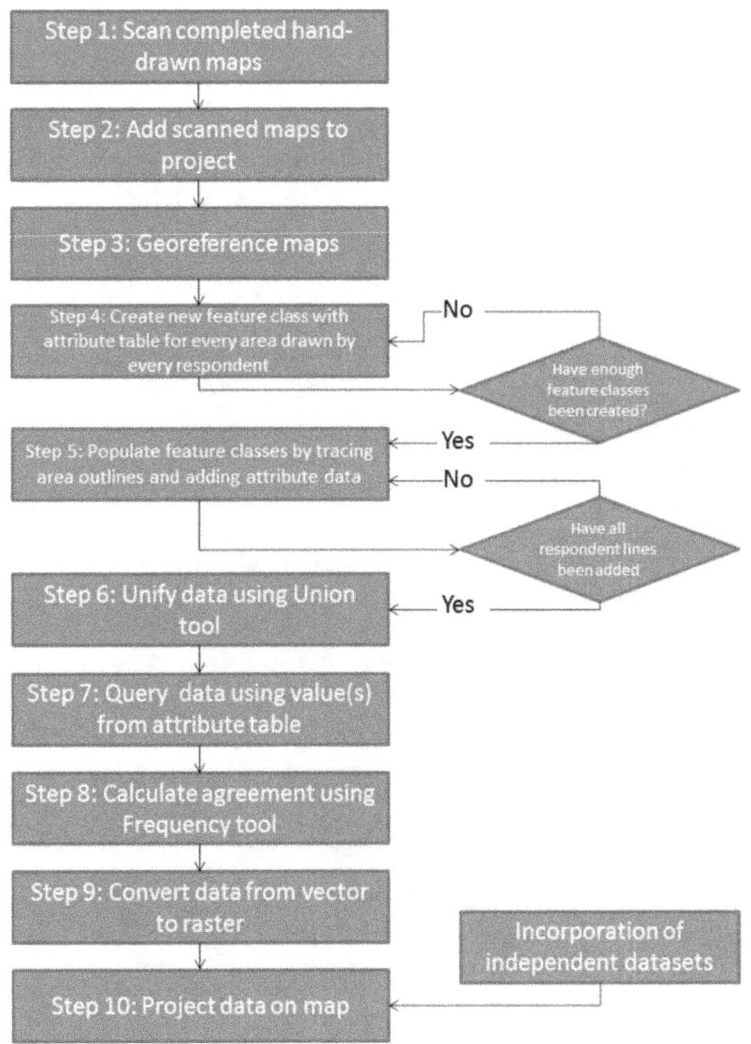

Abb. 25: Workflow in ArcGIS (Montgomery & Stoeckle 2013: 68).

Darüber hinaus können die Karten hinsichtlich der soziodemografischen Daten der Befragten, z. B. nach deren Alter oder Herkunft, miteinander verglichen werden. Der Übereinstimmungsgrad der eingezeichneten Grenzlinien wird dann meist farblich gekennzeichnet (vgl. Abb. 26). Die verschiedenen Grade der Überlappungen bzw. Überschneidungsbereiche können sehr gut in sog. *Heat Maps* visualisiert werden. In diesen können die Übereinstimmungsgrade der eingezeichneten Polygone durch Farbabstufungen dargestellt werden, also bspw. hohe Übereinstimmungswerte durch rote Farbabstufungen und geringe Übereinstimmungswerte durch grüne Farbabstufungen (vgl. Abb. 26). Diese Heat

Maps ähneln stark Hitzekarten aus der Meteorologie bzw. Wärmebildkarten, bei denen die Farbwerte unterschiedliche Temperaturwerte darstellen.

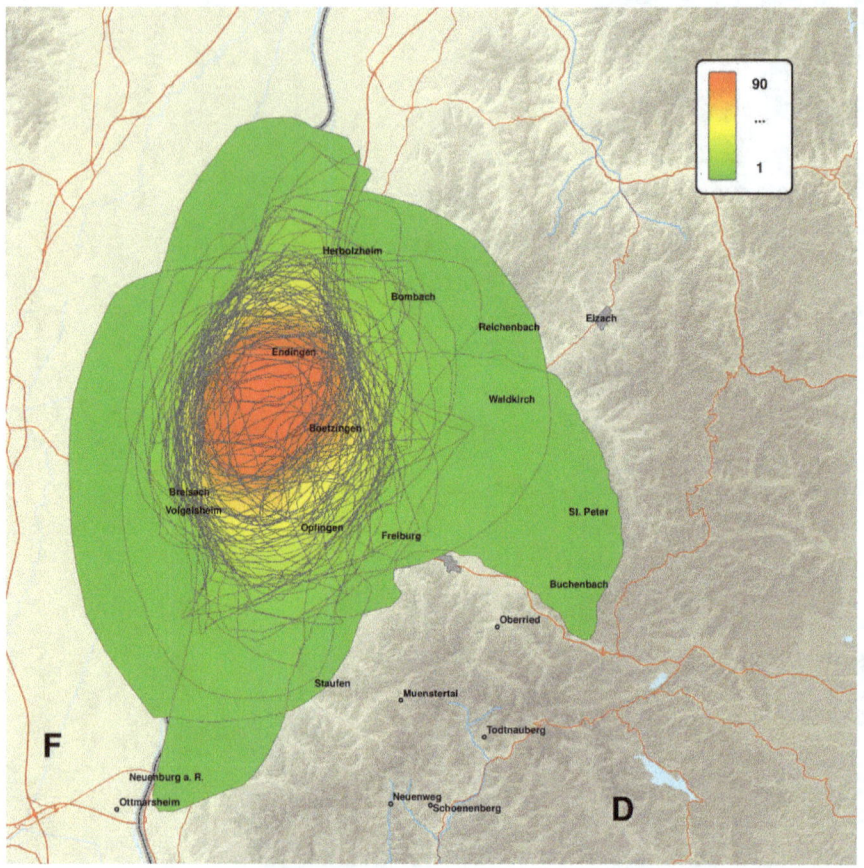

Abb. 26: Darstellung der Übereinstimmungsgrade mittels Farbabstufung (Montgomery & Stoeckle 2013: 66).

Die Generierung solcher Heat Maps ist ebenfalls in ArcGis möglich, wenn zuvor die Mental Maps in das Programm integriert und georeferenziert wurden. Die Heat Maps stellen die Überlagerung der Polygone, also der eingezeichneten Flächen (z. B. der Dialektgebiete) farblich abgestuft dar. Je nachdem wie häufig sich einzelne Polygone (z. B. eingezeichnete Dialektgebiete) überlagern, können Überlagerungsklassen eingeteilt werden.

Die Sprachräume, die später in der Heat Map dargestellt werden sollen, müssen zunächst in Polygone überführt werden. Dieser Vorgang muss für alle von den Gewährspersonen eingezeichneten Räume einzeln wiederholt und anschließend müssen diese als Vektordaten gespeichert werden. In Abb. 26 stellten Montgomery & Stoeckle (2013: 66) die mentale räumliche Repräsentation des Kaiserstuhls, einer Gebirgsregion in Baden-Württemberg, von 93 Gewährspersonen dar. Die zugrundeliegenden Polygone sind jeweils als graue Umrandung erkennbar: Die Überschneidungsklasse I ist grün markiert und umfasst jeweils eine Überschneidung. Hier können gewissermaßen die Außenränder des mentalen Raums KAISERSTUHL abgeleitet werden. Der rotmarkierte Bereich bildet die Überschneidungsklasse 6 und umfasst bis neunzig Überschneidungen, d. h., dass sich bei 93 der 95 Gewährspersonen der eingezeichnete Raum mit dem rotmarkierten Bereich der Karte in Abb. 26 überlapt. Die Überschneidungsklasse 6 gibt demzufolge die Kernzone an, die von fast allen GPn angegeben wurde.

Mittels GIS können die Mental Maps jedoch nicht nur miteinander verglichen werden, sondern diese können auch nach bestimmten soziodemografischen Aspekten der Befragten gefiltert und statistisch ausgewertet werden. Darüber hinaus sind die so generierten Karten anschlussfähig für weitere Forschungen und damit überprüf- und erweiterbar. Zudem ist es möglich, ‚change-over-time'-Animationen (Montgomery & Stoeckle 2013: 79) zu erstellen, die einen Wandel der Mental Maps in *real-time* (vgl. hierzu Abschnitt 5.5.2) abbilden können.

5.3.3 Transkripte

Medial mündliche Sprachdaten, die z. B. im Rahmen von Befragungen entstanden sind, müssen für die Datenanalyse aufbereitet werden. Mittels Transkripten können auditive oder auch gestisch kommunizierte Sprachdaten in eine schriftliche Form gebracht werden. Die verschriftlichten Texte bilden zum einen die Basis für die Datenanalyse, stellen zum anderen „aber auch selber bereits eine linguistische Analyse dar" (Hirschmann 2019: 75). Je nach Anspruch[83] können die Sprachdaten entsprechend der Transkriptionsrichtlinien als einfaches Transkript oder Feintranskript verschriftlicht werden. Beim einfachen Transkript steht der semantische Gehalt des Gesagten im Vordergrund, weshalb non-verbale Aktivitäten, wie Mimik und Gestik, meist nicht berücksichtigt werden. In Basistranskripten erfolgt häufig auch eine Glättung der Sprache, bei der die regionalsprachlichen Varianten an den Standard angepasst werden. Feintranskripte enthalten hingegen alle regional- oder umgangssprachlichen Merkmale und geben auch non-verbale Aktivitäten an. Ziel dieser Transkriptionsform ist die möglichst exakte und umfassende Wiedergabe der Gesprächssituation.

Am häufigsten wird im deutschsprachigen Raum das Gesprächsanalytische Transkriptionssystem GAT bzw. dessen Weiterentwicklung GAT 2 genutzt. Die Version GAT 2 ermög-

---

[83] Hier muss vorab die Frage geklärt werden, ob ein phonetisches Transkript erstellt werden soll, welches lautliche Besonderheiten wiedergibt oder ob nur der Inhalt der Sprachaufnahme erfasst werden soll, dann reicht ggf. ein Basistranskript/Minimaltranskript aus.

licht neben der reinen Transkription auch die Beschreibung weiterer Merkmale, wie etwa der Metadaten oder auch nonverbaler Merkmale wie Pausen (vgl. Hirschmann 2019: 78). Prinzipiell wird das Transkript in Kleinschreibung erstellt, da die Großschreibung von Wortbestandteilen den Wortakzent kennzeichnet. Die Transkriptionszeilen werden durchnummeriert und als Transkriptionsschrift meist `Courier` gewählt. Zur Kennzeichnung gesprächsrelevanter Aspekte bzgl. nonverbaler Kommunikation, Prosodie, Dynamik etc. stehen ausführliche Notationsrichtlinien zur Verfügung (vgl. Hirschmann 2019: 86). Neben GAT können auch weitere Transkriptionsverfahren wie die Halbinterpretativen Arbeitstranskriptionen (HIAT, vgl. Ehlich & Rehbein 1976, 1979) oder die Conversation Analysis (CA, vgl. Ochs, Schegloff & Thompson 1996) herangezogen werden (vgl. Knöbl & Steiger 2006: 1).

Zur computergestützten Transkription stehen zahlreiche Programme zur Verfügung, in der Sprachwissenschaft haben sich jedoch der Partitureditor EXMARaLDA (vgl. Abb. 27) bzw. der darin integrierte Transkriptionseditor FOLKER durchgesetzt. Die transkribierten Daten können dann in einem zweiten Schritt annotiert, d. h. linguistisch interpretiert werden.[84]

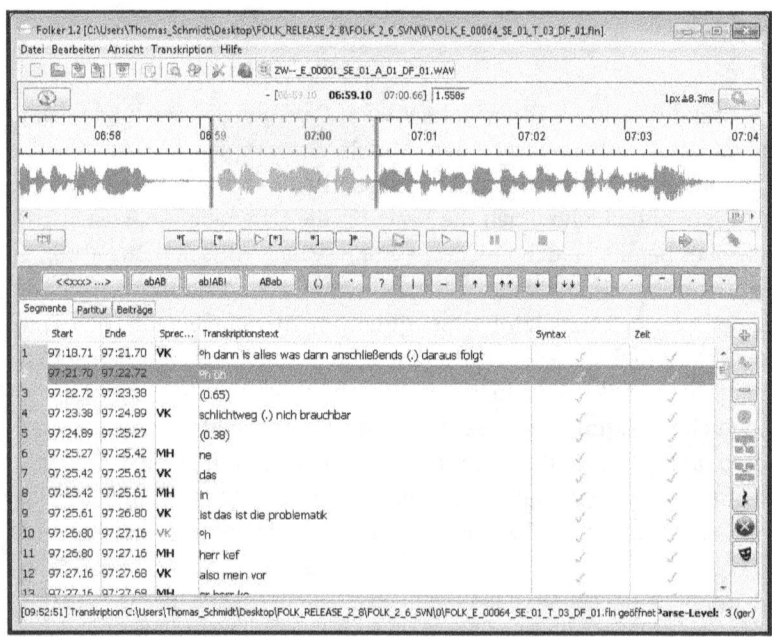

Abb. 27: Ausschnitt eines Transkripts in EXMARaLDA (Archiv für Gesprochenes Deutsch 2020).

---

84 Eine sehr gute Übersicht über die Funktionen des Partitureditors EXMARaLDA bietet Hirschmann (2019).

Neben der selbstständigen Transkription durch den Forscher, können Transkripte auch computergesteuert erstellt werden mittels automatischer Spracherkennung bzw. Automatic Speech Recognition (ASR). Hierbei erkennt das System die natürlichen Sprachdaten, verarbeitet sie und speichert diese in Form von Transkripten ab. Je nach Ausgangssprachmaterial kann die ASR jedoch sehr fehlerhaft sein (Ausgabe von sog. *schmutzigen Transkripten*) und eine individuelle Korrektur der Transkripte durch den Forscher notwendig werden. Das Bayerische Archiv für Sprachsignale (BAS) bietet u. a. die ASR für Forschende an.

5.4 Schritt 4: Die Datenanalyse

– *Leitfrage: Wie können aus dem aufbereiteten Datenmaterial Ergebnisse abgeleitet werden, die zur Theoriebildung herangezogen werden können?*

5.4.1 Ergebnisse qualitativer und quantitativer Analysen

In der qualitativen Forschung werden meist Einzelfälle bzw. kleinere Stichproben untersucht, hier steht folglich der „Erkenntnisgewinn durch tiefgehende Einzelfallanalysen" (Wichmann 2019: 53) im Vordergrund. Die umfassende Beschreibung (*Deskription*) des Forschungsgegenstandes bildet die Basis einer jeden qualitativen Analyse. Vor allem im Hinblick auf die Erforschung neuer bzw. noch unbekannter Forschungsaspekte sind qualitative Ansätze sehr gut geeignet. Solche Untersuchungen sind vordergründig auf das Sinnverstehen ausgerichtet, sollen also bisher unerforschte bzw. unbekannte Phänomene (*Desiderata*) ausführlich beschreiben.

Die Orientierung an Einzelfällen bringt es jedoch mit sich, dass qualitative Ergebnisse stets tentativ sind und nur innerhalb des spezifischen Erhebungskontextes Gültigkeit beanspruchen können bzw. situationsspezifisch interpretiert werden müssen (vgl. Wichmann 2019: 41).

In quantitativen Studien steht hingegen die Verallgemeinerbarkeit der Ergebnisse (vgl. Wichmann 2019: 53) sowie ihre Wiederholbarkeit und Vergleichbarkeit im Vordergrund. Durch die Isolation einzelner Variablen und deren Analyse sollen „Regelmäßigkeiten im menschlichen Verhalten" (Wichmann 2019: 43) abgeleitet werden können und dieses so vorhersehbar gemacht werden (vgl. Wichmann 2019: 38). Quantitative Ergebnisse sollen deshalb den Gütekriterien wissenschaftlichen Arbeitens (*Objektivität*, *Reliabilität* und *Validität*) entsprechen und übertragbar sein auf andere Kontexte, Situationen sowie eine größere Einheit an Individuen (vgl. Wichmann 2019: 38–39).

Im Bereich der Wahrnehmungsdialektologie gibt es kaum quantitative Ansätze, die einen Repräsentativitätsanspruch erheben können. Das hängt vor allem damit zusammen, dass die Datenerhebungen sehr umfangreich und zeitintensiv sein können und in einer repräsentativen Stichprobe dementsprechend nicht durchführbar wären (z. B. aufgrund von Zeit- und/oder Finanzierungsproblemen). Mit dem IDS-Sprachmodul wurde erstmals eine Repräsentativerhebung u. a. zu den Spracheinstellungen der Deutschen durchgeführt (vgl. Abschnitt 5.2.3.5).

5.4.2 Qualitative Inhaltsanalyse (nach Mayring)

Die qualitative Inhaltsanalyse nach Mayring betrachtet einen Text (z. B. Transkripte von Interviews, Protokolle aus Beobachtungen oder Material aus offenen Fragebögen) nie isoliert, sondern immer eingebettet in ein Kommunikationsmodell (vgl. Mayring & Brunner 2013: 325). Der Kontext, in den der Text eingebunden ist, spielt hier eine zentrale Rolle: „Wer? sagt was? in welchem Kanal (Medium)? zu wem? mit welchem Effekt?" (Mayring & Brunner 2013: 325). Das Material, welches im Rahmen der Inhaltsanalyse bearbeitet werden soll, bildet die Basis für die Beantwortung der vorher durch den Forscher festgelegten Forschungsfrage. Meist werden mündliche bzw. schriftliche Texte herangezogen, aber auch Filme oder Bilder können mithilfe dieses Analyseverfahrens ausgewertet werden. Bezogen auf wahrnehmungsdialektologische Untersuchungen könnten z. B. die mündlichen und/oder schriftlichen Erklärungen der Gewährspersonen zu den Mental Maps oder auch zum Hörerurteilstest inhaltsanalytisch ausgewertet werden (vgl. Beuge 2018; Hoffmeister 2017; Kleene 2020).

Zunächst werden Kategorien bzw. ein Kategoriensystem aus dem Datenmaterial entwickelt. Bei *Kategorien* handelt sich bei Mayring & Brunner (2013: 325) um „Kurzformulierungen", die als „Analyseaspekte [...] an das Material herangetragen werden". Je nachdem ob die Analysekategorien erst aus den Sprachdaten heraus entwickelt werden (*induktive Kategorienbildung*) oder ob das Kategoriensystem bereits vorher theoriegeleitet konzipiert wurde (*deduktive Kategorienbildung*), kann anschließend die Zuordnung der Kategorien zu den Textmaterialstellen erfolgen[85] (vgl. Mayring & Brunner 2013: 325). Das Vorgehen ist selektiv, da das Material stets kategorienbezogen analysiert wird, d. h., dass „nicht die ganzheitliche Erfassung im Vordergrund steht" (Mayring & Brunner 2013: 325), sondern vielmehr die interpretative, regelgeleitete Zuordnung von Kategorien zu den entsprechenden Textstellen.

In einem nächsten Schritt müssen die Analyseeinheiten, also die *Auswertungseinheit*, die *Kodiereinheit* und die *Kontexteinheit* festgelegt werden:

---

[85] Für die qualitative Datenanalyse ist die Arbeit mit dem Softwareprogramm MAXQDA sehr zu empfehlen.

> Die Auswertungseinheit legt die Textabschnitte fest, die mittels des Kategoriensystems nacheinander bearbeitet werden [...]. Mit der Kodiereinheit wird der minimale Textbestandteil definiert, der ausreicht, um eine Kategorienzugehörigkeit zu begründen [...]. Die Kontexteinheit bestimmt, welches Material herangezogen werden darf, um eine Kategorienzuordnung abzusichern [...].
>
> (Mayring & Brunner 2013: 325)

Im Rahmen einer wahrnehmungsdialektologischen Analyse könnte beispielsweise die Analyse der transkribierten assoziierten sprachlichen Merkmale zu den Mental Maps angestrebt werden. Als Kodiereinheit könnten einzelne Wort bzw. Wortgruppen dienen, z. B. Bewertungen der Gewährspersonen wie „schön", „angenehm", „bäurisch" etc., die sprachliche Merkmale des Sprachraums bzw. Einstellungen gegenüber den Sprechern abbilden. Als Kontexteinheit fungiert das Transkript, in dem das Gesagte der Gewährsperson schriftlich festgehalten wurde und das Textkorpus, also die Zusammenstellung der Transkripte aller befragten Gewährspersonen, entspricht der Auswertungseinheit.

Zudem werden auch Selektionskriterien festgelegt, die die Inhaltsanalyse anleiten. Bspw. ist es sinnvoll, nur jene Aussagen im Textkorpus heranzuziehen, die einen Bezug zur Forschungsfrage aufweisen. Zudem muss das Abstraktionsniveau bestimmt werden, nach dem die Kategorien bzw. das Kategoriensystem gebildet werden sollen. Ein niedriges Abstraktionsniveau begünstigt, dass die natürlichen Formulierungen der Gewährspersonen erhalten bleiben (vgl. Mayring & Brunner 2013: 329), ein höheres Abstraktionsniveau kann hingegen zur Herausbildung von Hauptkategorien sinnvoll sein (vgl. Mayring & Brunner 2013: 325). Es bietet sich dementsprechend an, die Analyse in mehreren Durchläufen zu gestalten und mit einem niedrigeren Abstraktionsniveau zu beginnen und mit einem möglichst hohen Niveau abzuschließen. So können die expliziten Unterkategorien zu generalisierbaren Hauptkategorien zusammengefasst werden.

Anders (2010) untersuchte bspw. Daten zu den assoziierten und perzipierten Sprachmerkmalen zum Obersächsischen und erstellte hierfür ein Kategoriensystem. Die Antworten der Gewährspersonen wurden dann entsprechend der Häufigkeit ihres Vorkommens geordnet (vgl. Anders 2010: 171). So konnten vier Oberkategorien abgeleitet werden, die die laienlinguistische Wahrnehmung von Sprache strukturieren: *lautliche Besonderheiten*, *morphosyntaktische Beschreibungen*, *Wortassoziationen* und *Aussagen zur Regionalität*:

(1) Lautliche Besonderheiten (auditiv-phonetische Beschreibungen)
   (11) Vokalische Assoziationen
      (111) Unspezifische allgemeine Beschreibungen
      (112) Spezifische allgemeine Beschreibungen
      (113) Vokalfrequenzen
      (114) Vokalqualitäten
   (12) Konsonantische Assoziationen
      (121) Unspezifische allgemeine Beschreibungen
      (122) Spezifische allgemeine Beschreibungen
      (123) Konsonantenqualitäten
   (13) Prosodische Assoziationen
      (131) Quantität
      (132) Intonation

(133) Akzent
(14) Artikulatorische Assoziationen
 (141) Stil
 (142) Aussprache
(2) Morphosyntaktische Beschreibungen
 (210) Allgemeine grammatische Beschreibungen
 (220) Beschreibungen zur Wortbildung
 (230) Beschreibungen zur Flexion
 (240) Syntaktische Beschreibungen
(3) Wortassoziationen
 (31) Inhaltsbezogen
  (311) Allgemeine lexikalische Merkmale
  (312) Lexikalische Besonderheiten
  (313) Phraseologisches (kulturelle Schibboleths)
 (32) Ausdrucksbezogen
  (321) Wörter/Wortgruppen als phonetische Konglomerate
(4) Aussagen zur regionalen Varietät
 (41) Dialektbeschreibung
  (411) Allgemeine Beschreibungen
  (412) Qualifizierende Beschreibungen
  (413) Relationale Beschreibungen
  (414) Beschreibungen mit Identifikationscharakter
  (415) Personen-/Gruppenbeschreibungen mit Verweisungsfunktion auf lautliche Besonderheiten
 (42) Dialektbewertung
  (421) Allgemeine Bewertungsebene
  (422) Evaluative Ebene
 (43) Variation
  (431) Vertikale Variation (Standard – Substandard)
  (432) Horizontale Variation (Dialektbezeichnungen, Grenzbereiche, Übergänge)
 (44) Raumparameter
  (441) Geographische/politische Orientierung
  (442) Räumliche Orientierungen

(Anders 2010: 269)

Der Export der Ergebnisse der qualitativen Inhaltsanalyse, z. B. in Excel oder in das Statistikprogramm SPSS, ermöglicht es, die Daten anschließend auch statistisch auszuwerten.

5.4.3 Quantitative Mono-, Bi- und Multivariate Analyseverfahren

Bei der mono- bzw. univariaten Analyse handelt es sich um ein statistisches Verfahren, das nur auf Basis einer abhängigen Variable erfolgt (vgl. Bortz & Döring 2006: 743). Hierzu zählen u. a. Häufigkeitsverteilungen, die im Rahmen der Vorbereitung der Analyse durchgeführt werden. So kann die Zusammensetzung der Altersstruktur sowie die Verteilung der Geschlechter mittels univariater Analyse in einer Häufigkeitstabelle dargestellt werden.

Die bivariate statistische Analyse umfasst zwei unabhängige Variablen, die zueinander in ein Verhältnis gesetzt werden. Z. B. können Korrelationsanalysen von Subgruppen erstellt und die Korrelationskoeffizienten ermittelt werden (vgl. Bortz & Döring 2006: 743). Hierbei handelt es sich um ein quantitatives Maß (r), das angibt, ob ein Zusammenhang zwischen den beiden Variablen besteht und welcher Richtung dieser Zusammenhang ist. Der Korrelationskoeffizient kann den Wertebereich $-1 \leq r \leq +1$ umfassen. Entspricht der Korrelationskoeffizient dem Wert 0, besteht kein statistischer Zusammenhang zwischen den Variablen. Eine positive Relation gibt an, dass „hohe Werte der einen Variablen mit hohen Werten bei der anderen Variablen einhergehen" (Bortz & Döring 2006: 732) bzw. besteht ein gegensinniger Zusammenhang zwischen den Variablen bei einer negativen Korrelation (vgl. Bortz & Döring 2006: 743). Anders (2010) analysierte z. B. das Verhältnis der Variablen Eigenbewertung des sächsischen Dialektes und Ausprägung der sächsischen Sprechweise zueinander (vgl. Abb. 28).

	Sprechen Sie Sächsisch?				
	Ja, sehr stark.	Ja, aber nicht sehr stark.	Ein wenig.	Nein, gar nicht.	Σ
sehr gut	0	0	2	4	6
gut	1	12	19	19	51
egal	2	7	5	4	18
nicht besonders	3	8	5	1	17
Σ	6	27	31	28	92

Abb. 28: Kreuztabelle nach Anders (2010: 365).

Die bivariate Analyse ergab, dass „die positive Eigenbewertung maßgeblich davon beeinflusst wird, dass der Großteil dieser Befragten ihre Sprechweise nicht als stark, sondern eher als schwach ausgeprägtes bis kein Sächsisch einschätzt" (Anders 2010: 365).

Bei der multivariaten Analyse können mehrere Variablen analysiert werden, z. B. im Rahmen von Clusteranalysen, Faktorenanalysen oder multidimensionalen Skalierungen (vgl. Bortz & Döring 2006: 735). Die Clusteranalyse analysiert die Untersuchungsobjekte nach der Ähnlichkeit ihrer Merkmalsausprägungen und ordnet sie Gruppen (Clustern) zu (vgl. Bortz & Döring 2006: 735). Die Faktorenanalyse fasst „viele wechselseitig korrelierte Variablen in wenigen Dimensionen (Faktoren) zusammen [...]" (Bortz & Döring 2006: 735). So ist es möglich, diejenigen Variablen zu ermitteln, die tatsächlich erklärungsrelevant sind und „(letztlich redundante) Werte [...] zu kennzeichnen" (Bortz & Döring 2006: 735). Mithilfe der multidimensionalen Skalierung können Objekte also hinsichtlich ihrer wahrgenommenen Ähnlichkeit räumlich dargestellt werden. Sie eignet sich sehr gut, um bspw. Ergebnisse aus dem Pilesorting zu analysieren und die Ähnlichkeitsbeziehungen der Ortspunkte auch räumlich darzustellen.

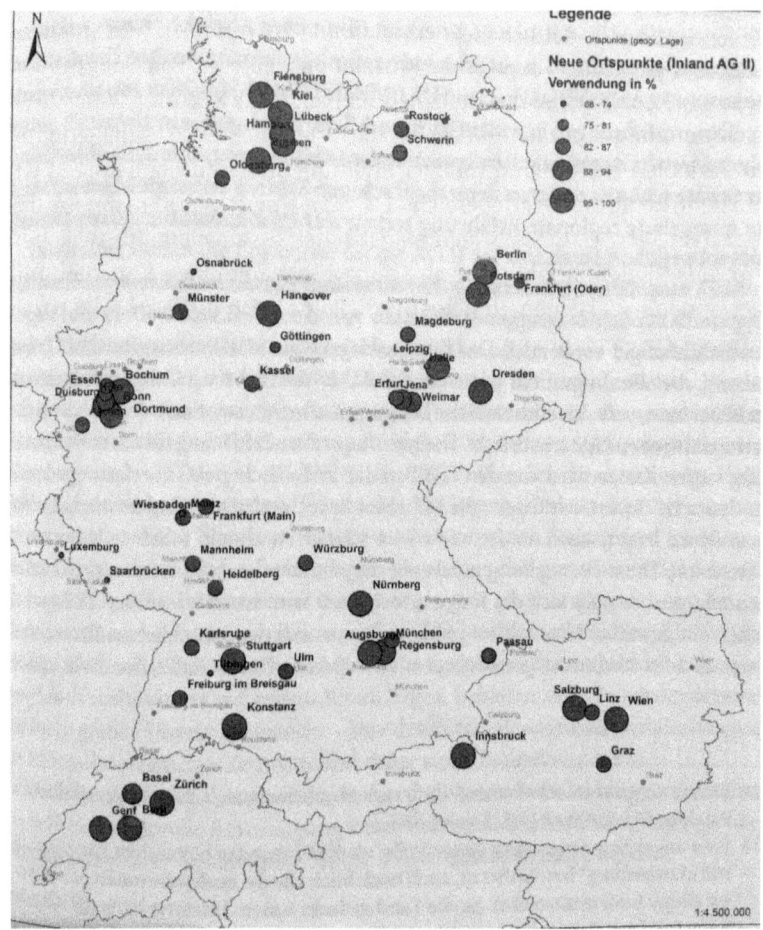

Abb. 29: Zuordnung der Ortspunkte nach Berücksichtigung der Stapelzuordnung und Verwendungshäufigkeit (Schröder 2019: 145).

In der Karte (vgl. Abb. 29) sind die Ergebnisse des Pilesortings der mittleren Altersgruppe aus der Erhebung von Schröder (2019) visualisiert. Die Pilesort-Orte werden gemäß ihrer Sortierung, also entsprechend ihrer Zuordnung zu einem Städtestapel, dargestellt. Jene Städte, die häufig zueinander sortiert wurden, rücken auf der Karte geografisch näher zusammen, da sie auch in der Wahrnehmung der Gewährspersonen enger miteinander verknüpft werden (vgl. Schröder 2019: 130). Die Städte München, Regensburg und Augsburg wurden in der Erhebung von Schröder (2019) z. B. sehr häufig zusammensortiert und weisen eine starke Zusammengehörigkeit in der Wahrnehmung der Gewährspersonen auf. Darüber hinaus wurde der Umfang des Ortspunktes an dessen Verwendungshäufigkeit angepasst. Die Städte, die sehr häufig von den Gewährspersonen zugeordnet wurden, haben einen größeren Fixpunkt als diejenigen, die häufiger aussortiert wurden (vgl. Schröder 2019: 136 sowie Abschnitt 5.2.1.4).

5.4.4 Messskalen als Hauptinstrument quantitativer Analysen

Messskalen bilden die Basis einer jeden wahrnehmungsdialektologischen Erhebung und können vielfältig verwendet werden, etwa bei der Erhebung der Sozialdaten der Gewährspersonen oder deren Einstellungen zu einem bestimmten Zielobjekt (z. B. einer regionalen Sprechweise). Nominal skalierende Merkmale (z. B. Geschlecht, Herkunft etc.) werden durch die Zuordnung der Antwortitems zu Kategorien messbar gemacht. Das Ergebnis des Zuordnungsprozesses bildet die Nominalskala, die nur Hinweise über die Gleichheit/Ungleichheit von Merkmalsausprägungen liefern kann, jedoch nicht über die zwischen den Items bestehenden Relationen. Das nominalskalierte Merkmal *Herkunft* könnte die Items *ländlicher Raum* und *städtischer Raum* umfassen. Die Antwortitems stehen zueinander in keiner natürlichen Reihenfolge. Es kann lediglich festgestellt werden, ob das Merkmal *Herkunft* gleich oder ungleich ausgeprägt ist. Eine gleiche Ausprägung des Merkmals *Herkunft* wäre dann gegeben, wenn alle befragten Personen aus dem ländlichen Raum stammen würden und entsprechend das Antwortitem *ländlicher Raum* angekreuzt hätten. Im Umkehrschluss läge eine ungleiche Ausprägung vor, wenn mind. ein Befragter das Item *städtischer Raum* ausgewählt hätte.

Ordinalskalen bilden neben den Nominalinformationen auch eine Rangordnung ab. Die Abstände zwischen den einzelnen Rangplätzen, also die Größe der Merkmalsunterschiede, können in einer Ordinalskala aber nicht abgebildet werden. Das Merkmal *Höchster Bildungsabschluss* ist z. B. ordinalskalierend, da die Abstände zwischen den Antwortitems (*Mittlere Reife*, *Abitur*, *Hochschulabschluss*, *Promotion* etc.) nur qualitativ, aber nicht quantitativ definiert werden können.

Um die Abstände zwischen den Werten empirisch exakt definieren zu können und somit die Berechnung von Durchschnittswerten zu ermöglichen, müssen Intervallskalen oder Verhältnisskalen angewendet werden. Zur Erhebung von Spracheinstellungsdaten werden häufig Likert-Skalen verwendet, die symmetrisch formulierte Antwortitems enthalten. Die Items können dann als quasimetrische bzw. als intervallskalierte Items behandelt werden (vgl. Brosius, Koschel & Haas 2009: 62). Eine fünfstufige Likert-Skala zum *Dialektgefallen (Autostereotyp)* könnte die Antwortitems *(1) Gefällt mir überhaupt nicht, (2) Gefällt mir wenig, (3) Gefällt mir teils teils, (4) Gefällt mir gut* und *(5) Gefällt mir sehr gut* umfassen. Die Antworten der Gewährspersonen werden anschließend summiert und der Durchschnittswert bzw. Indexwert ermittelt (vgl. Brosius, Koschel & Haas 2009: 62). So wäre etwa bei einer Gruppe an Gewährspersonen, die einen Durchschnittswert von 4,5 erzielt, das eigene Dialektgefallen stärker ausgeprägt als bei einer Gruppe mit einem Durchschnittswert von 2,5. Die ermittelten Zahlenwerte können statistisch weiterverarbeitet und ggf. Signifikanzen errechnet werden.

Wenn mehrere Bedeutungsaspekte eines Untersuchungsgegenstands erhoben und zueinander in Beziehung gesetzt werden sollen, bietet sich das semantische Differential (vgl. Abb. 30) als typische Anwendung der Likert-Skala an. Auch hier schätzen die Gewährspersonen den Untersuchungsgegenstand (*München/Hamburg*) entsprechend der vorgegebenen Attribute auf der fünfteiligen Skala ein. Anschließend werden die Werte vom Explorator zu einer „vertikalen ‚Fieberkurve'" (Brosius, Koschel & Haas 2009: 63) verbunden und statistisch ausgewertet. Bei den Likert-Skalen (hierzu zählt auch das semantische Differential) „erfolgt die Auswertung quantitativ, über einen Gesamt- oder Durchschnittswert der Bewertungen, welcher die Einstellung jeder Gewährsperson zum Objekt abbilden soll" (Soukup 2019: 86).

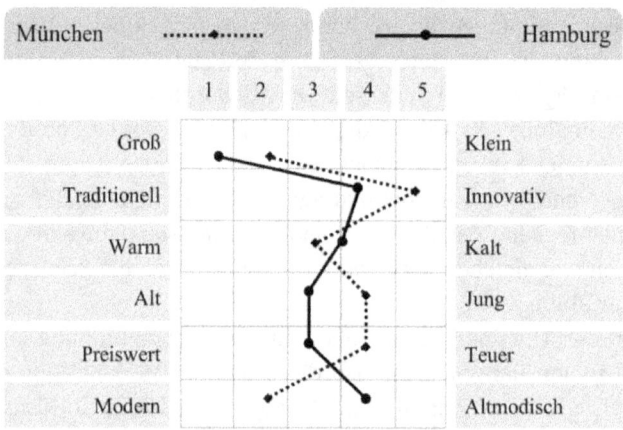

Abb. 30: Semantisches Differential zur Bewertung zweier Untersuchungsgegenstände (Brosius, Koschel & Haas 2009: 63).

5.5 Schritt 5: Die Dateninterpretation

– *Leitfrage: Wie sind die Ergebnisse im Hinblick auf die anleitende(n) Forschungsfrage(n) bzw. Forschungshypothese(n) zu verstehen, d. h. zu interpretieren? Welche (neue) Theorie kann daraus abgeleitet werden?*

5.5.1 Die hermeneutische Methode

Bei der hermeneutischen Methode handelt es sich nicht um eine spezifische Methode der Wahrnehmungsdialektologie, sondern vielmehr um eine Methode sui generis. Das zugrundeliegende Verfahren wird immer dann angewendet, wenn es z. B. darum geht, einen (neuen) Sachverhalt verstehen zu wollen. Die praktizierte Hermeneutik bildet dementsprechend die Grundlage einer jeden (wahrnehmungsdialektologischen) Forschung und „ein hermeneutisches Vorgehen [liegt] *aller* Erarbeitung von Forschungsfragen und auch *aller* Theoriebildung, Datenerhebung, Datenanalyse sowie Ergebnisinterpretation zugrunde [...]" (Patzelt 2007: 162, Herv. i. Orig.).

Um eine Botschaft bzw. Äußerung, etwa im Sinne eines konzeptionell mündlichen oder schriftlichen Textes etc., zu verstehen, muss eine Brücke geschlagen werden zwischen dem Wissen des Produzenten der Botschaft und dem des Rezipienten. Damit neue, d. h. unbekannte Sachverhalte ergründet werden können, ist eine Überlappung von unbekannten mit bereits bekannten Wissenselementen notwendig. Neben dem „Vorverständnis"[86] (Patzelt 2007: 163) müssen Informationen zum Kontext der Botschaft sowie zu ihrer situativen Einbindung gegeben sein und vom Rezipienten beachtet werden. Der Rezipient wird also zum Interpreten, da er die Botschaft hinsichtlich des Kontextes bzw. Gesamtzusammenhangs, in den diese eingebettet ist sowie ihrer situativen Charakteristik (z. B. zeitliche und räumliche Spezifika), in der sie produziert wurde, interpretieren muss.

Bezogen auf das Vorgehen im Rahmen einer Inhaltsanalyse (vgl. Abschnitt 5.4.2) würde die valide Zuordnung der Daten zu den entsprechenden Analysekategorien das notwendige Vorverständnis gewährleisten (vgl. Patzelt 2007: 163), das wiederum den Ausgangspunkt zum Verstehen und Interpretieren der zu bearbeitenden Forschungsfrage/-hypothese bildet. Reicht der gegebene Wissensstand des Interpreten (noch) nicht aus, um z. B. Forschungsergebnisse und die anleitende Forschungsfrage aufeinander zu beziehen, muss dieser seinen Wissenshorizont erweitern, also durch die Aufnahme zusätzlicher Informationen sein Vorverständnis erweitern bzw. korrigieren (vgl. Patzelt 2007: 163). Dieser Prozess muss so lange fortgesetzt werden, bis der Interpret den Sachverhalt *verstanden* hat. *Verstehen* ist in diesem Zusammenhang als unabschließbare hermeneutische Spirale zu interpretieren (vgl. Sichler 2020: 135), das weder falsch noch richtig sein kann, „sondern allenfalls [eine, VS/TH] mehr oder minder angemessene Interpretation [zum Sachverhalt, VS/TH] geben kann" (Bolten 1985: 362).

Zudem ist das Verstehen von Sachverhalten an Vorbedingungen geknüpft, die sowohl den Produzenten als auch den Rezipienten betreffen. So steht das Verstehen des Rezipienten immer in Abhängigkeit z. B. zu dessen Lebenserfahrungen, Emotionen und normativen Bezugssystemen (vgl. Sichler 2020: 139). Die Botschaft des Produzenten kann zudem nur dann angemessen interpretiert werden, wenn der Rezipient die Vorbedingungen kennt, unter denen die Botschaft produziert wurde. Die Notwendigkeit der Klärung der Vorbedingungen soll an einem Beispiel aus der wahrnehmungsdialektologischen Erhebung von Sauer (2018) erklärt werden.

---

86 Als Vorverständnis wird der bereits vorher gegebene Wissensstand des Interpreten zum Sachverhalt, den es hermeneutisch zu ergründen gilt, verstanden (vgl. Patzelt 2007: 163). Das Wissen ist in Frames konzeptionalisiert (vgl. Abschnitt 4.1.2).

Im Rahmen eines Interviews wurden die Gewährspersonen u. a. gefragt, wie sie die Sprecher aus dem Nachbarlandkreis sprachlich verorten würden. Eine Gewährsperson aus dem ehemaligen Zonenrandgebiet in Coburg (Bayern) sagt über die Sprecher aus dem benachbarten Sonneberg (Thüringen, ehemaliges Sperrgebiet der DDR): „Die Sonneberger sind ja Thüringer, aber sprechen tun sie halt wie wir. Aber trotzdem sind es Thüringer und keine Franken, die sprechen auch kein Fränkisch" (vgl. Sauer 2018: 116). Um die Aussage sinnvoll interpretieren zu können, muss zunächst folgendes Vorverständnis des Interpreten gewährleistet sein: Der Interpret muss wissen, dass Coburg und Sonneberg dialektgeografisch zum unterostfränkischen Dialektraum gehören und über 40 Jahre durch die ehemalige deutsch-deutsche Grenze voneinander getrennt waren. Heute verläuft zwischen Sonneberg und Coburg die thüringisch-bayrische Bundesländergrenze. Politisch-territorial sind die Sonneberger folglich Thüringer, auf sprachlicher Ebene hingegen Sprecher eines ostfränkischen Dialektes, ebenso wie die Coburger, die jedoch politisch-territorial Bayern sind. Die Vorbedingungen, unter denen die Aussage der Coburger Gewährsperson entstand, müssen ebenfalls analysiert werden. So handelt es sich bei der betreffenden Person um einen linguistischen Laien, der keine sprachwissenschaftliche Ausbildung durchlaufen hat. Der Gewährsperson ist anscheinend nicht bewusst, dass die politisch-territoriale Identität eines Menschen nicht mit dessen sprachlicher bzw. dialektaler Identität *übereinstimmen* muss. Der Interpret kann entsprechend das Paradoxon erkennen:

> Zum einen erkennt die Coburger GP zwar, dass die Sonneberger die gleiche dialektale Sprechweise verwenden wie sie und dementsprechend auf sprachlicher Ebene kein Unterschied zwischen den Sonnebergern und Coburgern besteht. Andererseits ist der GP auch bewusst, dass die Sonneberger regional zum Land Thüringen gehören und nicht etwa zu Bayern oder Franken. Die politisch-territoriale Identität (Thüringer ist thüringisch) überschreibt in der Folge die sprachliche Identität (ostfränkischer Sprecher) und die GP ordnet die Sonneberger Sprecher als Thüringer mit einer thüringischen Sprechweise ein.
>
> (Sauer 2018: 116)

Der Interpret kann, auf Basis seines Vorverständnisses und seines Wissens über die kontextuelle sowie situative Einbindung der Äußerung, diese hermeneutisch dechiffrieren und sie so verstehen.

5.5.2 Der integrierende Ansatz

Der *integrierende Ansatz* (vgl. Sauer 2020a) verbindet Methoden aus der traditionellen Dialektologie (z. B. Variablenanalysen) mit Methoden der Wahrnehmungsdialektologie (z. B. Hörurteilstests; vgl. Abschnitt 5.2.2.1). Folglich werden sowohl objektive Daten zum (aktuellen) Sprachstand als auch subjektive Daten zur Dialektwahrnehmung und -bewertung erhoben. Diese dienen als Grundlage z. B. für die Analyse von Sprachwandel bzw. Dialektwandel, der zum einen auf Veränderungen bzgl. der Dialektkompetenz der

Sprecher beruht und zum anderen auch auf Veränderungen hinsichtlich der Wahrnehmung und Einstellung der Sprecher. So kann ein beginnender Sprachwandel, der in den objektsprachlichen Daten noch nicht nachvollziehbar ist, anhand der subjektiven Daten bereits absehbar sein. Wenn die Sprecher z. B. angeben, dass sie die eigene dialektale Sprechweise nicht (mehr) als angenehm oder in ihrem Kommunikationsalltag nicht mehr als probat empfinden und deshalb eher eine standardnahe Varietät bevorzugen bzw. ihre Kinder nicht mehr in ihrem Dialekt erziehen (werden), können diese wahrnehmungsdialektologischen Wandeltendenzen auch Auswirkungen auf die zukünftige Dialektkompetenz der (nachkommenden) Sprechergeneration haben.

Zur Darstellung von sprachlichem Wandel ist es notwendig, entweder einen Real-Time-Vergleich oder, wenn dieser nicht möglich ist, einen Apparent-Time-Vergleich durchzuführen. Während in *real time*[87] zu mehreren Zeitpunkten (objektive und subjektive) Sprachdaten erhoben werden, also ein tatsächlicher zeitlicher Vergleich stattfindet, werden in *apparent time*[88] verschiedene Altersgruppen befragt. Die älteren Sprecher bilden dementsprechend den vergangenen Sprachzustand ab und die jüngeren Sprecher die aktuelle Entwicklungsrichtung des Dialektes. Auf die Problematik bei der Verwendung von Sprachdaten aus Apparent-Time-Ansätzen zur Untersuchung von Sprachwandel wurde immer wieder verwiesen (vgl. hierzu Labov 1994; Mattheier 1980; Sauer 2020b). So müssen *age grading*[89] und Sprachalterserscheinungen[90] bei der Analyse und Interpretation der Daten bedacht werden und dürfen nicht fälschlicherweise als Sprachwandelprozesse interpretiert werden (vgl. Sauer 2020b: 179).

In einer Synthese können die dialektgeografischen und wahrnehmungsdialektologischen Ergebnisse aufeinander bezogen und dahingegen interpretiert werden, ob Zusammenhänge zwischen dem objektiven Sprachstand und der subjektiven Dialektwahrnehmung bestehen. In der aktuellen Forschung wird häufig ein integrierender Ansatz genutzt: So wurden im Ländere[n]-Projekt (vgl. Abschnitt 6.3) zum einen aktuelle objektsprachliche Daten erhoben und mit älteren Daten aus dem SDS verglichen (Real-Time-Vergleich), „um Dialektbewahrung resp. Dialektwandel feststellen [zu können]" (Christen et. al 2015: 621). Zum anderen wurden auch das raumbezogene Sprachwissen sowie die Spracheinstellungen der Gewährsperson analysiert, auf deren Basis die Sprachwandeltendenzen erklärt werden können (vgl. Christen et al. 2015: 621). Einen ähnlichen Ansatz verfolgte auch Sau-

---

87 „[...] [O]bservations in real time, that is, to observe a speech community at two discrete points in time" (Labov 1994: 73).
88 „[...] [D]istribution of linguistic variables across age levels" (Labov 1994: 45–46).
89 „[A] regular change of linguistic behavior with age that repeats in each generation" (Labov 1994: 46).
90 Mattheier (1980: 53) ermittelte insgesamt sechs Sprachalterstufen, die die Sprechweise der GP in den spezifischen Lebensphasen kategorisieren. So wechseln sich Phasen, die eher durch eine dialektale Sprechweise charakterisiert sind (etwa die Phase des beruflichen Ruhestandes) mit Phasen, in denen eher standardnähere Sprechweisen bevorzugt werden (wie etwa die Phase der schulischen Sozialisation oder der Familiengründung) ab.

er (2018), in dem sie dialektgeografische Daten aus den 1930er, 1960er, 1990er Jahren und von 2014 in einem diachronen Vergleich miteinander analysierte und darüber hinaus wahrnehmungsdialektologische Daten im Rahmen von u. a. Hörurteilstests erhob, die sie zur Interpretation der sprachlichen Situation an der ehemaligen deutsch-deutschen Grenze heranzog (vgl. Sauer 2018). Eine Kombination aus dialektgeografischen und wahrnehmungsdialektologischen Methoden wird auch im FLARS-Projekt (vgl. Abschnitt 6.2), im SiN-Projekt (vgl. Abschnitt 6.4), im DiÖ-Projekt (vgl. Abschnitt 6.5) sowie im Projekt *Die Stadtsprache Hannovers* (vgl. Abschnitt 6.6) genutzt.

5.6 Übungsaufgaben

5.6.1 Übungsaufgaben zur Datenerhebung

1a. Erläutern Sie, welchen Einfluss die strukturelle Beschaffenheit der Grundkarte auf die Ergebnisse der Draw-a-Map-Aufgabe haben kann.
1b. Diskutieren Sie, wie eine Grundkarte zur Erhebung der Mikrokartierung des obersächsischen Sprachraums konzipiert werden könnte. Gehen Sie auch auf das Forschungsdesign ein, z. B. auf relevante soziale Faktoren bei der Gewährspersonenauswahl.
2a. Ordnen Sie die in den Abschnitt 5.2.1.1 bis 5.2.2.2 dargestellten Erhebungstechniken in das methodische Einteilungsraster nach Preston (2010) (vgl. Abb. 12) ein.
2b. Gehen Sie kurz darauf ein, weshalb eine trennscharfe Zuordnung der Erhebungstechniken nur z. T. möglich ist.

5.6.2 Übungsaufgaben zur Datenaufbereitung

1. Diskutieren Sie die Vor- und Nachteile der verschiedenen Aufbereitungsverfahren von Mental Maps.

5.6.3 Übungsaufgaben zur Datenanalyse

1. Diskutieren Sie die Besonderheiten qualitativer und quantitativer Analysen. In welchen Fällen kann es sinnvoll sein, beide Ansätze miteinander zu verknüpfen?
2. Werten Sie das semantische Differential in Abb. 30 aus. Erläutern Sie, welche Einstellungen bzgl. der Städte München und Hamburg abgeleitet werden können.

5.6.4 Übungsaufgaben zur Dateninterpretation

1. Erläutern Sie die Vor- und ggf. auch die Nachteile des integrierenden Ansatzes.
2. Diskutieren Sie, warum sprachlicher Wandel nur bedingt durch Apparent-Time-Vergleiche nachvollziehbar ist.

5.7 Weiterführende Literatur

Preston, Dennis R. (2010): Variation in language regard. In Peter Gilles, Joachim Scharloth & Evelyn Ziegler (Hrsg.), *Varatio delectat: Empirische Evidenzen und theoretische Passungen sprachlicher Variation. Festschrift für Klaus J. Mattheier zum 65. Geburtstag*, 7–27. Frankfurt am Main u. a.: Peter Lang.

Purschke, Christoph & Philipp Stoeckle (2019): Perzeptionslinguistik arealer Sprachvariation im Deutschen. In Joachim Herrgen & Jurgen Schmidt (Hrsg.), *Sprache und Raum – Deutsch. Ein internationales Handbuch der Sprachvariation*, 844–860. Berlin: De Gruyter.

Sauer, Verena (2020a): „Kompetenz und Wahrnehmung": Ein Ansatz zur Verbindung von dialektgeographischen und wahrnehmungsdialektologischen Methoden. In Markus Hundt, Andrea Kleene, Albrecht Plewnia & Verena Sauer (Hrsg.), *Regiolekte - Objektive Sprachdaten und subjektive Wahrnehmung*, 211–230. Tübingen: Narr Francke Attempto.

Wichmann, Angela (2019): *Quantitative und Qualitative Forschung im Vergleich. Denkweisen, Zielsetzungen und Arbeitstechniken*. Berlin: Springer.

6 Wahrnehmungsdialektologische Forschungsprojekte

Im Folgenden wird eine Auswahl wegweisender Forschungsprojekte vorgestellt, die sowohl inhaltlich als auch methodisch die wahrnehmungsdialektologische Forschung im deutschsprachigen Raum vorangetrieben haben.[91] Die Projekte sind zum einem nach den Erhebungsräumen untergliedert (*horizontale Orientierung*) und zum anderen auch hinsichtlich ihrer methodischen Schwerpunkte voneinander abgegrenzt (*methodische Orientierung*).

Das mittlerweile abgeschlossene Kieler Projekt „Wahrnehmungsdialektologie. Der deutsche Sprachraum aus der Sicht linguistischer Laien" erhebt als einziges der aufgezeigten Großprojekte den kompletten deutschsprachigen Raum und fokussiert sich dabei ausschließlich auf wahrnehmungsdialektologische Analysen (vgl. Abschnitt 6.1). Das deutsch-französische Kooperationsprojekt „Auswirkungen der Staatsgrenze auf die Sprachsituation im Oberrheingebiet" (FLARS) (vgl. Abschnitt 6.2), das Schweizer Projekt „Ländere^n. Die Urschweiz als Sprach(wissens)raum" (vgl. Abschnitt 6.3), das Kooperationsprojekt „Sprachvariation in Norddeutschland (SiN)" (vgl. Abschnitt 6.4), der österreichische Sonderforschungsbereich „Deutsch in Österreich (DiÖ)" (vgl. Abschnitt 6.5) sowie das Projekt „Die Stadtsprache Hannovers" (Abschnitt 6.6) erheben ebenfalls wahrnehmungsdialektologische Daten, jedoch werden diese z. B. mit dialektgeografischen Daten kombiniert. In diesen Projekten stellt die wahrnehmungsdialektologische Untersuchung nur einen Teilaspekt, im Sinne eines Clusters oder einer untergeordneten Projektgruppe, dar. Zudem sind diese fünf Projekte regional begrenzt auf das deutsch-französische Oberrheingebiet („FLARS"), die Urschweiz („Ländere^n"), Norddeutschland („SiN"), Österreich („DiÖ") bzw. Hannover („Stadtsprache Hannover").

In einleitenden Tabellen wird jedes Großprojekte kurz vorgestellt hinsichtlich seiner Projektziele, des Untersuchungsraumes, der Projektlaufzeit, des Forschungsdesigns sowie ggf. der zugeordneten Unterprojekte (z. B. Qualifikationsarbeiten). Die grundlegenden Aspekte dieser Unterprojekte werden im Anschluss an die Vorstellung des übergeordneten Projektes dargestellt.

Diese Zusammenstellung der wichtigsten deutschsprachigen Forschungsprojekte im Bereich der Wahrnehmungsdialektologie soll einerseits dazu dienen, die verschiedenen methodischen Zugänge aufzuzeigen, die gewählt wurden, um wahrnehmungsdialektologische Daten zu erheben, aufzubereiten und auszuwerten. Zum anderen soll ein Überblick über aktuelle Forschungsergebnisse gegeben werden.

---

[91] Darüber hinaus entstanden auch zahlreiche innovative, die Forschung vorantreibende Arbeiten außerhalb der hier dargestellten Projekte. Eine sehr gute Übersicht zu den aktuellen wahrnehmungsdialektologischen Forschungsarbeiten ist enthalten in Hundt (2018) sowie in Purschke & Stoeckle (2019).

6.1 Wahrnehmungsdialektologie. Der deutsche Sprachraum aus der Sicht linguistischer Laien

Tab. 4: Übersicht zum Projekt *Wahrnehmungsdialektologie: Der deutsche Sprachraum aus der Sicht linguistischer Laien*.

Projektziel(e)	Rekonstruktion von Laienkonzeptualisierungen zur deutschen Sprache
Untersuchungsraum	Deutschland, Belgien, Luxemburg, Schweiz, Liechtenstein, Italien und Österreich (26 Erhebungsorte)
geförderte Projektlaufzeit	2011–2015 (abgeschlossen)
Forschungsdesign	leitfadengestütztes Tiefeninterview inkl. Draw-a-Map-Aufgabe, Pilesorting und Hörerurteilstest
Zugeordnete Projekte mit wahrnehmungsdialektologischem Schwerpunkt	Beuge (2019) Palliwoda (2019) Schröder (2019)

Im DFG-geförderten Projekt „Wahrnehmungsdialektologie. Der deutsche Sprachraum aus der Sicht linguistischer Laien" an der Christian-Albrechts-Universität zu Kiel (Laufzeit: 2011 bis 2015), unter der Leitung von Markus Hundt, wurden erstmals wahrnehmungsdialektologische Daten im kompletten deutschsprachigen Raum (Deutschland, Belgien, Luxemburg, Schweiz, Liechtenstein, Italien und Österreich; vgl. hierzu Hundt, Palliwoda & Schröder 2017a: 6–7) erhoben und ausgewertet. Das übergeordnete Ziel dieses Projekts war die „systematische Erhebung des Alltagswissens, der mit den Dialekten/Sprechweisen verbundenen Einstellungen und des zugrundeliegenden kulturell-konsensualen Wissens" (Hundt, Palliwoda & Schröder 2017a: 4) mittels eines multimodalen Zugangs. Neben den Sozialdaten der Gewährspersonen wurden auch Daten zum sprachlichen Normkonzept (vgl. Beuge 2019), zur Makrokartierung (vgl. Schröder 2019) und Mikrokartierung des deutschsprachigen Raumes sowie zu den perzipierten Dialektmerkmalen (vgl. Palliwoda 2019) der Befragten erhoben. Insgesamt umfasst das Untersuchungskorpus 139 Einzelinterviews mit Gewährspersonen aus 26 Erhebungsorten im deutschsprachigen Raum (vgl. Hundt, Palliwoda & Schröder 2017a: 6). Die Gewährspersonen sind entweder Schüler (AG 1: 16–20 Jahre) oder Lehrer (AG 2: 30–50 Jahre; AG 3: 51–65 Jahre) und wurden in den Räumlichkeiten ihrer Schule befragt (vgl. Hundt, Palliwoda & Schröder 2017a: 4–5).

Zur Erhebung der Sozialdaten sowie des normsprachlichen Konzepts der Gewährspersonen wurde ein teilstrukturiertes leitfadengesteuertes Interview durchgeführt. Zudem wurden von den Gewährspersonen Mental Maps im Rahmen des Draw-a-Map-Tasks angefertigt, um zum einen die Mikrokartierung, also den persönlichen Nahbereich der Sprecher zu rekonstruieren und zum anderen die mit den eingezeichneten Räumen verbundenen assoziierten Dialektmerkmale zu erheben. Hierfür sollten die Gewährspersonen jene Regionen in die Karte einzeichnen, in denen „annähernd so wie in ihrem Heimatort gesprochen wird" (Hundt, Palliwoda & Schröder 2015: 587) und anschließend jene, „wo überall anders gesprochen wird als in ihrem Heimatort" (Hundt, Palliwoda & Schröder 2015: 587) (Degree-of-Difference, vgl. Abschnitt 5.2.1.2). Schließlich mussten die Gewährsperson die eingezeichneten Räume ihres individuellen Nahbereichs noch benennen und erläutern, an welchen Merkmalen sie die Sprecher des jeweils markierten Polygons erkennen konnten (Erhebung der assoziierten Dialektmerkmale).

Die Makrokartierung, also die Rekonstruktion der assoziierten und perzipierten Dialektmerkmale hinsichtlich großräumigerer Sprachkonzepte, wurde durch die Bearbeitung eines Pilesorts sowie eines Ratespiels untersucht. Beim Pilesorting (vgl. Abschnitt 5.2.1.4) mussten die Gewährspersonen 61 Städtekärtchen zunächst nach der Ähnlichkeit der Sprechweise sortieren und anschließend nach weiteren Fragestellungen zu Gruppen sortieren, z. B. nach Sympathie zur Stapelsprechweise oder nach Zugehörigkeitsgefühl zur Stapelregion (vgl. Schröder 2017: 53). Das Ratespiel (vgl. Abschnitt 5.2.2.1), in dem neun Sprechproben aus dem deutschsprachigen Raum regional auf einer Karte zugeordnet werden musste, diente der Rekonstruktion der perzipierten Dialektmerkmale. Darüber hinaus fragten die Exploratorinnen nach Gefallen bzw. Korrektheit des Gehörten (vgl. Abschnitt 5.2.1.3).

Im Rahmen des Projekts wurde u. a. die Struktur des laienlinguistischen Wissens erforscht: Diese ist „vergleichsweise heterogen und nur bedingt generalisierbar" (Schröder 2017: 263). „Es reicht vom negativen Varietätenwissen bis hin zur Explikation spezifischer Einzelmerkmale" (Schröder 2017: 263, vgl. auch Hundt 2017). Der Ausdruck *Hochdeutsch* steht für ein relativ homogenes, frei von regionalen Merkmalen existierendes Konzept von Sprache, die als grammatisch korrekt und allgemein verständlich charakterisiert werden kann (vgl. Schröder 2017: 263). Die Gewährspersonen aus dem oberdeutschen Raum verfügen über komplexere bzw. differenziertere Wissensbestände zu sprachräumlichen Konzepten (Makrokartierungen) als die Gewährspersonen aus dem mitteldeutschen und niederdeutschen Raum (vgl. Hoffmeister 2017). Bei den Gewährspersonen aus dem Norden konnten die Forscher ermitteln, dass diese ihren sprachlichen Nahbereich großräumiger unterteilen als die Gewährspersonen aus dem Süden, die feinere Unterteilungen vornahmen (vgl. Hoffmeister 2017). Im Hinblick auf den Parameter *Alter* konnte festgestellt werden, dass die älteren Gewährspersonen die Hörproben signifikant korrekter zuordnen konnten als die jüngeren Gewährspersonen (vgl. Schröder 2017: 265).[92]

Im Rahmen des Projekts „Wahrnehmungsdialektologie. Der deutsche Sprachraum aus der Sicht linguistischer Laien" entstanden drei Qualifikationsarbeiten, die sich mit Teilaspekten der Erhebung dezidiert auseinandersetzen. In den Untersuchungen von Palliwoda

---

[92] Die hier dargestellten Ergebnisse stellen nur eine kleine Auswahl der im Projekt erzielten Erkenntnisse dar. Als gute Übersicht über die Ergebnisse im Projekt „Wahrnehmungsdialektologie" kann Schröder (2017) herangezogen werden.

(2019) und Schröder (2019) stehen die Mikro- bzw. Makrokartierungen im Fokus, während Beuge (2019) das sprachliche Normkonzept der Gewährspersonen untersucht.

6.1.1 Projekt „Mauer in den Köpfen" von Palliwoda (2019)

Das Konzept „Mauer in den Köpfen" steht im Fokus der Untersuchung Palliwodas (2019), die sich mit der „Untersuchung [...] kognitive[r] Prozesse innerhalb der Sprachwahrnehmung bzw. mit der unbewussten Manipulation bei der Sprechprobenverortung und -bewertung" (Palliwoda 2019: 11–12) beschäftigt. Palliwoda (2019) integrierte in das leitfadengestützte Interview sowohl eine Draw-a-Map-Aufgabe als auch einen Hörerurteilstest. Insgesamt konnte sie 366 Gewährspersonen, davon 85 männliche und 281 weibliche Studierende im 1. und 2 Semester, für ihr Projekt befragen.[93] Diese mussten vier regiolektale[94] Sprechproben aus zwei ehemaligen ostdeutschen Grenzorten (Schwerin/Mecklenburg-Vorpommern und Dingelstädt/Thüringen) sowie zwei ehemaligen westdeutschen Grenzorten (Lübeck/Schleswig-Holstein und Schwalmstadt/Hessen) regional und sprachlich verorten und in eine Mental Map[95] eintragen. Die Gewährspersonen mussten die Hörproben u. a. danach beurteilen, ob die Sprecher aus ihrer unmittelbaren Umgebung stammen könnten bzw. die sprachliche Ähnlichkeit der Sprechprobe zur eigenen Sprechweise auf einer Likert-Skala einschätzen (vgl. Palliwoda 2019: 90). Zum anderen erfolgte eine Pleasantness-Evaluation, bei der die Probanden ebenfalls skalenbasiert bewerten mussten, wie gut ihnen das Gehörte gefällt. Zusätzlich wurden Primes (Darstellung des Ost- und Westampelmännchens) gesetzt und deren Wirkung auf die Wahrnehmung der Gewährspersonen getestet (vgl. Palliwoda 2019: 86 sowie Abschnitt 5.2.3.2). Die Mental Maps wurden zunächst georeferenziert mithilfe der Geoinformationssystemsoftware Quantum GIS und anschließend mit ArcGIS bearbeitet (vgl. Palliwoda 2019: 108).

Palliwoda konnte zeigen, dass „es sich bei der *Mauer in den Köpfen* um eine Diskursmauer handelt [...], die durch unterschiedliche Konzepte getriggert werden kann [...]. [...] und durch einen Prime [...] Einfluss auf die Verortung und Bewertung von Sprechproben ausübt" (Palliwoda 2019: 255, Herv. i. Orig.).[96]

---

[93] Die Daten wurden von Palliwoda (2019) erhoben und nicht im Kontext des übergeordneten Projektes.
[94] Die Sprechproben enthielten jeweils eine „alltagssprachliche" Varietät bzw. waren „eher dem Regiolekt zuzuordnen" (Palliwoda 2019: 91).
[95] Die Blankokarte, in die die perzipierten Sprachräume eingetragen werden sollten, enthielt sowohl die Nationalgrenzen als auch Flüsse und einige Städte.
[96] Eine ausführliche Darstellung des Projekts erfolgt in Palliwoda (2019): Das Konzept „Mauer in den Köpfen". Der Einfluss der Priming-Methode auf die Sprechprobenverortung und -bewertung.

6.1.2 Projekt „Sprachräumliche Praxis" von Schröder (2019)

In ihrem Projekt[97] untersucht Schröder (2019: 13), „wie sich laienlinguistische mentalmaps unter Verwendung der Pilesort-Methode im gesamtdeutschsprachigen Raum konstituieren". Während bei Palliwoda (2019) die perzipierten Dialektmerkmale erhoben wurden, stehen in dieser Untersuchung die assoziierten Dialektmerkmale im Mittelpunkt. Die Gewährspersonen mussten 61 nummerierte Städtekärtchen nach sprachlicher Ähnlichkeit ordnen und Stapel bilden. Darauf aufbauend wurde für jeden Stapel nach prototypischen sprachlichen Eigenschaften bzw. nach prototypischen Sprechern gefragt, um so die mit den jeweiligen Städten verknüpften assoziierten Dialektmerkmale rekonstruieren zu können. Diese Daten wurden inhaltsanalytisch bearbeitet und ein Kategoriensystem abgeleitet, das u. a. Aufschluss über die Assoziationskanäle[98] der Gewährspersonen gibt (vgl. Schröder 2019: 179).

Jedem Kärtchen wurde zuvor eine Nummer zugewiesen, die mit der darauf verzeichneten Stadt in der Datenbank verknüpft wurde. Die ermittelten Sortierhäufigkeiten wurden in Excel-Tabellen dargestellt und die Werte anschließend in das Geoinformationssystem ArcGIS eingepflegt und geobasiert analysiert.

Schröder (2019) konnte u. a. ermitteln, dass alle Gewährspersonen über ein Sprachraumkonzept verfügen, das sowohl die Schweiz und Österreich umfasst als auch ein nord-, mittel- und süddeutsches Gebiet verfügen (vgl. Schröder 2019: 175–176). Besonders häufig wird der Raum Hannover zugeordnet und mit dem Stereotyp *Hochdeutsch* verknüpft (vgl. auch Elmentaler 2012). Diese Außenwahrnehmung führt Schröder (2019) u. a. auf die „kulturelle Inszenierung der Region und das daraus resultierende Selbstverständnis der Bewohner" (Schröder 2019: 240) zurück.

Die Kategorisierung der Städte erfolgt bei den Gewährspersonen z. B. durch die Kennzeichnung von Landschaften, städtischen Großräumen oder topologischen Besonderheiten. Darüber hinaus stellen auch Übergangs- und Mischsprechweisen oder Modellsprechergruppen wichtige Referenzpunkte für die Stapelbildung dar (vgl. Schröder 2019: 180–182). Zu den prominentesten raumbezogenen Sprachkonzepten zählen das HOCHDEUTSCHE, das BAYRISCHE und BERLINISCHE sowie das SCHWEIZERISCHE.[99]

---

[97] Eine ausführliche Darstellung des Projekts erfolgt in Schröder (2019): Das Konzept Sprachräumliche Praxis. Sprachraumkartierung in der Wahrnehmungsdialektologie.
[98] Hier soll die Frage geklärt werden, [m]ithilfe welcher Kategorien [...] sich linguistische Laien bei der Bezeichnung von Sprechweisen [behelfen] [...]" (Schröder 2019: 179).
[99] Zu ähnlichen Ergebnissen gelangt auch Hundt (2010).

6.1.3 Projekt „Was ist gutes Deutsch?" von Beuge (2019)

Das Ziel der Untersuchung Beuges (2019) bestand darin, „Strukturen und Inhalte eines sprachbezogenen Alltagswissens in Bezug auf Sprachnormen [...] zu ermitteln" (Beuge 2019: 7). Zur Rekonstruktion des laienlinguistischen Sprachnormwissens wurden die relevanten Interviewdaten aus dem übergeordneten Projekt einer qualitativen kategorienbasierten Inhaltsanalyse unterzogen.

In Anlehnung an die Ergebnisse Schröders (2019) zum Raum Hannover als *hochdeutschem Raum* (vgl. hierzu auch Abschnitt 6.6) konnte auch Beuge (2019) ermitteln, dass das Hochdeutsche eher im Norden von den Gewährspersonen verortet wird und hier vor allem in Hannover (vgl. Beuge 2019: 296). Zudem konnte Beuge zeigen, dass sich HOCHDEUTSCH einerseits „durch seine Freiheit sprachlicher Variation" (Beuge 2019: 275) auszeichnet, gleichzeitig aber sehr gut regional von den Gewährspersonen verortet werden kann (vgl. Beuge 2019: 275). An dieser Stelle schließt Beuge an das Konzept der Heterotopie[100] (vgl. Foucault 2006) an.

Darüber hinaus ist *Gutes Deutsch* in der laienlinguistischen Wahrnehmung ebenfalls ein relativ homogenes und frei von diatopischen Varianten bestehendes Konzept (vgl. Beuge 2019: 297), das sich durch Schriftbezogenheit (Vorleseaussprache) und Zweckmäßigkeit (allgemeine Verständlichkeit) auszeichnet (vgl. Beuge 2019: 296–297). Das laienlinguistische Sprachnormwissen umfasst Wissen u. a. zur Beschaffenheit von normkonformer Sprache (z. B. auf lautlicher, morphologischer oder syntaktischer Ebene) sowie deren Angemessenheit im Hinblick auf spezifische Situationen und Kontexte (vgl. Beuge 2019: 101–102). Normkonforme Sprache wird darüber hinaus häufig mittels der Einzellexeme *richtig, korrekt, verständlich* oder *klar* belegt bzw. es wird auf metaphorische Modelle zurückgegriffen, um diese zu beschreiben. So wird die Sprache z. B. als Substanz (‚*wie klares wasser*'; Beuge 2019: 106) oder als Territorium („*hochdeutsch [...] oben angesiedelt*"; Beuge 2019: 257) verstanden.[101]

---

100 Beuge erklärt den Begriff *Heterotopie* unter Rückbezug auf den Raum *Hochdeutsch* als Heterotopie wie folgt: „Übertragen auf hochdeutsch würde dies bedeuten, dass dieser – aus Laiensicht real existierende – (Sprach)Raum sich der sprachlich-heterogenen Raumordnung und dessen Struktur insofern entgegenstellt bzw. diese invertiert, als dieser durch seine Freiheit sprachlicher Variation ebendieses Strukturprinzip der Raumordnung unterminiert und somit außerhalb dieser Ordnung liegt, sich gleichzeitig hierdurch aber auch erst (sprach)räumlich entfalten kann" (Beuge 2019: 275).
101 Eine ausführliche Darstellung des Projekts erfolgt in Beuge (2019): Was ist gutes Deutsch? Eine qualitative Analyse laienlinguistischen Sprachnormwissens.

6.2 Auswirkungen der Staatsgrenze auf die Sprachsituation im Oberrheingebiet (FLARS)

Tab. 5: Übersicht zum Projekt *Auswirkungen der Staatsgrenze auf die Sprachsituation im Oberrheingebiet (FLARS)*.

Projektziel(e)	Untersuchung der Auswirkungen der deutsch-französischen Staatsgrenze auf die Entwicklung des Dialektkontinuums am Oberrhein
Untersuchungsraum	Oberrheingebiet entlang der deutsch-französischen Grenze (43 Erhebungsorte)
geförderte Projektlaufzeit	2012–2015 (abgeschlossen)
Forschungsdesign	leitfadengestütztes Tiefeninterview

Im Projekt *Auswirkungen der Staatsgrenze auf die Sprachsituation im Oberrheingebiet (Frontière Linguististique Au Rhin Supérieur, FLARS)*, unter der Leitung von Peter Auer und Dominque Huck, stehen der Einfluss und die Bedeutung der deutsch-französischen Staatsgrenze als Sprachgrenze innerhalb des Oberrheingebiets im Mittelpunkt. Das Kooperationsprojekt der Universitäten Freiburg/Deutschland und Strasbourg wurde von der DFG und der ANR für den Zeitraum von 2012 bis 2015 finanziell gefördert.

Neben der Erhebung und Analyse objektiver Sprachdaten wurden auch subjektive Daten, also die „sprachideologische[n] und attitudinale[n] Bedingungen" (Auer et al. 2015: 326) ermittelt. Der Untersuchungsraum erstreckt sich entlang des Oberrheingebietes und umfasst 43 grenznahe Orte in Frankreich und Deutschland, in denen jeweils mind. drei Männer und drei Frauen befragt wurden.

Die Analyse der *représentations linguistiques* erfolgte im Rahmen eines leitfadengesteuerten Interviews, das u. a. Fragen zu den Normvorstellungen des Standards und der Dialekte im Untersuchungsraum sowie zur Wahrnehmung von Variation und Sprachgewohnheiten umfasste. Zudem wurden die stereotypen Zuschreibungen hinsichtlich der Deutschen, der Franzosen sowie der Elsässer auf Basis qualitativer Inhaltsanalysen rekonstruiert und deren Verwendung im Hinblick auf die Situation und den Kontext untersucht (vgl. Auer 2018: 37).

So stellt der Rhein in der Wahrnehmung der Gewährspersonen eine „sprachliche und nationale Grenze" (Auer et al. 2015: 337) dar, die eine *hüben/drüben*-Struktur erkennen lässt, d. h., dass „ein solides Bewusstsein von den sprachlichen Unterschieden [...] und deren national-symbolischer Bedeutung [...] trotz struktureller Nähe" (Auer 2018: 37) bei den Bewohnern der links- und rechtsrheinischen Gebiete besteht. Eine wichtige Rolle bei der Identitätskonstruktion der Gewährspersonen spielen auch die historischen Verhältnisse in den jeweiligen Grenzregionen. Vor allem die rechtsrheinischen Gebiete, wie etwa das Hanauerland, die eine enge Beziehung zu den linksrheinischen Gebieten hatten, fühlen sich dem Elsass stärker verbunden als jene, bei denen nur lose historische Beziehungen bestanden (vgl. Pfeiffer 2019: 355). Meist sind sich die Gewährspersonen der historischen Verbindungen auch bewusst und verfügen über spezifisches Wissen zur historischen Zugehörigkeit ihres Heimatortes. Im Hinblick auf die verbreiteten Heterostereotype konnte herausgestellt werden, dass die Deutschen aus historisch eng verbundenen Gebieten den Elsässern häufig Eigenschaften zuschreiben, die auch ihr Autostereotyp prägen, also bspw. Attribute wie *Pünktlichkeit*, *Geradlinigkeit* und *Ehrlichkeit*. Die Elsässer sprechen den Deutschen ebenfalls die Eigenschaften „Disziplin, Ordnung, Effizienz, Engagement" (Auer 2018: 38) zu, ihren eigenen Landsleuten hingegen eher die Attribute „Freundlichkeit, Entspanntheit, Lebensfreude" (Auer 2018: 38). Zudem konnte gezeigt werden, dass „die positiven stereotypen Merkmale des ‚Deutschen' und ‚des Franzosen'" (Pfeiffer 2019: 355) auf die Elsässer übertragen werden. Die Verbundenheit mit dem Elsass ist auf deutscher Seite in den grenzfernen Orten, die eher städtisch geprägt sind, sehr viel geringer ausgeprägt bzw. besteht gar nicht mehr (vgl. Pfeiffer 2019: 356) und lässt prinzipiell von der älteren zur jüngeren Altersgruppe hin stark nach (vgl. Pfeiffer 2019: 358). Das „Oberrheingebiet als [...] identitätsstiftende, transnationale Region" existiert dementsprechend nicht (mehr) (vgl. Auer 2018: 37).

6.3 Ländere^n. Die Urschweiz als Sprach(wissens)raum

Tab. 6: Übersicht zum Projekt *Ländere^n. Die Urschweiz als Sprach(wissens)raum Untersuchungsraum (SNF)*.

Projektziel(e)	Untersuchung des raumbezogenen Sprachwissens zur Urschweiz sowie deren mentaler Repräsentation
Untersuchungsraum	Kantone Obwalden, Nidwalden und Uri in der Schweiz (8 Erhebungsorte)
geförderte Projektlaufzeit	2012–2017 (abgeschlossen)
Forschungsdesign	leitfadengestütztes Tiefeninterview inkl. Draw-a-Map-Aufgabe und Hörerurteilstest
Zugeordnete Projekte mit wahrnehmungsdialektologischem Schwerpunkt	Petkova (2017) Schiesser (2020)

Das vom Schweizerischen Nationalfonds geförderte Forschungsprojekt „Ländere^n. Die Urschweiz als Sprach(wissens)raum Untersuchungsraum" an der Universität Freiburg/Schweiz (Laufzeit: 10/2013–02/2017), unter der Leitung von Helen Christen, erforschte die Sprache in der Urschweiz[102] aus zwei Perspektiven. Zum einen wurden objektsprachliche Daten zur sozialen und regionalen Variation erhoben und zum anderen auch das raumbezogene Sprachwissen bzw. die Spracheinstellungen (*subjektive* Daten) der Gewährspersonen ermittelt (vgl. Christen et al. 2015: 621–622). Die Erhebung wurde in den Kantonen Obwalden (in den Orten Sarnen, Melchtal, Lungern, Engelberg), Nidwalden (in den Orten Hergiswil, Stans und Emmetten) sowie Uri (im Ort Seelisberg) durchgeführt. Insgesamt konnten 60 Gewährspersonen befragt werden, die zwischen 40 und 60 Jahren alt waren und zwei Bildungsgruppen (tertiäre Bildungsgruppe, bäuerlich-handwerklich-gewerbliche Gruppe) zugeordnet werden können (vgl. Christen et al. 2015: 621–622).

Das übergeordnete Ziel des Projekts bestand darin, den aktuellen Sprachstand zu ermitteln und diesen älteren Daten aus dem *Sprachatlas der deutschen Schweiz (SDS)* in einem Real-Time-Vergleich gegenüberzustellen. Die aus dem diachronen Vergleich resultierenden Ergebnisse wurden mit den Wissensbeständen und Bewertungen der Gewährspersonen zum Sprachraum *Urschweiz* abgeglichen. Das Innovationspotential dieser Untersuchung liegt u. a. darin begründet, dass „[s]ubjektive und objektive Daten [...] erstmals für ein größeres Deutschschweizer Areal und anders als im Kieler Projekt [...] direkt aufeinander bezogen [werden]" (Christen et al. 2015: 621–622).

Auf subjektsprachlicher Ebene wurden die Laienkonzeptualisierungen mittels Mental Maps (Mikro- und Makrokartierung) sowie Hörurteilstest erhoben. Die Gewährspersonen trugen in einer ersten Karte zunächst jene Gebiete ein, in denen ihrer Ansicht nach ähnlich gesprochen wird (Makrokartierung) und in eine zweite Karte jene Gebiete, in denen „die Menschen ‚ungefähr gleich' sprechen wie die jeweiligen Informanten" (Christen et al. 2015: 623) (Mikrokartierung). Zudem wurden die Gewährspersonen aufgefordert, ihren Dialekt mit dem in acht weiteren Schweizer Städten zu vergleichen und auf einer Rating-Skala zuzuordnen. Die perzipierten Dialektmerkmale wurden im Rahmen von Hörurteilstest erhoben. Die Gewährspersonen sollten hierfür acht Tonaufnahmen verorten und hinsichtlich ihrer Ähnlichkeit zum eigenen Dialekt bewerten (vgl. Christen et al. 2015: 624).

Im Hinblick auf die objektsprachlichen Daten konnte nachgewiesen werden, dass die „basisdialektalen Befunde, wie sie der SDS [Sprachatlas der deutschen Schweiz, VS/TH] für die erste Hälfte des 20. Jahrhunderts ausweist, [...] auch in den rezenten Daten auf[scheinen]" (Abschlussbericht 2017: 1). Allerdings konnten sowohl areale als auch auf die Bildungsgruppen zurückzuführende Unterschiede in der Sprechweise der Gewährspersonen beobachtet werden (vgl. Abschlussbericht 2017: 1). Darüber hinaus konnte nachgewiesen werden, dass „90% der Befragten [...] dazu [neigen], diese einzelnen Orte [gemeint sind Stans, Sarnen, Engelberg, Andermatt, Altdorf und Schwyz, VS/TH] mit einem oder mehreren der jeweils anderen Orte zusammenzulegen" (Abschlussbericht 2017: 3). In der Vorstellung der Befragten konnte folglich ein kognitiver Sprachraum *Ur-*

---

[102] Die Urschweiz umfasst politisch die Kantone Uri, Schwyz und Unterwalden und wird „im Bewusstsein der Schweizerinnen und Schweizer [...] mit dem Gründungsmythos der Schweiz verbunden" (Christen et al. 2015: 621).

schweiz, im Sinne eines *place*[103], nachgewiesen werden (vgl. Abschlussbericht 2017: 3). Somit bildet die Urschweiz sowohl einen sprachlichen als auch einen konzeptionellen Identifikationsraum bzw. eine Referenzgröße (vgl. Abschlussbericht 2017: 5).

Im Zusammenhang mit diesem Projekt entstanden u. a. zwei Qualifikationsarbeiten. So widmete sich Petkova (2015) den Toponymen *Urschweiz* und *Innerschweiz* und rekonstruiert mittels eines Assoziationstest die dahinterstehenden mentalen Modelle linguistischer Laien (vgl. Abschnitt 6.3.1). Schiesser (2020) untersuchte die Rolle des Sprachgebrauchs bei der Konstruktion von Räumen, fragte also wie linguistische Laien Sprache wahrnehmen, verorten und was sie damit verbinden (vgl. Schiesser 2020: 5).

6.3.1 Projekt „Zum Verhältnis zwischen Ort, Raum und Sprache" von Petkova (2015)

Mittels zweier Assoziationsexperimente versuchte Petkova (2015) die mentalen Modelle hinter den Toponymen *Urschweiz* und *Innerschweiz* zu rekonstruieren. Zum einen mussten die Gewährspersonen frei assoziieren, was sie mit den beiden Ausdrücken verbinden („Produktions-Methode"; Petkova 2015: 5). Die in diesem Experiment am häufigsten von der Gesamtstichprobe genannten Assoziationen wurden im einem zweiten Durchgang den Gewährspersonen wieder vorgelegt und mussten eingeschätzt werden. Die „Einschätz-Methode" (Petkova 2015: 5) basierte auf jenen Assoziationen, die von den Gewährspersonen zuerst kommuniziert wurden und von mindestens jeweils vier Gewährspersonen genannt worden waren (vgl. Petkova 2015: 8).

Zum einen konnte Petkova ermitteln, dass sowohl die Urschweiz als auch die Innerschweiz „interindividuell im Gedächtnis repräsentiert [sind]" (Petkova 2015: 7) und meist mit geografischen Orten assoziiert werden (vgl. Petkova 2015: 7). Daneben traten auch häufiger Assoziationen zur Mentalität der Bewohner („konservativ", „Bauern") sowie zu Landschaften („Berge", „Seen") auf (vgl. Petkova 2015: 7). Die Urschweiz ist zudem stark mit dem Gründungsmythos der Schweiz verbunden, allen voran mit der Figur *Wilhelm Tell* sowie dem *Rütlischwur*. Die Einschätzung der am häufigsten genannten Assoziationen im Rahmen der Einschätz-Methode bestätigte, dass die geografische Dimension für beide Ausdrücke *Urschweiz* und *Innerschweiz* hochgradig relevant ist (vgl. Petkova 2015: 12), hier standen vor allem die Orte Uri, Schwyz und Unterwalden im Mittelpunkt. Für die Urschweiz wurde zudem der Gründungsmythos als relevant für die Konstruktion des mentalen Modells eingeschätzt. Die zeitliche Dimension stellt hingegen einen Aspekt dar, in dem sich die mentalen Modelle *Urschweiz* und *Innerschweiz* grundlegend voneinander unterscheiden: Während die Urschweiz eher als „rückwärtsgewandt" eingeschätzt wurde,

---

[103] Ein *place* definiert einen „kognitiven Raum [...], der soziale Zuschreibung erfährt" (Christen et al. 2015: 621). So verbinden die Schweizer die Ur- oder Innerschweiz häufig „mit dem Gründungsmythos der Schweiz" (Christen et al. 2015: 621).

konnte für die Innerschweiz ein klarer Bezug zur Gegenwart nachgewiesen werden (vgl. Petkova 2015: 15).[104]

6.3.2 Projekt „Dialekte machen" von Schiesser (2020)

Die Frage, „welche Rolle der Gebrauch von Sprache bei der Konstruktion von Räumen und Identitäten spielt" (Schiesser 2020: 398), leitet die Untersuchung von Schiesser (2020) an. Insgesamt wurden 60 Gewährspersonen aus den Orten Hergiswil, Stans, Emmetten (Kanton Nidwalden), Sarnen, Melchtal, Lungern, Engelberg (Kanton Obwalden) und Seelisberg (Kanton Uri) (vgl. Schiesser 2020: 108) befragt (vgl. Abschnitt 6.3) und objektsprachliche sowie wahrnehmungsdialektologische Daten erhoben. Neben einem Fragebogeninterview sowie einem spontanen Gespräch zur Erhebung der objektsprachlichen Daten wurden auch eine Draw-a-Map-Aufgabe sowie ein Ortsloyalitätstest durchgeführt.

Schiesser kommt zu dem Schluss, dass „sich die Probanden bei der Einteilung der Sprachräume an „gesellschaftlich relevant[en]" (Schiesser 2020: 400) Räumen orientieren, weil diese „kognitiv leichter zugänglich sind" (Schiesser 2020: 400), z. B. Naturräume oder politische Räume. Bei der Konzeptualisierung des sprachlichen Nahraums (Mikrokartierung) durch die Gewährspersonen konnten dialektale Merkmale als *„soziosymbolisch relevante* Varianten" (Schiesser 2020: 400, Herv. i. Orig.) ermittelt werden, die auch auf objektsprachlicher Ebene den Raum konstituieren (vgl. Schiesser 2020: 408).[105]

6.4 Sprachvariation in Norddeutschland (SiN). Teilprojekt 4: Spracherfahrungen, Sprachwissen, Spracheinstellungen. Untersuchungen zu den erhobenen Metadaten

Tab. 7: Übersicht zum Projekt *Sprachvariation in Norddeutschland (SiN): Teilprojekt 4*.

Projektziel(e)	Erhebung von Informationen zum Sprachwissen und zu Spracheinstellungen linguistischer Laien aus dem niederdeutschen Sprachraum
Untersuchungsraum	Norddeutschland (36 Erhebungsorte)
geförderte Projektlaufzeit	2007–2013 (abgeschlossen)

---

[104] Eine ausführliche Darstellung des Projekts erfolgt in Petkova (2015): Zum Verhältnis zwischen *Ort*, *Raum* und *Sprache*: experimentell elizitierte mentale Modelle hinter zwei Toponymen.
[105] Eine ausführliche Darstellung des Projekts erfolgt in Schiesser (2020): Dialekte machen. Konstruktion und Gebrauch arealer Varianten im Kontext sprachraumbezogener Alltagsdiskurse.

Forschungsdesign	Leitfadengesteuertes Tiefeninterview inkl. Hörerurteilstest
Zugeordnete Projekte mit wahrnehmungs-dialektologischem Schwerpunkt	Scharioth (2015) Jürgens (2015) Hettler (2018)

Das DFG-Verbundprojekt „Sprachvariation in Norddeutschland" (SiN) (Laufzeit: 2007 bis 2013) der Universitäten Kiel, Hamburg, Münster, Bielefeld, Potsdam und Frankfurt/Oder untersuchte die Alltagssprache in Norddeutschland, genauer die umgangssprachlichen Sprechweisen auf der Standard-Dialekt-Achse. Neben der Erhebung eines gesamtnorddeutschen objektsprachlichen Korpus wurde im Teilprojekt 4: *Spracherfahrungen, Sprachwissen, Spracheinstellungen. Untersuchungen zu den erhobenen Metadaten* auch ein Datenkorpus zu subjektiven Sprachdaten erhoben. In diesem Teilprojekt wurden zum einen „Sprachwissensbestände und Sprachbewertungsmuster [...] auf der Grundlage der jeweils individuellen Sprecherbiografien analysiert" (Elmentaler et al. 2015: 398) und zum anderen die „Wahrnehmung, Bewertung und areale Verortung sprachlicher Varianten" (Elmentaler et al. 2015: 398) eruiert. So soll eine „Integration der objektsprachlichen und der perzeptionslinguistischen Perspektive" (Elmentaler et al. 2015: 397) möglich werden.

Das zugrundeliegende Forschungskorpus besteht aus 144 Datensätzen, die in 36 niederdeutschen Untersuchungsorten erhoben wurden. Im Projekt wurden ausschließlich weibliche Gewährspersonen im Alter von 40 und 60 Jahren befragt (vgl. Elmentaler et al. 2015: 399). Die Erhebung der subjektiven Sprachdaten basierte auf Interviews, die mit den Gewährspersonen geführt wurden und u. a. Angaben zu deren individueller Biografie enthielten. Daneben wurden auch vier Tests durchgeführt: Im *Salienztest* mussten die Gewährspersonen standardsprachliche Sprechproben mit jeweils einem standardsprachlich divergenten Merkmal anhören und erläutern, welche „norddeutschen Regiolektmerkmale" (Elmentaler et al. 2015: 402) sie als salient wahrgenommen haben. In einem *Situativitätstest* sowie einem *Normativitätstest* mussten sie zudem erklären, in welchen Situationen sie das Gehörte als adäquat einschätzen würden bzw. welche gehörten Varianten sie bei ihren Kindern korrigieren würden. Neben der Bestimmung der perzipierten Dialektmerkmale wurden im Rahmen des *Arealitätstests* auch die assoziierten Dialektmerkmale erhoben. Die Gewährspersonen mussten bestimmte Sprachmerkmale des Niederdeutschen hinsichtlich ihrer arealen Reichweite in eine Mental Map eintragen. Im Anschluss an die Erhebung wurden die Daten in EXMARaLDA transkribiert und mit dem Programm R quantitativ analysiert bzw. die handgezeichneten Mental Maps mit QGIS digitalisiert und georeferenziert.

Im Teilprojekt 4 konnte u. a. der Begriff *Salienz* neu gefasst werden. Hierbei handelt es sich demnach „nicht um eine statisch zu bestimmende Eigenschaft sprachlicher Phänomene, sondern um ein dynamisches Konstrukt" (Elmentaler et al. 2015: 419). Salienz wird stets situativ, kontextabhängig und in Interaktion hergestellt (vgl. Gessinger & Butterworth 2015: 293; vgl. weiterführend auch Hettler 2018).[106]

Die Projekte von Scharioth (2015), Jürgens (2015) und Hettler (2018) sind im Kontext des SiN-Projektes entstanden und fokussieren den Sprachgebrauch und die Sprachwahrnehmung in den Räumen Schleswig-Holstein und Mecklenburg-Vorpommern (vgl. Scharioth 2015) und Hamburg (vgl. Jürgens 2015) bzw. Hamburg und Bremen (Hettler 2018).

6.4.1 Projekt: „Regionales Sprechen und Identität" von Claudia Scharioth (2015)

Scharioth (2015) geht in ihrem Projekt bewusst einen unkonventionellen Weg, indem anstelle des NORM[107] weibliche Sprecherinnen aus Norddeutschland im Fokus ihrer Untersuchung stehen. Es wurden sowohl objektive als auch subjektive Sprachdaten erhoben, um „eine Brücke zwischen dem regionalen Sprechen und der regionalen Identität [...] schlagen [zu können]" (Scharioth 2015: 1). Im Rahmen eines Tischgesprächs, eines Interviews sowie einer Vorleseübung eruierte Scharioth auf Basis einer variationslinguistischen Sprachanalyse die dialektgeografische Struktur des Erhebungsraumes. Darüber hinaus wurde u. a. nach dem Gefallen der eigenen Sprechweise gefragt und diese vertikal von den Gewährspersonen eingeordnet. Zwar bewerteten die Befragten ihre Alltagssprache insgesamt sehr positiv, allerdings spielt der niederdeutsche Dialekt in deren Alltag kaum noch eine Rolle. Zudem zeigte sich auf objektsprachlicher Ebene, dass „[j]e weiter man nach Osten kommt, desto regionaler bzw. gemischter [...] die Alltagssprache [wird, VS/TH]" (Scharioth 2015: 332). Diese Entwicklungslinie konnte Scharioth auch wahrnehmungsdialektologisch nachvollziehen. So schätzten die Gewährspersonen aus Schleswig-Holstein ihre Alltagsvarietät eher als „reines Hochdeutsch" (Scharioth 2015: 180) ein, die Befragten aus Vorpommern und Mittelpommern hingegen eher als „ortsgebundene, regionale Alltagssprache" (Scharioth 2015: 181).[108]

---

[106] Zum Zeitpunkt der Drucklegung des vorliegenden Arbeitsheftes steht die Abschlusspublikation zum Teilprojekt 4 (vgl. Gessinger i. V.) noch aus und dementsprechend auch die abschließende Darstellung der Ergebnisse.
[107] *NORM* steht für *non-mobile older rural male*, die in der Dialektforschung die am häufigsten untersuchte Sprechergruppe markieren.
[108] Eine ausführliche Darstellung des Projekts erfolgt in Scharioth (2015): Regionales Sprechen und Identität. Eine Studie zum Sprachgebrauch, zu Spracheinstellungen und Identitätskonstruktionen von Frauen in Schleswig-Holstein und Mecklenburg-Vorpommern.

6.4.2 Projekt: „Niederdeutsch im Wandel. Sprachgebrauchswandel und Sprachwahrnehmung in Hamburg" von Jürgens (2015)

Die Frage, wie Sprecherinnen aus dem Raum Hamburg das Niederdeutsche wahrnehmen und gebrauchen, leitet die Untersuchung von Jürgens (2015) an. Zur Beantwortung dieser Frage wählte sie ein qualitatives Forschungsdesign und wertet zwanzig sprachbiografisches Interviews aus, die mit weiblichen Gewährspersonen im Alter von 45 bis 76 erhoben wurden. Der Interviewleitfaden umfasste u. a. Fragen zur Einschätzung des Sprachgebrauchs sowie zu Spracheinstellungen, im Verlauf des bisherigen Lebens der Gewährspersonen (z. B. während der Kindheit, der Schulzeit, des Einstiegs in die Berufswelt und der Familiengründung etc.) von Bedeutung waren. Auf Basis dieser Einzelfallanalysen rekonstruiert Jürgens drei Sprachgebrauchstypen (vgl. Jürgens 2015: 201–202): den „Alltagssprecher", den „Gelegenheitssprecher" und den „Freizeitsprecher" (Jürgens 2015: 201–202). Der Alltagssprecher verwendet das Niederdeutsche regelmäßig im Primärbereich (Familie und Freunde). aber auch in der Kommunikation mit Institutionen (vgl. Jürgens 2015: 201–202). Sowohl Gelegenheits- als auch Freizeitsprecher sprechen Niederdeutsch nur unregelmäßig mit Freunden oder auch im Arbeitskontext. Allerdings verwendet der Freizeitsprecher durch seine Einbindung in Vereine etc. in seiner Freizeit zusätzlich eine niederdeutsche Sprechweise (vgl. Jürgens 2015: 191).[109]

6.4.3 Projekt: „Salienz, Bewertung und Realisierung regionaler Sprachmerkmale in Bremen und Hamburg" von Hettler (2018)

Die Erhebung von Hörerurteilen steht im Fokus der Erhebung von Hettler (2018), in der 33 phonetisch-phonologische, morphosyntaktische sowie lexikalische Varianten (vgl. Hettler 2018: 81) der Regiolekte in Hamburg und Bremen von 98 linguistischen Laien beurteilt wurden (vgl. Hettler 2018: 101). Darüber hinaus wurde untersucht, ob bzw. welche Zusammenhänge zwischen den Hörerbewertungen und dem tatsächlichen Sprachgebrauch bestehen. Hierfür erhob Hettler zum einen quantitative Daten im Rahmen der Hörerurteilstests sowie qualitative Daten im Rahmen von Interviews zum Sprachgebrauch in den beiden Untersuchungsorten. Der Hörerurteilstest umfasste auch Fragen zur Korrektheit und zum Gefallen des Gehörten (vgl. Hettler 2018: 112–113).

Hettler (2018) konnte verschiedene Merkmale eruieren, die bei der Beurteilung des Gehörten durch die linguistischen Laien bedient wurden: Kleinräumige Verortung (z. B. eigener Stadtteil/eigene Region) bzw. großräumige Verortung (z. B. Großraum Hamburg oder Bremen), Prestige bzw. Stigma der Variante sowie das Korrekturbedürfnis der Gewährspersonen (z. B. wenn Variante als fehlerhaft eingeschätzt wird) (vgl. Hettler 2018:

---

[109] Eine ausführliche Darstellung des Projekts erfolgt in Jürgens (2015): Niederdeutsch im Wandel. Sprachgebrauchswandel und Sprachwahrnehmung in Hamburg.

166–170). So wird bspw. das alveolare /s/ vor Plosiv häufig mit dem Niederdeutschen sowie den Großräumen Hamburg und Bremen assoziiert, aber darüber hinaus auch mit der ‚eigenen Region'. Diese Variante besitzt zudem ein hohes Prestige und hat eine Triggerfunktion, indem sie das sprachliche Konzept Niederdeutsch aktiviert (vgl. Hettler 2018: 166–167). Hettler ermittelte außerdem einen Zusammenhang zwischen der Art des Hörerurteils und außersprachlichen Faktoren: Vor allem jüngere Akademiker bzw. Gewährspersonen aus sprachzentrierten Berufen nahmen besonders viele Phänomene in den Hörproben als standardabweichend wahr, wohingegen die älteren Gewährspersonen mit handwerklichen Berufen weniger Normabweichungen bemerkten (vgl. Hettler 2018: 189–190). Abschließend können vier Sprecher- und Hörertypen abgeleitet werden: die Sprachbewussten, die Regionsverwachsenen, die Sprachvarianztoleranten und die Durchschnittshörer (vgl. Hettler 2018: 282–284).[110]

6.5 Deutsch in Österreich. Variation – Kontakt – Perzeption – Task-Cluster D: Perzeption

Tab. 8: Übersicht zum Projekt *Deutsch in Österreich (DiÖ): Task-Cluster D: Perzeption (Standardvarietäten aus Perspektive der perzeptiven Variationslinguistik)*.

Projektziel(e)	Erhebung von Spracheinstellungen und Sprachwahrnehmungen zum Deutschen in Österreich
Untersuchungsraum	Österreich
geförderte Projektlaufzeit	seit 2015 (laufend)
Forschungsdesign	leitfadengesteuerte Tiefeninterviews inkl. Hörerurteilstests
Zugeordnete Projekte mit wahrnehmungsdialektologischem Schwerpunkt	Aktuell entstehen mehrere Dissertationsprojekte im Rahmen des Spezialforschungsbereichs[111]

Der Spezialforschungsbereich *Deutsch in Österreich* besteht aus fünf Clustern, die an den Universitäten Wien, Salzburg und Graz sowie der Österreichischen Akademie der Wissenschaften angesiedelt sind (vgl. Lenz 2019: 335) und „den Gebrauch und die subjektive Wahrnehmung der Ausprägung des Deutschen in Österreich" erforschen (DiÖ 2017a: Überblick). Im Projekt wird ein multidimensionaler Ansatz verfolgt, in dem zentrale For-

---

110 Eine ausführliche Darstellung des Projekts erfolgt in Hettler (2018): Salienz, Bewertung und Realisierung regionaler Sprachmerkmale in Bremen und Hamburg.
111 Zum Zeitpunkt des Redaktionsschlusses des vorliegenden Arbeitsheftes lagen noch keine abgeschlossenen Projektergebnisse vor, weshalb zunächst auf ausgewählte Vorarbeiten (vgl. Koppensteiner & Breuer 2020 sowie Vergeiner et al. 2019) verwiesen wird.

schungsparadigmen, Variationslinguistik, Sprachkontaktforschung sowie Spracheinstellungs- und Sprachperzeptionsforschung, miteinander kombiniert werden (vgl. Lenz 2019: 336).

Im Taskcluster D: *Perzeption* stehen Spracheinstellungen und Sprachwahrnehmungen des Deutschen in Österreich im Fokus. Auf der Basis der Daten aus einem (Online-)Fragebogen und verschiedenen Varianten des Hörerurteilstests (u. a. Verbal-Guise- und Matched-Guise-Technik) werden die Spracheinstellungen der Gewährspersonen erhoben (vgl. Abb. 31).

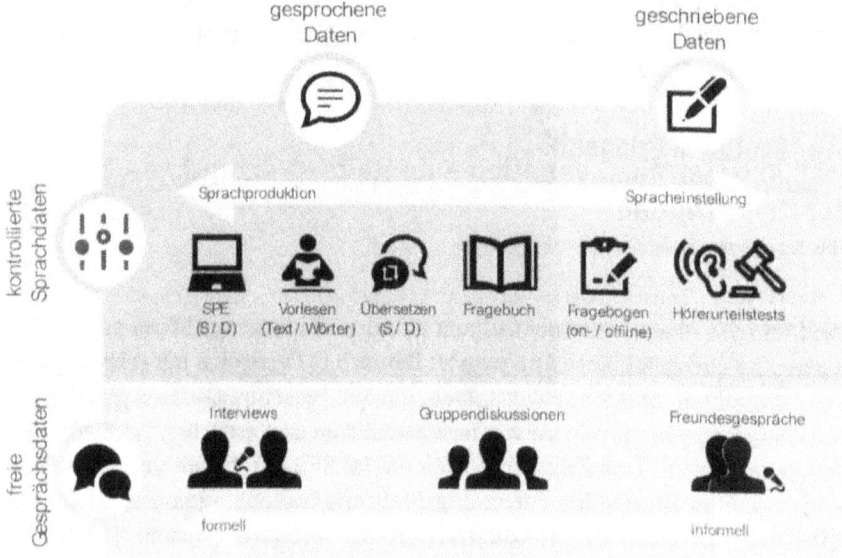

Abb. 31: Methodenpool des SFB *Deutsch in Österreich* (Lenz 2019: 336).

Das Teilprojekt 8 *Standardvarietäten aus Perspektive der perzeptiven Variationslinguistik* untersucht die konzeptionelle Verfasstheit von „standardsprachliche[n] Varietäten und Sprechlagen ‚in den Köpfen' der Bevölkerung" (DiÖ 2017b: Task-Cluster D). Im Rahmen einer mehrstufigen qualitativen Analyse werden die „subjektive Konzeptualisierung von Sprechlagen" sowie deren „terminologische Benennung" (Koppensteiner & Breuer 2020: 56) erhoben. Neben einem leitfadengesteuerten Tiefeninterview wird auch ein durch Themenkärtchen gelenktes Freundesgespräch sowie ein freies Gespräch mit den Gewährspersonen geführt, um Daten bzgl. der vorherrschenden Bezeichnungskonventionen der Varietäten in Österreich zu generieren. Die Forscher konnten ermitteln, dass die Bezeichnungen für die dialektale Sprechweise (meist als *Mundart* oder *Dialekt* benannt) relativ homogen ausfallen und hauptsächlich mit dem privaten Raum verknüpft sind, wohingegen die Bezeichnungskonventionen für die Standardvarietäten heterogener gestaltet sind (vgl.

Koppensteiner & Breuer 2020: 70). Besonders heterogen erscheint das Konzept WIENERISCH, dessen Autostereotyp eher neutral und dessen Heterostereotyp eher negativ konzipiert ist (vgl. Koppensteiner & Breuer 2020: 71).

Das Teilprojekt 10 *Wahrnehmungen von und Einstellungen zu Varietäten und Sprachen an österreichischen Schulen* legt den Fokus auf die österreichischen Schüler und untersucht deren normative Erwartungen, die die Varietätenwahl im sekundären Bildungsbereich bestimmen (vgl. Vergeiner et al. 2019: 285). Die Erhebung erfolgt u. a. mittels Online-Fragenbogen sowie leitfadengestütztem Interview. Insgesamt wurden Schüler und Lehrer an sieben mittleren und höheren Schulen in Westösterreich befragt, wobei je eine eher städtisch sowie eine eher ländlich geprägte Schule pro Region einbezogen wurde. Im Fragebogen wurden sowohl direkte als auch indirekte Verfahren zur Angemessenheitsbewertung einer Varietät miteinander kombiniert. So mussten die Gewährspersonen u. a. normative Äußerungen zur Verwendung von Varietäten im Schulunterricht auf Basis einer fünfstufigen Skala einschätzen. Darüber hinaus mussten sie verbale Stimuli, die ihnen vorgespielt wurden, auf ihre Angemessenheit in unterschiedlichen Situationen beurteilen.

Dabei wurde gezeigt, dass die Normerwartungen zum einen von den „stabilen Faktoren wie Gender, Erstsprache oder nationaler bzw. regionaler Herkunft" (Vergeiner et al. 2019: 321) abhängig sind, aber auch veränderliche Faktoren wie z. B. die gegebene Gesprächs- oder Unterrichtssituation beachtet werden müssen (vgl. Vergeiner et al. 2019: 321). Je nach Situation bzw. Kontext ändern sich die Normvorstellungen der Gewährspersonen und dementsprechend umfassen Angemessenheitsurteile eine relative große Spannweite von standardnahen bis hin zu dialektalen Varietäten (vgl. Vergeiner et al. 2019: 321).

Im Task-Cluster D des Spezialforschungsbereichs entstehen aktuell mehrere Projekte (z. B. im Rahmen von Dissertationsvorhaben), die sich den Spracheinstellungen und der Sprachwahrnehmung des Deutschen in Österreich widmen.

6.6 Die Stadtsprache Hannovers

Tab. 9: Übersicht zum Projekt *Die Stadtsprache Hannovers*.

Projektziel(e)	Analyse des der Stadtsprache Hannovers hinsichtlich standardkonformer und -divergenter Elemente sowie sich darauf beziehender Spracheinstellungen
Untersuchungsraum	Hannover und Braunschweig
geförderte Projektlaufzeit	seit 2020 (laufend)
Forschungsdesign	leitfadengesteuerte Tiefeninterviews inkl. Sprachproduktionstests sowie perzeptionslinguistischer Tests

Zugeordnete Projekte mit wahrnehmungs-dialektologischem Schwerpunkt	Ikenaga (2018)

Das DFG-Projekt „Die Stadtsprache Hannovers" nimmt den sprachlichen Mythos, nach dem in Hannover das beste Hochdeutsch gesprochen wird, in den Blick und untersucht, „wie nah das hannoversche Hochdeutsch tatsächlich am Standard ist [...] und wie sich der Topos vom besten Hochdeutsch in Hannover auch bei den Sprechern selbst produktiv und perzeptiv niederschlägt" (Ehrlich & Conrad 2021: 63). Zum einen werden objektive Sprachdaten erhoben innerhalb eines mehrgliedrigen Sprachexperiments, zum anderen werden die Gewährspersonen auch nach ihren Spracheinstellungen befragt (subjektive Sprachdaten).

Der Projektbereich 1 widmet sich den dialektgeografischer Sprachdaten, die in mehrgliedrigen Sprachexperimenten mit unterschiedlichen Gesprächssettings erhoben werden. Die Daten werden variationslinguistisch analysiert (phonetisch-phonologische Analyse) und anschließend statistisch ausgewertet. So soll die Frage beantwortet werden, „wie ‚hochdeutsch' die Sprache in Hannover tatsächlich ist" (https://www.stadtsprache-hannover.de/beschreibung, letzter Zugriff 29.07.2021). Zudem werden auch subjektive Sprachdaten im Rahmen von Mental Maps, Hörerurteilsdaten sowie Daten aus sprachbiografischen Interviews gesammelt und analysiert (Projektbereich 2). Einerseits werden die Sprachproduktionsdaten so besser interpretierbar und andererseits kann der Hannover-Mythos aus einer „Innenperspektive", bezogen auf die Wissensbestände und Normhorizonte der linguistischen Laien, beleuchtet werden (vgl. https://www.stadtsprache-hannover.de/beschreibung, letzter Zugriff 29.07.2021). Im Projektbereich 3 wird eine Vergleichsstudie mit der Stadtsprache in Braunschweig durchgeführt, um zu eruieren, „ob die sprachliche Situation in Hannover einmalig oder durchaus vergleichbar [mit anderen Städten, VS/TH] [...] ist" (stadtsprache-hannover.de: Beschreibung).

Die Ergebnisse einer ersten repräsentativen Umfrage[112] mit 2004 Teilnehmern zeigen, dass „die Annahme, Hannover sei die Stadt mit dem ‚besten' oder ‚reinsten' Hochdeutsch auf bundesweiter Ebene verbreitet [ist, VS/TH]" (Ehrlich & Conrad 2021: 73). Die Befragten verbinden mit dem Ausdruck *Hochdeutsch* vor allem das Fehlen regionaler Abweichungen in der Sprechweise sowie Klarheit und Verständlichkeit in der Aussprache (vgl. Conrad, Ehrlich & Schlobinski 2021: 73 sowie Abschnitt 6.1.3). Zudem konnte ermittelt werden, dass der „hannoversche Hochdeutsch-Mythos" (Conrad, Ehrlich & Schlobinski 2021: 70) im Norden (61% Bekanntheit) stärker verankert ist als im Osten (41% Bekanntheit) Deutschlands. Dieser konzeptionelle Unterschied könnte u. a. darauf zurückgeführt werden, dass der „Hannoverismus als Sprachideologie" (Ehrlich & Conrad 2021: 62) vor allem im Westen bekannt war und erst nach der Wende auch im Osten Deutschlands aufgenommen wurde.

---

[112] Die Repräsentativumfrage wurde im Rahmen des vorgestellten Projektes konzipiert und von der forsa Politik- und Sozialforschung GmbH durchgeführt (vgl. Ehrlich & Conrad 2021: 63).

Das Projekt von Ikenaga (2018) ist im Rahmen von Vorarbeiten zum DFG-Projekt entstanden und untersucht auf Basis soziolinguistischer Methoden die Stadtsprache Hannovers.

6.6.1 Projekt: „,Tach' oder ,Tag' – Eine soziolinguistische Untersuchung(k)" von Ikenaga (2018)

Die Untersuchung von Ikenaga (2018) versucht, ein möglichst differenziertes Bild des aktuellen Sprachgebrauchs in Hannover zu geben und erhebt in diesem Zusammenhang Sprechproben von 32 Gewährspersonen aus dem Untersuchungsraum Hannover, die hinsichtlich ihres Bildungshintergrundes, Alters und Geschlechts verschiedenen Gruppen zugeordnet wurden (vgl. Ikenaga 2018: 24–25). Die Erhebung basierte auf einem Fragebogen zur Ermittlung der soziodemografischen Daten, einem Experiment bestehend aus einer Bildbenennungsaufgabe, einer Vorleseaufgabe und einer Satzergänzungs- bzw. Satzbildungsaufgabe, sowie einem Interview (vgl. Ikenaga 2018: 32–35). Die erhobenen Sprechproben wurden hinsichtlich der vier phonologischen Besonderheiten g-Spirantisierung im Auslaut, der phonetischen Realisierung von <ng> mit auslautendem Plosiv, Realisierung von standarddeutschem [ɛː] als [eː] sowie der Realisierung des Kurzvokals statt standarddeutscher Länge analysiert.[113]

Ikenaga konnte zeigen, dass vor allem die älteren bzw. die weiblichen Gewährspersonen stärker regionalsprachliche Merkmale realisieren. Die Hebung des langvokalischen [ɛː] zu [eː] wurde am häufigsten von den Sprechern realisiert, die g-Spirantisierung hingegen nur selten (vgl. Ikenaga 2018: 63). Prinzipiell ist die „hannoversche Gegenwartssprache [...] keineswegs rein standardsprachlich, sondern weist einen relativ hohen Grad an Variation und niederdeutschen Merkmalen auf" (Ikenaga 2018: 64).

6.7 Übungsaufgaben

1. Vergleichen Sie die Forschungsdesigns der vorgestellten Projekte. Wie werden die unterschiedlichen Zielstellungen durch die Methodenwahl begründet?

---

[113] Eine ausführliche Darstellung des Projekts erfolgt in Ikenaga (2018): »Tach« oder »Tag«? Eine soziolinguistische Untersuchung(k) der hannoverschen Stadtsprache.

6.8 Weiterführende Literatur

Kehrein, Roland, Alfred Lameli & Stefan Rabanus (Hrsg.) (2015): *Regionale Variation des Deutschen. Projekte und Perspektiven.* Berlin, Boston: De Gruyter.

Eichinger, Ludwig & Albrecht Plewnia (Hrsg.) (2019): Neues vom heutigen Deutsch. Empirisch – methodisch – theoretisch. Jahrbuch des Instituts für Deutsche Sprache. Berlin, Boston: De Gruyter.

Hundt, Markus, Andrea Kleene, Albrecht Plewnia & Verena Sauer (Hrsg.) (2020): *Regiolekte. Objektive Sprachdaten und subjektive Sprachwahrnehmung.* Tübingen: Narr.

7 Fazit: Zusammenfassung und Ausblick

7.1 Zum aktuellen Stand der Wahrnehmungsdialektologie: Eine kurze Zusammenfassung

Diese Einführung hatte zum Ziel, einerseits den Status quo der (deutschsprachigen) Wahrnehmungsdialektologie darzustellen und andererseits neue Impulse zur Weiterentwicklung der Disziplin zu geben. Da es sich um die erste zusammenfassende Einführung in die Wahrnehmungsdialektologie im deutschsprachigen Raum handelt, war es notwendig, auch den wissenschaftstheoretischen Kontext der Disziplin eingehender darzustellen, um ein möglichst holistisches Bild der Zusammenhänge und Grundannahmen darzulegen. In den vorangegangenen Kapiteln wurde deshalb zu Beginn der Fokus auf die ethnomethodologischen und sozial-konstruktivistischen Ausgangspunkte, derer sich die Wahrnehmungsdialektologie bedient (vgl. Abschnitt 2.1), sowie die Lay Theories (vgl. Abschnitt 2.2) gelegt. In diesem Zusammenhang wurde u. a. ein Ansatz präsentiert, wie Laien- und Expertenwissen definiert und voneinander abgegrenzt werden können (vgl. Tab. 1). Diese Vorarbeiten bildeten die Basis für die Auseinandersetzung mit der wissenschaftlichen Disziplin der Laienlinguistik (vgl. Abschnitt 2.3), die gewissermaßen als disziplinärer Überbau zur Wahrnehmungsdialektologie fungiert und sich u. a. mit Spracheinstellungen, Sprachnormen und Sprachkritik in der Wahrnehmung bzw. im Verständnis von Laien beschäftigt. Die Bereiche sind auch für die Wahrnehmungsdialektologie insofern relevant, als dass insbesondere das Kompositum *Spracheinstellungen* auch durch das Determinans *Dialekt-* komponierbar ist, was zur Untersuchung von *Dialekteinstellungen* führt (vgl. dazu exemplarisch Adler & Plewnia 2020). Sprachkritik und Sprachnormen spielen innerhalb der Wahrnehmungsdialektologie immer dann eine Rolle, wenn nicht bloß Sprache als holistischer Gegenstand betrachtet, d. h. *kritisiert* bzw. einer Normbewertung unterzogen wird, sondern Dialekt in diesem Zusammenhang thematisiert wird.

In Abschnitt 3 erfolgte ein Überblick über die historische Entwicklung der Wahrnehmungsdialektologie, die ihren Ausgangspunkt in den Niederlanden und Japan nahm (vgl. Abschnitt 3.1.) und sich anschließend über die USA (Abschnitt 3.2) ab den späten 1980er Jahren (Brekle 1985; Diercks 1988; Herrgen & Schmidt 1985; Kremer 1984; Mattheier 1985; Wirrer 1987) auch in Deutschland (vgl. Abschnitt 3.3) verbreitete. Wissenschaftshistorische Arbeiten, die sich mit der Historizität der Disziplin auseinandersetzen und diese kritische reflektieren, stehen bisher noch aus, was wohl primär auf das noch recht junge Alter der Disziplin zurückzuführen ist. Allerdings liegen mit den Arbeiten von Jakob (2010) und Löffler (2010) zwei kürzere Arbeiten vor, die sich mit den Wurzeln der Wahrnehmungsdialektologie innerhalb der traditionellen Dialektologie (Löffler 2010) sowie Sprachbewertungen in der deutschen Sprachgeschichte (Jakob 2010) beschäftigen. Das Ziel des Abschnitts ist also, die zentralen Entwicklungslinien nachzuzeichnen, um so den Zustand der rezenten Wahrnehmungsdialektologie zu begründen. Es zeigt sich dabei, dass die Wahrnehmungsdialektologie einerseits auf umfangreiche methodische Erprobungen zurückblicken kann, andererseits aber noch immer einige dringende Desiderata ungelöst sind, sodass die Disziplin vor dem Hintergrund ihrer eigenen Geschichte gewissermaßen am Scheideweg steht. Eines der dringenden Desiderata, das bspw. auch Purschke & Stoeckle (2019: 854) benennen, ist die „stärkere theoretische Rahmung empirischer Studien, gerade in Bezug auf die psychologischen, soziologischen und philosophischen Grundlagen von Wahrnehmung, Bewertung und Handeln". Auch deshalb haben wir versucht, in Abschnitt 4 einen Ansatz für eine Theorie der Wahrnehmungsdialektologie zu liefern, der diesen Ansprüchen gerecht wird, etablierte Konzepte aufgreift und Perspektiven für die Weiterentwicklung bietet.

In Abschnitt 4 erfolgte die theoretische Fundierung der Disziplin. Dialekt wurde als kognitives Phänomen umrissen und es wurden Verbindungen zur Frametheorie und damit zu den aktuellen Ansätzen der Kognitionslinguistik aufgezeigt (Abschnitt 4.1). Im Rahmen einer Prozessualität der Konzeptualisierungen steht am Anfang ein Wahrnehmungsprozess. Dabei wurde die Perzeption als physikalischer Prozess von der Wahrnehmung als Reflexionsprozess unterschieden (vgl. Abschnitt 4.2). Zudem wurden, dies schließt sich an die individuellen Wahrnehmungsprozesse an, die gesellschaftlichen Konstruktionen von Wirklichkeit erörtert, da die Thematisierung, z. B. von Dialekt, immer in einem spezifischen gesellschaftlichen Zusammenhang und im Diskurs geschieht (vgl. Abschnitt 4.3.) und sich so eine Form gesellschaftlich tradierten Wissens konstituiert, das die Diskurse und auch die Individuen maßgeblich prägt und oftmals (vor allem unbewusst) beeinflusst. Abgeschlossen wurden die theoretischen Herleitungen von einer Theorie des Raums, der die Wahrnehmung der Sprecher und Hörer prägt und als Bezugsgröße für die vorhergehend diskutierten Konzeptualisierungen herangezogen werden kann (vgl. Abschnitt 4.4.). Sowohl das Konzept des absoluten Raums, der unabhängig von den Körpern existiert als auch das Konzept des relationalen Raums, der sich aus der Relation der Körper zueinander ergibt, sind im Hinblick auf die Konstituierung des Sprachraumes zu beachten. Im vorliegenden Arbeitsheft wurde folglich zwischen einem (objektiven) Operationsraum, in dem die Individuen sprachlich handeln, der sich jedoch ihrer Wahrnehmung entzieht, und einem Perzeptionsraum, den die Individuen mittels ihrer Wahrnehmung konstituieren und der die Grundlage ihres sprachlichen Handelns bildet, unterschieden (vgl. Abschnitt 4.4.3). Der Sprachraum als solcher umfasst drei Dimensionen (vgl. Anders 2010: 97; Knox & Marston 2001: 38): Die absolute Dimension kann mittels dialektgeografischer Sprachdaten erfasst werden, während sich die relative Dimension des Sprachraums über eine Analyse der „infrastrukturelle[n], ökonomische[n], politische[n] und soziale[n] Faktoren" (Anders 2010: 97) bestimmen lässt. Die kognitive Raumdimension, die in der Wahrnehmungsdialektologie im Zentrum steht, lässt sich durch die Erhebung der Wahrnehmungen, Einstellungen und Wertevorstellungen der Sprecher bestimmen.

Um dem Anliegen des Arbeitsheftes, Studierende und Forschende zu wahrnehmungsdialektologischen Forschungen anzuleiten und zu motivieren, gerecht zu werden, erfolgte in Abschnitt 5 eine Übersicht über den kompletten Ablauf einer Erhebung. Neben einführenden Hinweisen zum Forschungsdesign (vgl. Abschnitt 5.1), wurde der Fokus u. a. auf die Methoden der Datenerhebung (Abschnitt 5.2) gelegt. Hier wurde z. B. die Klassifikation wahrnehmungsdialektologischer Methoden nach Preston (2010a) vorgestellt, die wahrnehmungsdialektologische Methoden nach ihrem Modus (*production source*) und Wissenstyp (*regard type*) unterscheidet. So können mittels stimulusbasierter Verfahren externale bzw. perzipierte Sprachmerkmale erhoben werden und assoziierte bzw. internale Merkmale von Sprache über wissensorientierte Verfahren eruiert werden. Heute werden vor allem Mixed Methods (vgl. Abschnitt 5.2.3) in der Wahrnehmungsdialektologie angewendet und sowohl perzipierte als auch assoziierte Merkmale von Dialekten bzw. Sprache analysiert. In Online-Befragungen können z. B. sehr viele Gewährspersonen mit relativ überschaubarem Zeitaufwand befragt werden. In den Fragebogen ist es möglich, neben offenen und/oder geschlossenen Fragen zum Sprachwissen bzw. zur Spracheinstellung und -bewertung auch Hörerurteilstest oder Draw-a-Map-Aufgaben einzubinden, die die spezifischen Konzeptualisierungen ausführlich rekonstruieren können. Durch die Setzung von Primes kann darüber hinaus untersucht werden, was diese unterschiedlichen (Sprach-)Konzepte triggern. Die so erhobenen Daten können dann z. B. georeferenziert, kartografisch dargestellt und analysiert werden (vgl. Abschnitt 5.3). In der Analyse werden Polygone zu den eingezeichneten Dialekträumen erstellt und miteinander verglichen. Die daraus resultierenden Übereinstimmungsgrade zwischen den individuellen Raumkonzepten können dann auf Basis von Heat Maps visualisiert werden.

Des Weiteren wurden auch grundlegende Hinweise zur Analyse von (wahrnehmungsdialektologischen) Daten, z. B. qualitativen Inhaltsanalysen oder quantitativen Verfahren, vorgestellt (vgl. Abschnitt 5.4). Schließlich wurde der integrierende Ansatz eingeführt, der Methoden der traditionellen Dialektologie (z. B. Variablenanalysen) mit Methoden der Wahrnehmungsdialektologie kombiniert und so eine Perspektiverweiterung ermöglicht, die für die Interpretation der Forschungsergebnisse grundlegend ist.

Die wahrnehmungsdialektologische Erforschung des deutschsprachigen Raumes, im Rahmen von Groß- und Verbundprojekten, stand im Mittelpunkt des Abschnitts 6. Neben den bereits abgeschlossenen Projekten *Wahrnehmungsdialektologie. Der deutsche Sprachraum aus der Sicht linguistischer Laien* (vgl. Abschnitt 6.1), *Auswirkungen der Staatsgrenze auf die Sprachsituation im Oberrheingebiet (FLARS)* (vgl. Abschnitt 6.2), *Ländere[n]. Die Urschweiz als Sprach(wissens)raum* (vgl. Abschnitt 6.3) und *Sprachvariation in Norddeutschland (SiN)* (vgl. Abschnitt 6.4) wurden auch zwei aktuell laufende Projekte, *Deutsch in Österreich. Variation – Kontakt – Perzeption* (vgl. Abschnitt 6.5) und *Die Stadtsprache Hannovers* (vgl. Abschnitt 6.6), vorgestellt. Natürlich handelt es sich hierbei nur um eine Auswahl, die aufgrund der Fülle an innovativen wahrnehmungsdialektologischen Erhebungen und der zur Verfügung stehenden Kapazitäten des Arbeitsheftes getroffen werden musste.

Es konnte gezeigt werden, dass die linguistischen Laien sowohl über ein kleinräumigeres (Mikrokartierung des Nahbereichs) als auch ein großräumigeres Sprachraumkonzept verfügen. Während bei den Deutschen die Konzepte BAYERISCH, SÄCHSISCH, HOCHDEUTSCH und NORDDEUTSCH als Orientierungspunkte dienen und in der Wahrnehmung der Gewährspersonen besonders präsent (salient) sind, orientieren sich die Gewährspersonen aus der Schweiz häufig an den Kantonen und die Österreicher an den Bundesländern (vgl. Purschke

& Stoeckle 2019: 851). Daneben konnten weitere außersprachliche Faktoren, wie etwa die politische Zugehörigkeit, die kulturelle Zuordnung oder die historische Entwicklung des Untersuchungsraumes eruiert werden, die die Sprachraumkonzepte der Gewährspersonen prägen. Aber auch individuelle Persönlichkeitsmerkmale der Gewährsperson, z. B. ihr individueller Lebensmittelpunkt, ihre Herkunft, ihr Alter und ihre Erfahrungen mit Sprache bzw. Dialekten konstituieren ihr Sprachwissen (vgl. Purschke & Stoeckle 2019: 852).

Die deutsche Wahrnehmungsdialektologie hat sich seit ihren Anfängen vor mehr als 30 Jahren sehr stark entwickelt. Sowohl im Hinblick auf die zugrundeliegenden theoretischen Konzepte und Modelle als auch hinsichtlich ihrer Methoden. Der deutschsprachige Raum kann dementsprechend aus wahrnehmungsdialektologischer Perspektive als gut erforscht bewertet werden. Nichtsdestoweniger gibt es immer noch weiße Flecken auf der wahrnehmungsdialektologischen Landkarte und auch die theoretische Rahmung einzelner Konzepte ist noch nicht abgeschlossen.

7.2 Offene Fragen und Desiderata in der wahrnehmungsdialektologischen Forschung: Ein Ausblick

Die Frage nach der „lebenspraktische[n] Bedeutung individueller Sprachraumkonzepte und Wissensbestände" (Purschke & Stoeckle 2019: 854) muss zukünftig noch stärker in den Mittelpunkt der Forschung rücken. Wie beeinflussen die individuellen Spracherfahrungen und -einstellungen das sprachliche Handeln der Menschen? Wie wirken sich bspw. Auto- und Heterostereotype auf die subjektive und objektive Dialektkompetenz der Sprecher aus? Inwieweit beeinflussen Prestige und Stigma dialektaler Sprechweisen deren Abbau bzw. Aufrechterhaltung? Hier muss eine Verbindung dialektgeografischer, -soziologischer und wahrnehmungsdialektologischer Daten erfolgen, um diese Fragen zielgerichtet beantworten zu können. Insbesondere die Anbindung an aktuelle kognitionslinguistische Forschung im Anschluss an Fillmore, Langacker, Goldberg etc. bietet darüber hinaus viel Potenzial für fortführende (theoretische wie empirische) Studien. Dabei geht es z. B. um die bisher nahezu unbeantwortete Frage, wie linguistische Laien ihr Dialektwissen verbalisieren, d. h. auf welche Formen der (epistemischen) Modalität sie zurückgreifen oder welche Konstruktionen (z. B. Phraseme oder schematische Konstruktionen) sie vermehrt verwenden. So kann Erkenntnis darüber gewonnen werden, wie (linguistische) Laien über einen Gegenstand (hier: Dialekt) sprechen und welche Unterschiede es möglicherweise zum Sprachgebrauch von Experten gibt. Schließlich ermöglicht diese Analyse auch einen Rückschluss auf die Komplexität des Laienwissens.

Die Überprüfung und die damit einhergehende Standardisierung der wahrnehmungsdialektologischen Forschungsmethoden sowie der Ausbau des Methodeninventars sind ebenfalls wichtige Aspekte zukünftiger Forschungsarbeiten (vgl. Purschke & Stoeckle 2019: 854). So konnte im Hinblick auf die Matched-Guise-Technik bereits festgestellt werden, dass für die Erhebung von Spracheinstellungen weder eine verdeckte Erhebung noch die Imitation der regionalen Sprechweisen durch einen Sprecher notwendig sind. Stattdessen können Einstellungsdaten auch mittels der Open-Guise-Technik erhoben werden, bei der die Gewährspersonen zuvor über das Untersuchungsdesign informiert werden.

Zudem könnten diachrone Studien erstmals einen Einblick in den Wahrnehmungswandel der linguistischen Laien ermöglichen. Hierfür müssten relevante Studien aus den 1990er, 2000er und/oder 2010er Jahren aufgegriffen werden und mit aktuellen Daten verglichen werden. Die Wandeltendenzen könnten im Anschluss z. B. mittels geeigneter Geoinformationssystem-Programme referenziert und dynamisch visualisiert werden.

In den kommenden Jahren wird sich also zeigen, ob die Wahrnehmungsdialektologie ihren selbst gesetzten Herausforderungen gerecht werden kann und ob sie sich als Disziplin ausreichend weiterentwickelt, um auch in den nächsten 30 Jahren fundierte Forschung leisten zu können.

8 Lösungsvorschläge

8.1 Wissenschaftstheoretische Kontextualisierung

1a. Nennen und erläutern Sie die Merkmale von Laientheorien nach Furnham (1988). Finden Sie eigene Beispiele aus der Praxis. Hier eignen sich beispielsweise Kommentarspalten auf sozialen Medien zu politischen oder sprachlichen Themen.

Laientheorien zeichnen sich zunächst durch dadurch aus, dass sie auf sprachbezogenen Annahmen basieren, die von den Laien nicht von sich aus benannt werden können. Als Konsequenz aus ihrer Nicht-Explizierbarkeit können die Annahmen nicht von den Laien selbst (oder Außenstehenden) infrage gestellt werden und werden daher als natürlich gegeben hingenommen. Zudem weisen Laientheorien häufig inhaltliche Brüche auf, die sich z. B. dadurch äußern, dass die Laien selbst ihre Theorie nicht konsequent sprachlich umsetzen. Neben dieser Inkonsistenz gilt auch Inkohärenz als Merkmal laikaler Theorien. Demnach sind derlei Theorien lückenhaft, da sie stets nur den für die jeweilige individuelle Intention des Laien notwendigen Ausschnitt sprachlicher Realität betrachten. Teil ebendieser Intention ist es, die eigene Theorie bestätigt zu wissen; im Umkehrschluss bedeutet dies, dass Laien nicht an für die Wissenschaft konstitutiver Falsifikation interessiert sind. Die Unwissenschaftlichkeit laikaler Theorien zeigt sich auch in der fehlenden Trennschärfe zwischen Ursache und Wirkung. So werden Scheinkorrelationen angenommen, also Faktoren kausal miteinander verknüpft, die (wissenschaftlich betrachtet) in keinem kausalen Zusammenhang stehen. Gleichzeitig sind Laientheorien gar nicht darauf ausgelegt, sprachliche Zusammenhänge zu erklären, sondern (stets ausschnittsweise) oberflächlich zu beschreiben. Dabei beschreiben Laien die Sprache nicht losgelöst von den Sprechern, sondern zuvorderst deren Persönlichkeitsmerkmale. Der Beschreibung (und Bewertung) zugrunde liegt eine internalisierte Norm bzgl. „richtigem" Deutsch oder – allgemeiner – „richtiger" Sprache, also ein Maßstab, der so nicht existiert. Im Gegensatz zu diesen generalisierenden Normen, die Laientheorien inhärent sind, fällt die Theorie selbst sehr viel weniger allgemeingültig aus – stattdessen bezieht sie sich stets auf eine spezifische Beobachtung, die nicht mittels Bottom-Up-Prozess generalisiert wird. Insgesamt wird deutlich, dass es laikalen Theorien an Wissenschaftlichkeit auf allen Ebenen mangelt. Diese äußert sich – abgesehen von den bereits genannten Aspekten – schlussendlich durch die fehlende Untermauerung durch eine breite Datenbasis, die wissenschaftliche Theorien auszeichnet.

Beispiele: Kindererziehung (Eltern gegenüber ihren Kindern), schulischer Kontext (Lehrkräfte als Nicht-Linguisten gegenüber Schülerinnen und Schülern), öffentliche politische Debatten um ‚richtiges', ‚reines', ‚schützenswertes' Deutsch

1b. Diskutieren Sie die Vor- und Nachteile des Ausdrucks Laientheorie. Welche alternativen Bezeichnungsmöglichkeiten könnte es geben? Gehen Sie auch auf Vor- und Nachteile der Alternativen ein.

Der Ausdruck „Laientheorie" schließt eine positive Definition des Laien ein. Auf diesem Wege wird der Laie nicht als Abweichung vom Experten, sondern als eigenständiger Wert definiert., d. h. ihm wird diskursive Relevanz zugeschrieben. Damit wird dem Umstand Rechnung getragen, dass Wissensgenerierung stets ein konstruktivistischer Prozess ist, an dem Laien und Experten gleichermaßen, aber auf unterschiedliche Weise teilhaben. Problematisch ist der Ausdruck jedoch insofern, als dass sich Theorien im wissenschaftlichen Kontext durch innere Komplexität auszeichnen, die im Falle von Laientheorien jedoch nicht gegeben ist (vgl. Aufgabe 1a.). Aus diesem Grund werden alternative Bezeichnungen vorgeschlagen. Von Wilton & Stegu (2011) stammt der Vorschlag, Laientheorien als *views* zu bezeichnen. Der Ausdruck *View* vernachlässigt jedoch die soziale Komponente laikaler Theorien, die sich darin äußert, dass Laienwissen nicht nur durch subjektive Erfahrungen entsteht, sondern auch gesellschaftlich-diskursiv verbreitet und damit intersubjektiv anerkannt wird. Abhilfe schafft der Vorschlag der Autorin und des Autors dieses Buchs, die sich dafür aussprechen, in Anlehnung an die Kognitionslinguistik auf den Ausdruck *Konzept* zurückzugreifen. Dieser schließt einerseits die subjektive Komponente ein, indem er auf kognitive Prozesse verweist, und lässt andererseits nicht außer Acht, dass die gesellschaftliche Tradierung von Wissen die Verfestigung kognitiver Strukturen beeinflusst.

2. Erläutern Sie das Verhältnis von Wahrnehmungsdialektologie und Laienlinguistik. Wo liegen Gemeinsamkeiten und Unterschiede?

Das Verhältnis von Wahrnehmungsdialektologie und Laienlinguistik ist nicht eindeutig definiert. Klar ist jedoch, dass die Laienlinguistik als Disziplin breiter gefächert ist als die Wahrnehmungsdialektologie, die einen Teilbereich der Laienlinguistik darstellt. Während die Laienlinguistik die Untersuchung verschiedenster linguistischer Phänomene beinhaltet, konzentriert sich die Wahrnehmungsdialektologie auf Dialekte als Untersuchungsgegenstände. Demgemäß erhebt die Wahrnehmungsdialektologie (u. a.) Daten zum Dialektwissen von Laien; für die Laienlinguistik ist indes jede Art von sprachlichem Laienwissen interessant. Dabei handelt es sich jeweils um Forschung, die von Laien handelt. Die Laienlinguistik kennt allerdings – im Gegensatz zur Wahrnehmungsdialektologie – auch Linguistik *für* Laien. Dazu werden linguistische Erkenntnisse für Nicht-Linguisten verständlich aufbereitet. In der Wahrnehmungsdialektologie sind Nicht-Linguisten nicht die Zielgruppe, sondern ausschließlich selbst Gegenstand der Untersuchungen. Für beide Forschungsansätze gilt, dass ein Mehrmethodenzugang sinnvoll für die Erhebungen ist. Grund dafür ist, dass weder Laienwissen im Allgemeinen noch Dialektwissen im Speziellen immer explizierbar ist. Mithilfe der Anwendung mehrerer Methoden wird also die Chance erhöht, dass das Sprachwissen der und Laien für die Erhebung brauchbar gemacht werden kann.

3a. Definieren Sie Spracheinstellungen anhand des Drei-Komponentenmodells der Einstellungen.

Einstellungen gegenüber sprachlichen Gegenständen umfassen drei Komponenten, die prozessartig aufeinander aufbauen. Zunächst fußt eine solche Einstellung auf deklarativem Wissen über den Gegenstand, z. B. über die regionale Verortung eines bestimmten Dialekts. Dieses Wissen bildet die kognitive Dimension von Einstellungen. Die affektive Komponente besteht darin, dass der sprachliche Gegenstand (auf Basis des Wissens über ihn) Emotionen gegenüber demselben erzeugt (z. B. Abneigung gegen einen Dialekt), die sich wiederum in daraus resultierenden Verhaltensweisen widerspiegelt. Wenn jemand also eine dialektsprechende Person aufgrund ihrer Sprechweise beleidigt, drückt sich dadurch die konative Dimension von Spracheinstellungen aus.

3b. Erläutern Sie Unterschiede und Gemeinsamkeiten der drei Spracheinstellungstheorien nach Tophinke & Ziegler (2002, 2006), Purschke (2014, 2015) sowie Soukup (2014, 2015, 2019).

Allen drei Theorien (Tophinke & Ziegler (2002, 2006), Purschke (2014, 2015), Soukup (2014, 2015, 2019)) gemein und zentral ist die Annahme, dass Spracheinstellungen keine ausschließlich individuellen, von sozialen Kontexten losgelösten Standpunkte sind. Stattdessen sind sie stets Ergebnis sozialer Prozesse, die ihre inhärente Dynamik auf Spracheinstellungen übertragen. In ebenjenen sozialen Prozesse spielen verschiedene Faktoren, die auf unterschiedliche Weise in den drei Theorien Erwähnung finden und auch Einfluss auf die Ausprägung von Spracheinstellungen nehmen, eine Rolle: Dazu gehören Faktoren, die die gesamte (Sozio-)Kultur, Rahmenbedingungen von Gesprächssituationen sowie die direkte Interaktion zwischen (zwei oder mehr) Menschen betreffen. Soukup beschreibt Spracheinstellungen – im Gegensatz zu Purschke und Tophinke & Ziegler – zumindest als kognitiv stabil. Die Vermittlung zwischen der Stabilität (Kognition) und Instabilität (sozialer Kontext) übernimmt, so Soukup, die Interaktion zwischen den sozialen Individuen. Nach Purschke funktioniert die kognitive Speicherung von Einstellungen zwar relativ unkompliziert, da sie routinisiert ist, kognitive Stabilität folgt in seiner Theorie daraus aber nicht. Purschke betont indes als einziger die handlungspraktische Dimension von Spracheinstellungen. Demnach bilden diese die inhaltliche Grundlage für (soziale) Handlungen.

4. Finden Sie praktische Beispiele in den Medien für laienlinguistische Sprachkritik. Definieren Sie davon ausgehend Merkmale laienlinguistischer Sprachkritik.

Wenn ein ranghoher CDU-Politiker (und Jurist) gendergerechten Sprachgebrauch, wie in seinem Tweet aus dem April 2021 (https://twitter.com/_friedrichmerz/status/1383343760260567043?lang=de, letzter Zugriff 09.07.2021), hinterfragt, handelt es sich dabei nicht um Sprachkritik im wissenschaftlichen Sinne, sondern um die Bewertung sprachlicher Gegenstände aus Sicht eines Nicht-Linguisten, ergo eines Laien. Dieser sog. laienlinguistischen

Sprachkritik liegen oftmals – so auch in diesem Fall – keine abgewogenen wissenschaftlichen Kriterien zugrunde, sondern politische Zielsetzungen. Merz' Agenda speist sich aus der Haltung seiner Partei zu traditionellen Werten und Normen: diese bedürften Schutz und Verteidigung. Übertragen auf den sprachlichen Kontext bedeutet dies, dass die Sprache vor externen Einflüssen (hier: „Gender-Leuten") geschützt werden müsse. Dass die These, „Gender-Leute" würden die Sprache „einseitig [...] verändern", d. h. sie seien in der Lage, den Sprachwandel gemäß ihrer politischen Haltung aktiv und bewusst zu steuern, wissenschaftlich nicht haltbar ist, verdeutlicht die Laienhaftigkeit des Tweets.

8.2 Die Geschichte der Wahrnehmungsdialektologie

1. *Hoenigswald (1966: 20) äußert sich zu der Ausgangslage der Folk Linguistics folgendermaßen: „we should be interested not only in (a) what goes on (language), but also in (b) how people react to what goes on [...] and in (c) what people say goes on". Diskutieren Sie diese Aussage. (Wieso) Sollte sich die Linguistik mit perzeptiven Daten beschäftigen?*

Perzeptive Daten geben Aufschluss darüber, wie Sprachindividuen ihren eigenen und den Sprachgebrauch anderer wahrnehmen und bewerten. Mit der Untersuchung dieser Daten wird der linguistische Blick um die soziokulturelle Bedeutung von Sprache erweitert, indem sie zeigt, welchen Stellenwert die Sprechweise in der Bewertung anderer Menschen einnimmt. Über die Bewertung von Sprache werden schließlich – wenn auch nicht immer bewusst – nicht nur linguistische, sondern auch anderweitige Merkmale einer Person bewertet. Darüber können kollektive Wissensbestände und Stereotype z. B. zu Personengruppen mit einer einheitlichen Sprechweise erhoben werden. Diese Wissensbestände, die in kognitiven Konzepten abgespeichert sind, können weiterhin hinsichtlich ihrer Übereinstimmung mit der linguistischen „Realität" überprüft werden. Z. B. zeigen Mental Maps einzelner Personen, inwiefern die von ihnen angenommenen Dialektisoglossen richtig verortet sind. Damit kann die Linguistik Erkenntnisse über den Stand eines (reflektierten) Sprachbewusstseins und der Sprachbildung gewinnen. Die Erhebung solcher kognitiven Konzepte ist aus den genannten Gründen nicht nur für die Linguistik relevant, sondern kann auch für andere Forschungsdisziplinen brauchbar gemacht werden: Die Soziologie z. B. profitiert von Ergebnissen zum Einfluss sprachlicher Elemente in der Stereotypisierung (und mitunter Diskriminierung) von Personengruppen.

2. *Diskutieren Sie Vor- und Nachteile der little arrow method nach Weijnen (1946). Führen Sie mit Ihnen nahestehenden Personen eine kurze Untersuchung des deutschen Sprachraums durch, in der Sie die little arrow method nutzen. Für weiterführende Informationen kann auch Abschnitt 5.2.1.1 genutzt werden.*

Vorteilhaft an der Pfeilchenmethode nach Weijnen (1946) ist die einfache Handhabung; die Visualisierung mittels Pfeilen ist leicht zu vermitteln und daher probandenfreundlich. In der Einfachheit der Darstellung liegen jedoch gleichzeitig die Probleme der Methode: Es wird nicht deutlich, auf welche Art der sprachlichen (Un-)Ähnlichkeit die Gewährspersonen Bezug nehmen. Ob sie die Unterschiede (bzw. Gemeinsamkeiten) im Dialekt, Regiolekt oder Soziolekt beurteilen, bleibt also offen. Zudem gibt die Pfeilchenmethode nicht Aufschluss darüber, welche sprachliche Kategorie innerhalb der vertikalen Ebene betrachtet wird, d. h. ob z. B. phonologische oder lexikale Merkmale verglichen werden. Dadurch wird Weijnens Methode recht oberflächlich und zeigt nur ein grobes Konzept der räumlichen Verortung sprachlicher Eigenheiten.

3. *Skizzieren Sie die drei bzw. vier wichtigsten Bereiche deutschsprachiger wahrnehmungsdialektologischer Forschung.*

Die deutschsprachige wahrnehmungsdialektologische Forschung umfasst nach Hundt (2018) drei, nach Purschke & Stoeckle (2019) vier Bereiche. Hundt unterscheidet die Untersuchung der Spracheinstellungen gegenüber Dialekten von den ihnen zugrundeliegenden Zuschreibungen an (salienten) Dialektmerkmalen sowie der Erforschung kognitiver Konzepte von Sprachräumen (Mental Maps), die Laien innehalten. Letzterer Bereich findet sich auch in Purschkes & Stoeckles Einteilung wieder: Sie räumen ebenso der Wahrnehmung der Sprachraumstruktur einen eigenen Bereich ein und differenzieren diese von der Untersuchung der Überschneidungen (bzw. Unterschiedlichkeit) „von linguistischen und perzeptiven Grenzen" (VS/TH: 47). Purschke & Stoeckle nehmen die kognitive Struktur von Sprachwissen als einen weiteren Bereich der Wahrnehmungsdialektologie an. Den vierten Bereich bildet die Erforschung von Spracheinstellungen und -wahrnehmung hinsichtlich der sie beeinflussenden regionalen Merkmale von Sprache.

8.3 Theorie der Wahrnehmungsdialektologie

8.3.1 Dialekt als kognitives Phänomen

1a. *Visualisieren Sie einen Frame zu folgendem Transkriptausschnitt mittels einer der im Text dargestellten Methoden.*

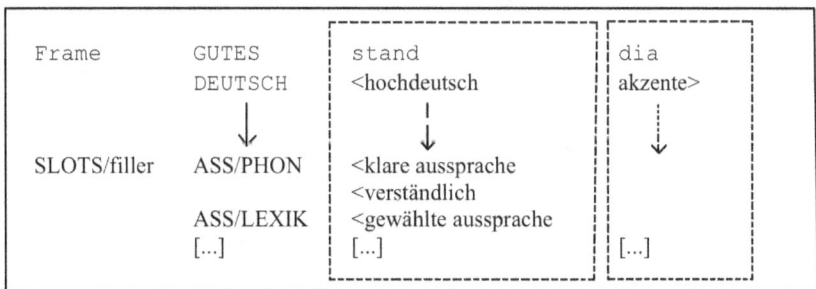

1b. Diskutieren Sie im Anschluss an 1a. mögliche Probleme, die sich im Hinblick auf die Arbeit mit subjektiven Daten ergeben könnten.

Probleme im Umgang mit subjektiven Daten rühren daher, dass linguistische Laien über lückenhafte Kenntnisse zur wissenschaftlichen Arbeit mit Dialekten verfügen. Ihre Beschreibungen und Bezeichnungen von dialektologischen Sachverhalten stimmen daher nicht immer mit wissenschaftlichen Konventionen überein, bzw. lassen sich nicht vollständig darauf übertragen. Um möglichen Ambivalenzen zu begegnen, sollten die laienlinguistischen Äußerungen zur Bezeichnung der Frames verwendetet werden. Hinzu kommt, dass die Wissensbestände der Gewährspersonen in den Interviewsituationen mitunter nicht expliziert werden. Dabei kann es sich sowohl um Slots als auch um Filler handeln. Diese Lücken lassen sich innerhalb des visualisierten Frames darstellen und müssen notwendigerweise hinsichtlich ihrer Struktur und Ursache analysiert werden.

2. Diskutieren Sie, warum der kognitive Blick auf Dialekte notwendig ist.

Die kognitive Perspektive auf Dialekte zeigt, dass Default-Values nicht nur individuell, sondern durch ihre Konventionalisierung auch gesamtgesellschaftlich bedeutsam sind. Die Erkenntnis über ihre gesamtgesellschaftliche Bedeutung bildet die Grundlage für weitergehende Forschung zu Dialekten, dazugehörigen Stereotypen und ihren Auswirkungen, z. B. für die Soziologie.

Außerdem verdeutlicht der kognitive Blick, wie Vorurteile gegenüber bestimmten Dialekten und ihren Sprechern kognitiv durch Schematisierung und Konzeptualisierung entstehen. Erst die kognitive Analyse zeigt, welche Stereotype tatsächlich durch die Sprechweise von Dialektsprechern entstehen und nicht nur durch soziale Faktoren, die unabhängig von der Sprechweise die Vorurteile beeinflussen.

Darüber hinaus gibt die kognitive Perspektive differenziert Aufschluss darüber, welche linguistischen Ebenen (Phonologie, Semantik, Lexik, Syntax) ausschlaggebend für die Verfestigung von Dialektkonzepten sind. Dabei wird auch deutlich, dass die Bedeutung der einzelnen Ebenen je nach Dialekt variiert und manche der Ebenen stärker zusammenhängen als andere (z. B. Phonologie und Lexik).

3. Stellen Sie die vier wahrnehmungsdialektologischen Prinzipien dar.

Das symbolische Prinzip besagt, dass linguistische Laien eine Verbindung zwischen Dialekten und ihren Merkmalen herstellen und verbalisieren (können). In Anlehnung an de Saussures Zeichenbegriff repräsentiert das theoretische Wissen über Dialekte die Ausdrucksseite, die Verbalisierung des Wissens wiederum die Inhaltsseite des Zeichens. Problematisch bleibt die Transformation von der Ausdrucks- zur Inhaltsseite dennoch, da Laien ihr Wissen nur benennen, nicht aber wissenschaftlich erläutern oder begründen können.

Das Erfahrungsprinzip beinhaltet zwei Wege, über die Laien ihr Dialektwissen erlangen. Dazu zählen einerseits der unmittelbare Kontakt mit einer dialektsprechenden Person, andererseits die indirekte Vermittlung von Dialektwissen durch Medien o. ä. Beide Erfahrungswege zielen nicht darauf ab, Dialekte systematisch zu ergründen, sondern bauen laienlinguistisches Dialektwissen zur Sprachpraxis auf.

Laut Kategorisierungsprinzip werden Erfahrungen, die mit Dialekten und ihren Merkmalen gemacht werden, in Form eines idealisierten Schemas kognitiv strukturiert. Die Wissensstrukturen zu spezifischen Dialekten werden so individuell verarbeitet.

Als Ergebnis aus der kognitiven Kategorisierung werden gemäß Konzeptualisierungsprinzip die Erfahrungen entlang von Strukturmerkmalen klassifiziert. Sich überschneidende Erfahrungen werden zu einem Konzept zusammengefasst, während abweichende Erfahrungen neue Konzepte eröffnen. Durch den Konzeptualisierungsakt entstehen z. B. Porto- und Stereotype oder Frames.

8.3.2 Wahrnehmung und Wissenssoziologie

1. Beschreiben Sie, inwiefern Wahrnehmung eine psychologisch-kognitive und eine soziale Dimension besitzt.

Die prozesshafte Wahrnehmung von Reizen erfolgt kognitiv. Dieser kognitive Prozess kann in die Aufnahme, Verarbeitung und Speicherung von Informationen (vgl. Anders 2010) aufgeschlüsselt werden. Einfluss auf diese psychologisch-kognitive Dimension der Wahrnehmung nehmen die sozialen Rahmenbedingungen, die die Wahrnehmungssituation aufweisen. Besteht im sozialen Kontext noch kein (sprachliches) Bewusstsein über ein Objekt, kann es nur schwerlich als solches wahrgenommen werden, da es in den Köpfen der Individuen noch nicht konstruiert ist. Die Wahrnehmung ist also ein kognitiv stattfindender Prozess, dessen Art und Ausprägung durch den sozialen Kontext determiniert ist.

2. Stellen Sie den Prozess der Wahrnehmung eines Objektes anhand eines selbstgewählten dialektologischen Beispiels dar. Gehen Sie dabei vor allem auf die Konzepte Salienz und Pertinenz ein.

Angenommen, Person X aus Hamburg träfe auf Person Y aus Stuttgart. Person X spräche standardnahes Deutsch ohne starke dialektale Einflüsse. Im Gespräch mit Person Y, die Schwäbisch spräche, fragte diese „Hast du heute Zeit?" und spräche dabei das /s/ als [ʃ]. In diesem Szenario ist die Palatalisierung des /s/ für Person X eine saliente Sprachform, d. h. sie wird als abweichend von deren persönlicher Sprachnorm empfunden. Aufgrund dessen wird Person X auf dieses sprachliche Merkmal aufmerksam. Die Salienz der Palatalisierung des /s/ genügt also, um zielgerichtete Wahrnehmung zu erzeugen; die Aufmerksamkeit der Person X muss nicht durch einen externen Impuls auf die Sprachform gesteuert werden. Im nächsten Schritt schreibt Person X dem als salient eingestuften Merkmal Relevanz oder Irrelevanz zu, d. h. sie kategorisiert das Merkmal hinsichtlich seiner Pertinenz. Damit ist der

Wahrnehmungsprozess abgeschlossen, auf dem die sich daran potentiell anschließende Bewertung des Sprachobjekts fußt.

3. *Erläutern Sie, warum sich ein wissenssoziologischer Blick auf Wissen in der Wahrnehmungsdialektologie anbietet. Warum kann ein linguistischer Laie nicht autonom gedacht werden?*

Ein linguistischer Laie ist, wie jeder andere Mensch auch, Teil einer Gesellschaft, die über gewisse Wissensbestände verfügt. Sprachwissen ist keines, das das Überleben sichert und daher unabhängig von sozialen Prozessen existiert, sondern eines, das auf ein Kulturgut, also etwas inhärent Wandelbares, referiert. Daher ist dieses Wissen über Sprache nicht starr, sondern das dynamische (Zwischen-)Ergebnis diskursiver Aushandlungsprozesse. So ist auch das Laienwissen über Sprache eine soziale Konstruktion, das durch Interaktion aufgebaut und modifiziert wird. Zudem spielt die Sozialisierung des einzelnen linguistischen Laien eine gewichtige Rolle dabei, welche Handlungskonsequenzen er aus sprachlichen Erfahrungen, auf denen sein Sprachwissen aufbaut, zieht. Insgesamt wird also deutlich, dass (Sprach-)Wissen nicht individualistisch konzipiert werden kann, weil dies die soziale Komponente von Sprachindividuen verkennen würde. Daraus ergibt sich die Notwendigkeit für die Wahrnehmungsdialektologie, diesem Teil des Sprachwissens Aufmerksamkeit zukommen zu lassen.

8.3.3 Raum

1. *Setzen Sie sich mit dem „Synchronisierungsbegriff" nach Schmidt & Herrgen (2012: 28) auseinander. Erläutern Sie auf dieser Basis die Auswirkungen der Synchronisierung auf die Struktur des subjektiven und objektiven Sprachraums.*

Der objektive Sprachraum (Operationsraum) zeichnet sich dadurch aus, dass die Sprecher in ihm kommunizieren und interagieren. Darin begründet sich die Möglichkeit, dass Synchronisierungsakte indirekten Einfluss auf die Struktur des objektiven Raums nehmen. Dies geschieht, indem Individuen ihre Wahrnehmung des Raums durch die Synchronisierung mit anderen verändern. Diese Veränderungen in der Wahrnehmung können eine Veränderung des (Sprach-)Verhaltens nach sich ziehen und so ggf. Einfluss auf die Struktur des Operationsraums haben.

Im Gegensatz zum objektiven Sprachraum steht der subjektive Raum (Perzeptionsraum) in einem direkten Abhängigkeitsverhältnis zur Wahrnehmung der Sprecher. Da der Perzeptionsraum einen Ausschnitt des objektiven Raums darstellt, der je nach Perspektive des Individuums variiert, kann sich seine Struktur mit der Veränderung der individuellen Wahrnehmung der Sprecher ebenfalls verändern.

2. *Ermitteln sie die Gemeinsamkeiten und Unterschiede der Raumkonzepte von Anders (2010: 82-88) und Purschke (2011: 37-45). Stellen Sie Ihre Ergebnisse tabellarisch dar.*

	Anders	Purschke
Gemein-samkeiten	– Annahme einer absoluten Dimension des Raums, die sich durch objektive dialektgeografische Sprachdaten definieren lässt – Annahme einer relativen Dimension des Raums, die sich durch politische, soziale, infrastrukturelle und ökonomische Daten definieren lässt – Annahme einer kognitiven Dimension des Raums, die sich durch Wahrnehmungen, Meinungen und Wertvorstellungen der Individuen definieren lässt	– Annahme von linguistisch-objektiven Kriterien (z. B. sprachlich-strukturelle Eigenständigkeit, sozial-funktionale Besetzung, regionale Charakteristik) zur Abgrenzung von Sprachräumen – Annahme von individuell-subjektiven Grenzen (z. B. individuell-kognitive Eigenständigkeit, sozial-funktionale Normativität, situativ-attitudinale Normativität)
Unterschiede	– Strukturierung des Raums durch absolute, relative und kognitive Dimension	– Strukturierung des Raums durch linguistisch-objektive und individuell-subjektive Grenzen

8.4 Methoden der Wahrnehmungsdialektologie

8.4.1 Datenerhebung

1a. *Erläutern Sie, welchen Einfluss die strukturelle Beschaffenheit der Grundkarte auf die Ergebnisse der Draw-a-Map-Aufgabe haben kann.*

Mittels der gezielten Strukturierung der Grundkarte lassen sich unterschiedliche Wissensbestände aktivieren. Je nachdem welcher räumliche Ausschnitt gewählt wird, verändert sich der kognitive Fokus der Gewährspersonen und damit im Ergebnis auch das erhobene Konzept. Soll also ein lokal eng begrenztes, regionales Dialektkonzept erhoben werden, so bietet sich als Kartenbasis nicht die Grundkarte *Staatsgrenze* an, in der lediglich der Umriss Deutschlands vorgegeben ist, sondern eher der Umriss einer bestimmten Region. Im Umkehrschluss können gröbere Konzepte mittels gröberer Grundkarten erhoben werden. D. h.: Unterschiedliche Granularitätsgrade der Grundkarte können die räumliche Wahrnehmung der Gewährspersonen beeinflussen, sodass es notwendig ist, die Struktur der Grundkarte an das Erkenntnisinteresse der Erhebung anzupassen.

Darüber hinaus beeinflusst die Struktur der Grundkarte den Kartierungstyp, d. h. die Gestaltung der Map durch die Gewährsperson. Diese orientieren sich am Schema der Grundkarte und wenden es in ihrer eigenen Map an. So animiert die Markierung einzelner Orte in der Grundkarte die Gewährspersonen dazu, ihre Map nach Knotenpunkten anzulegen, wohingegen die Markierung von Staats-/Bundeslandgrenzen eher dazu führt, dass die Gewährspersonen Grenzlinien als eigene Strukturierungsmethode nutzen.

1b. Diskutieren Sie, wie eine Grundkarte zur Erhebung der Mikrokartierung des obersächsischen Sprachraums konzipiert werden könnte. Gehen Sie auch auf das Forschungsdesign ein, z. B. auf relevante soziale Faktoren bei der Gewährspersonenauswahl.

Zur Erhebung der Mikrokartierung des obersächsischen Sprachraums bietet es sich an, den Umriss der Grundkarte auf die Bundesländer Sachsen, Sachsen-Anhalt und Thüringen zu beschränken. Im Vergleich zur Staatsgrenzen-Karte ist die Wahrscheinlichkeit hier höher, dass die Gewährspersonen tatsächlich eine feindifferenzierte Map (Mikrokartierung) anstatt eines groben Konzepts ausgestalten. Förderlich für die Detailliertheit der erhobenen Kartierung sind Knotenpunkte, die der räumlichen Orientierung dienen. Als vorgegebene Knotenpunkte könnten die Landeshauptstädte der drei Bundesländer, also Dresden, Magdeburg und Erfurt angegeben werden. Da Gewährspersonen gemeinhin Konzepte des eigenen Sprachraums differenzierter wiedergeben können als die anderer Sprachräume, ist es sinnvoll, Sprecher aus dem obersächsischen Sprachraum als Gewährspersonen auszuwählen.

2a. Ordnen Sie die in den Abschnitt 5.2.1.1 bis 5.2.2.2 dargestellten Erhebungstechniken in das methodische Einteilungsraster nach Preston (2010) (vgl. Abb. 12) ein.

Im Rahmen der Draw-a-Map-Methode (Abschnitt 5.2.1.1) werden internale Dialektmerkmale (*internal*) erhoben, indem die Gewährspersonen eine geografische Grundkarte spontan mit ihren Assoziationen zur Lokalisierung von Sprachräumen und Sprechweisen gestalten. Mit der Vorgabe dieser Aufgabe wird das Bewusstsein der Gewährspersonen auf den Untersuchungsgegenstand gerichtet (*conscious*). Mit Preston handelt es sich hierbei um die Hand-Drawn-Methode.

Die Degree-of-Difference-Methode (5.2.1.2) kann zur Erweiterung der Draw-a-Map-Methode genutzt werden. Dazu werden die Gewährspersonen explizit angehalten (*conscious*), anhand einer Skala den Grad der Übereinstimmung einer von ihnen in der Map verorteten Sprechweise (*internal*) mit ihrer eigenen Sprechweise zu bewerten. Preston fasst diese Methode in seinem Modell unter dem Ausdruck *same-different*. Alternativ kann eine andere Sprechprobe vorgegeben (*external*) und als Bewertungsmaßstab herangezogen werden.

Auch Pleasantness/Correctness-Evaluationen (Abschnitt 5.2.1.3) können sowohl mit assoziierten Dialektmerkmalen aus den Maps der Gewährspersonen als auch mit externen Sprechproben durchgeführt werden. Im Zuge dieser Erhebungstechnik werden die Gewährspersonen dazu aufgefordert (*conscious*), die gegebenen Sprechweisen nach den Kriterien

Wohlgefallen oder Korrektheit zu bewerten, es handelt sich nach Preston also um eine *evaluation*.

Die Knotenpunkte, die ggf. von den Gewährspersonen in ihren Maps markiert werden (*internal*), können ergänzend als Kärtchen im Rahmen der Pilesorting-Methode (Abschnitt 5.2.1.4) verwendet werden. Diese werden von den Gewährspersonen nach Aufforderung (*conscious*) entsprechend ihrer (Un-)Ähnlichkeit in der Sprechweise sortiert.

Einen anderen Ansatzpunkt als Hand-Drawn-Maps verfolgt die Technik Speech-Imitation, nach Preston *imitations* (Abschnitt 5.2.1.5). In diesem Fall werden die Gewährspersonen dazu animiert (*conscious*), einen vorgegebenen Dialekt zu imitieren. Dabei handelt es sich um einen Dialekt, den die Gewährspersonen nicht aktiv sprechen. Auf diesem Wege werden also internale Sprachdaten erhoben, da die Gewährspersonen ausschließlich auf ihre eigene Sprachkompetenz zurückgreifen.

Im Gegensatz dazu wird für den Hörerurteilstest auf für die Gewährspersonen unbekannte Sprechproben zurückgegriffen (*external*), die den Gewährspersonen vorgespielt werden und von ihnen hinsichtlich Lokalisierung und salienten Merkmalen beurteilt werden sollen (*conscious*).

Auch in der Anwendung der Matched-Guise-Technik kommen Sprechproben zum Einsatz, die von den Gewährspersonen bewertet werden. Dazu dienen häufig bestimmte Skalen. Allerdings – und das unterscheidet diese Technik von den vorigen – werden die Gewährspersonen in diesem Fall über ein wesentliches Merkmal der Sprechproben nicht informiert (*subconscious*): Alle Proben der Erhebung werden von derselben Person eingesprochen. Dadurch kann ausgeschlossen werden, dass Unterschiede in der Bewertung der Proben auf Persönlichkeitsmerkmale verschiedener Sprecher zurückzuführen sein könnten.

2b. Gehen Sie kurz darauf ein, weshalb eine trennscharfe Zuordnung der Erhebungstechniken nur z. T. möglich ist.

Prestons Einteilungsraster erweckt den Eindruck, einige Methoden, wie die Hand-Drawn- oder die Evaluation-Methode, würden ausschließlich der Erhebung internaler Daten dienen. Allerdings lassen sich diese auch für die Erhebung externaler Daten nutzbar machen. Dazu gehört z. B. die Degree-of-Difference-Methode. Wenn man nicht auf die von der Gewährsperson gestaltete Map Bezug nimmt (*internal*, also *same-different*), sondern als Explorator selbst eine Sprechprobe vorgibt und deren Übereinstimmung einschätzen lässt, lassen sich auch externale Produktionsdaten erheben. Diese Besonderheit geht nicht aus Prestons Raster hervor, da die Same-Different-Methode in der Kategorie *production source* nur unter *internal* gelistet ist.

8.4.2 Datenaufbereitung

1. *Diskutieren Sie die Vor- und Nachteile der verschiedenen Aufbereitungsverfahren von Mental Maps.*

Overlay-Techniken ermöglichen die Digitalisierung von Mental Maps und ihren digitalen Vergleich. Problematisch ist dabei, dass mithilfe der Technik nicht mehrere unterschiedliche Sprachräume abgebildet werden können, da nur die gleichen Räume übereinandergelegt werden können. Unter der Schichtung der Maps leidet zudem die Qualität, sodass das Ergebnis in Publikationen unleserlich ist. Aus diesen Gründen, aber auch weil die Technik schwer zugänglich ist, wird die Technik mittlerweile nur noch selten angewendet.

Stattdessen findet die Aufbereitung von Mental Maps aktuell meist unter Verwendung von Geoinformationssystemen statt. Auch mit dieser Technik können die maps digitalisiert werden. In diesem Fall werden allerdings nicht nur – wie mit der Overlay-Technik – die eingezeichneten Strukturen, sondern jeweils auch die dazugehörigen geometrischen und soziodemografischen Daten der Maps bzw. der Gewährspersonen digitalisiert. Dadurch werden zusätzliche Vergleichskriterien geschaffen, deren Übereinstimmungen in Heat Maps visualisiert werden können. Die Generierung solcher Heat Maps kann allerdings relativ aufwendig sein. Alternativ oder ergänzend zur qualitativen Analyse können die zusätzlich gewonnenen Daten statistisch ausgewertet und im Rahmen quantitativer Ansätze nutzbar gemacht werden.

8.4.3 Datenanalyse

1. *Diskutieren Sie die Besonderheiten qualitativer und quantitativer Analysen. In welchen Fällen kann es sinnvoll sein, beide Ansätze miteinander zu verknüpfen?*

Während qualitative Analysen durchgeführt werden, um (erste) Forschungshypothesen bilden zu können, dienen quantitative Verfahren meist dazu, bereits bestehende Hypothesen zu überprüfen. Dementsprechend werden im Hinblick auf Forschungsdesiderata in den Geisteswissenschaften häufig zuerst qualitative Methoden zur Erschließung der Problematik genutzt und im Anschluss die gewonnenen Erkenntnisse mittels eines quantitativen Zugangs evaluiert. Da sich qualitative Analysen meist auf Einzelfälle beschränken, können die daraus resultierenden Ergebnisse keine Allgemeingültigkeit beanspruchen. Quantitativen Analysen zielen hingegen auf die Verallgemeinerbarkeit der Ergebnisse ab. Dieses Ziel kann jedoch nur durch die Erfüllung der wissenschaftlichen Gütekriterien Objektivität, Reliabilität und Validität erreicht werden.

2. *Werten Sie das semantische Differential in Abb. 30 aus. Erläutern Sie, welche Einstellungen bzgl. der Städte München und Hamburg abgeleitet werden können.*

Aus dem vorliegenden semantischen Differential kann insgesamt abgeleitet werden, dass die Konzepte der beiden Städte durchschnittlich ähnlich ausfallen, da die Bewertungen in den einzelnen Kategorien jeweils relativ nah beieinanderliegen. Die größten konzeptuellen Unterschiede zwischen den beiden Städten sind hinsichtlich ihrer Modernität auszumachen: München wird moderner als Hamburg wahrgenommen. Auffällig ist außerdem, dass beide Städte als nahezu gleich warm bzw. kalt konzeptualisiert werden. Sowohl München als auch Hamburg werden als groß und innovativ wahrgenommen.

8.4.4 Dateninterpretation

1. *Erläutern Sie die Vor- und ggf. auch die Nachteile des integrierenden Ansatzes.*

Der integrierende Ansatz bietet den Vorteil, objektive und subjektive Sprachdaten sinnvoll miteinander kombinieren zu können. So können sich z. B. auf Basis wahrnehmungsdialektologischer Daten, die Entwicklung dialektgeografischer Isoglossenstrukturen bzw. Sprachwandelprozesse bereits andeuten. Darüber können objektive Sprachdaten (also bspw. realisierte regionale Varianten) unter Einbezug subjektiver Sprachdaten umfassender interpretiert werden. Dabei sind allerdings verschiedene soziologische Faktoren zu berücksichtigen, die Spracheinstellungsdaten beeinflussen können.

2. *Diskutieren Sie, warum sprachlicher Wandel nur bedingt durch Apparent-Time-Vergleiche nachvollziehbar ist.*

Im Rahmen von Apparent-Time-Studien werden Prognosen angestellt, die zur Voraussetzung haben, dass kein *age grading* bei den Gewährspersonen stattgefunden hat. Ob *age grading* tatsächlich als Faktor berücksichtigt werden muss, ist jedoch nur im Rahmen von Panel-Studien erhebbar. Ein zeitlicher Verlauf, im Sinne eines diachronen Vergleichs, ist mit Daten aus einer Apparent-Time-Erhebung hingegen nicht möglich, sondern lediglich Aussagen über eine mögliche zukünftige Struktur der Sprachlandschaft bzw. der Sprechweisen.

8.5 Wahrnehmungsdialektologische Forschungsprojekte

1. *Vergleichen Sie die Forschungsdesigns der vorgestellten Projekte. Wie werden die unterschiedlichen Zielstellungen durch die Methodenwahl begründet?*

Im Rahmen des Projekts *Wahrnehmungsdialektologie: Der deutsche Sprachraum aus der Sicht linguistischer Laien* werden u. a. Interviews mit sprachlichen Laien geführt und Mental

Maps angefertigt, um die darin enthaltenen Konzepte zum deutschen Sprachraum zu rekonstruieren. In den teilstrukturierten leitfadengestützten Interviews geben die Gewährspersonen Auskunft über ihre Normvorstellungen zur deutschen Sprache. Interviews bieten sich insofern dafür an, als dass Normen innerhalb von Gesprächen ausführlich erläutert werden können. Der räumlich-strukturelle Teil der Sprachkonzepte hingegen wird durch die Draw-a-Map-Methode erhoben, die für die Rekonstruktion geografischer perzipierter Merkmale prädestiniert ist. Mittels der Pilesorting-Methode werden die assoziierten sprachräumlichen Aspekte (z. B. regionalsprachliche Ähnlichkeiten) der Konzepte zusammengeführt. Das Anliegen der Forschenden, den gesamten deutschen Sprachraum wahrnehmungsdialektologisch zu erheben, erfordert sowohl eine Makrokartierung zur Rekonstruktion großräumiger Sprachkonzepte als auch eine Mikrokartierung für kleinräumige Sprachkonzepte. Erstere wird durch die Pilesorting-Methode, letztere durch den Draw-a-Map-Task vorgenommen.

Die Kombination von normbasierten Einstellungen und raumbezogenem Sprachwissen steht auch im Zentrum des Projekts *Sprachvariation in Norddeutschland (SiN). Teilprojekt 4*. Auch hier werden leitfadengesteuerte Interviews (und zusätzlich verschiedene Hörurteilstests) genutzt, um die Spracheinstellungen der Gewährspersonen gegenüber norddeutschen Dialektmerkmalen zu eruieren. Die raumbezogene Komponente der Sprachkonzepte der Gewährspersonen werden auch in diesem Projekt mittels Mental Maps erhoben worden.

Einen raumbezogenen, relativ kleinräumig angelegten Ansatz verfolgt das Projekts *Ländere^n. Die Urschweiz als Sprach(wissens)raum*. Hier werden Mikro- und Makrokartierungen der Gewährspersonen erhoben und Hörurteilstests durchgeführt. Die Ergebnisse dessen repräsentieren das Wissen der Gewährspersonen zur räumlichen Verortung sprachlicher Merkmale in der Urschweiz, dessen Erhebung Ziel der Forschenden war.

Ähnlich kleinräumig angelegt ist das Projekt *Auswirkungen der Staatsgrenze auf die Sprachsituation im Oberrheingebiet (FLARS)*. Normative Einstellungen und Wahrnehmungen stehen hier im Fokus der Untersuchung. Wie auch in den anderen Projekten mit (u. a.) normbezogenem Ansatz werden auch hier leitfadengesteuerte Interviews durchgeführt. Die Inhalte der Interviews bilden die Grundlage für eine qualitative Analyse, die Aufschluss über die gegenseitigen stereotypen Zuschreibungen der Sprechergruppen, die durch die Staatsgrenze voneinander getrennt leben, gibt.

Die Erhebung von Spracheinstellungen und -wahrnehmungen ist auch das Ziel des Projekts *Deutsch in Österreich. Variation – Kontakt – Perzeption*. Leitfadengestützte Interviews erfüllen auch in diesem Fall den Zweck, subjektive Sprachdaten diskursiv zu eruieren. In Ergänzung dienen Hörerurteilstests dazu, Bewertungen des Deutschen, die verschiedene Sprechergruppen in Österreich machen, zu erheben.

Im Rahmen des Projekts *Die Stadtsprache Hannovers* soll der Status des Hannoverschen Hochdeutsch als ‚reinstem' Hochdeutsch überprüft werden. So wird einerseits das Hannoversche auf seine linguistische Nähe zum Standarddeutschen überprüft. Dazu dienen Sprachexperimente mit Gewährspersonen aus dem Raum Hannover, deren phonetischphonologischen Merkmale hinsichtlich ihrer Nähe zum Standard analysiert werden. Mithilfe leitfadengesteuerter Interviews, Mental Maps und Hörerurteilstests werden zudem Spracheinstellungen gegenüber dem Hannoverschen Hochdeutsch erhoben.

Literaturverzeichnis

Abschlussbericht (2017): *„Länderen" – Die Urschweiz als Sprach(wissens)raum*. Germanistische Linguistik, Universität Freiburg/Fribourg. https://www.unifr.ch/germanistik/de/assets/public/files/linguistik/Abschlussbericht_L%C3%A4nderen.pdf (letzter Zugriff 25.04.2021).

Adler, Astrid, Christiane Ehlers, Reinhard Goltz, Andrea Kleene & Albrecht Plewnia (2016): *Status und Gebrauch des Niederdeutschen 2016. Erste Ergebnisse einer repräsentativen Erhebung*. Mannheim: Institut für Deutsche Sprache.

Adler, Astrid & Albrecht Plewnia (2018): Möglichkeiten und Grenzen der quantitativen Spracheinstellungsforschung. In Alexandra N. Lenz & Albrecht Plewnia (Hrsg.), *Variation – Norm – Identität(en)*, 63–97. Berlin, Boston: De Gruyter.

Adler, Astrid & Albrecht Plewnia (2019): Die Macht der großen Zahlen. Aktuelle Spracheinstellungen in Deutschland. In Ludwig M. Eichinger & Albrecht Plewnia (Hrsg.), *Neues vom heutigen Deutsch. Empirisch – methodisch – theoretisch*, 141–162. Berlin, Boston: De Gruyter.

Adler, Astrid & Albrecht Plewnia (2020): Aktuelle Bewertungen regionaler Varietäten des Deutschen. Erste Ergebnisse der *Deutschland-Erhebung 2017*. In Markus Hundt, Andrea Kleene, Albrecht Plewnia & Verena Sauer (Hrsg.), *Regiolekte. Objektive Sprachdaten und subjektive Wahrnehmung*, 15–35. Tübingen: Narr Francke Attempto.

Adler, Astrid & Albrecht Plewnia (2021): Was denken linguistischen Laien über Sprache? Ergebnisse einer aktuellen Repräsentativerhebung zu Spracheinstellungen in Deutschland. In Toke Hoffmeister, Markus Hundt & Saskia Naths (Hg.), *Laien, Wissen, Sprache. Theoretische, methodische und domänenspezifische Perspektiven*, 249–277. Berlin, Boston: De Gruyter.

Ammon, Ulrich (1983): Soziale Bewertung des Dialektsprechers: Vor- und Nachteile in Schule, Beruf und Gesellschaft. In Werner Besch et al. (Hg.), *Dialektologie. Ein Handbuch zur deutschen und allgemeinen Dialektforschung*. 2. Halbband, 1499–1509. Berlin, New York: De Gruyter.

Anders, Christina Ada (2010): *Wahrnehmungsdialektologie. Das Obersächsische im Alltagsverständnis von Laien*. Berlin, New York: De Gruyter.

Anders, Christina, Markus Hundt & Alexander Lasch (Hrsg.) (2010): *Perceptual Dialectology. Neue Wege der Dialektologie*. Berlin, New York: De Gruyter.

Anderson, John R. (1988): *Kognitive Psychologie. Eine Einführung*. Heidelberg: Spektrum der Wissenschaft Verlag.

Angewandte Statistik (2016): *Der standardisierte Fragebogen. Antwortskalen – Skalenbreite*. http://stat.uni-kassel.de/wbt/fragebogen/Fragebogen/skalen_breite.html (letzter Zugriff 05.02.2021).

Antos, Gerd (1996): *Laien-Linguistik. Studien zu Sprach- und Kommunikationsproblemen im Alltag. Am Beispiel von Sprachratgebern und Kommunikationstrainings*. Tübingen: De Gruyter.

Antos, Gerd, Thomas Niehr & Jürgen Spitzmüller (2019): *Handbuch Sprache im Urteil der Öffentlichkeit*. Berlin, Boston: De Gruyter.

Antos, Gerd (2021): Ist der Laie der Dumme? Erosion der Experten-Laien-Dichotomie in der Ära medial inszenierter Betroffenheit. In Toke Hoffmeister, Markus Hundt & Saskia Naths (Hrsg.), *Laien, Wissen, Sprache. Theoretische, methodische und domänenspezifische Perspektiven*, 25–48. Berlin, Boston: De Gruyter.

Arbeitsgruppe Bielefelder Soziologen (Hrsg.) (1973): *Alltagswissen, Interaktion und gesellschaftliche Wirklichkeit*. Bd. 1: Symbolischer Interaktionismus und Ethnomethodologie. Reinbek bei Hamburg: Rowohlt.

Archiv für Gesprochenes Deutsch (2020): FOLKER/OrthoNormal. http://agd.ids-mannheim.de/folker.shtml (letzter Zugriff 27.02.2021).

Arendt, Birte (2010): *Niederdeutschdiskurse. Spracheinstellungen im Kontext von Laien, Printmedien und Politik.* Berlin: Erich Schmidt.
Arendt, Birte (2019): Wie sagt man hier? Bewertungen von Dialekt, Regionalsprache und Standard im Spannungsfeld regionaler Identität und sozialer Distinktion. In Gerd Antos, Thomas Niehr & Jürgen Spitzmüller (Hrsg.), *Handbuch Sprache im Urteil der Öffentlichkeit*, 333–352. Berlin, Boston: De Gruyter.
Auer, Peter (2004). Sprache, Grenze, Raum. *Zeitschrift für Sprachwissenschaft* 23 (2), 149–179.
Auer, Peter (2010): Sprachliche Landschaften. Die Strukturierung des öffentlichen Raums durch die geschriebene Sprache. In Arnulf Deppermann & Angelika Linke (Hrsg.), *Sprache intermedial: Stimme und Schrift, Bild und Ton,* 271–298. Berlin, New York: De Gruyter.
Auer, Peter (2014): Anmerkungen zum Salienzbegriff in der Soziolinguistik. In Helen Christen & Evelyn Ziegler (Hrsg.), Die Vermessung der Salienz(forschung)/Measuring (the Research on) Salience. *Linguistik Online* 66 (4), 7–20.
Auer, Peter, Julia Breuninger, Dominique Huck & Martin Pfeiffer (2015): Auswirkungen der Staatsgrenze auf die Sprachsituation im Oberrheingebiet (Frontière linguistique au Rhin Supérieur, FLARS). In Roland Kehrein, Alfred Lameli & Stefan Rabanus (Hrsg.), *Regionale Variation des Deutschen,* 323–348. Berlin, Boston: De Gruyter.
Auer, Peter (2018): Das Beste zweier Welten: Das Bild elsässischer Dialektsprecher von den Deutschen, den Franzosen und sich selbst. In Alexandra Lenz & Albrecht Plewnia (Hrsg.), *Variation - Normen – Identitäten,* 5–40. Berlin, Boston: De Gruyter.
Bach, Adolf (1969). *Deutsche Mundartforschung.* Heidelberg: Winter.
Bellmann, Günter (1994): *Einführung in den mittelrheinischen Sprachatlas (MRhSA).* Tübingen: Niemeyer.
Berger, Peter L. & Thomas Luckmann (2013): *Die gesellschaftliche Konstruktion der Wirklichkeit. Eine Theorie der Wissenssoziologie.* Mit einer Einleitung zur deutschen Ausgabe von Helmuth Plessner. Übersetzt von Monika Plessner. 25. Aufl. Frankfurt am Main: Suhrkamp.
Berthele, Raphael (2001): A tool, a bond or a territory. Language ideologies in the US and in Switzerland. *LAUD Series A. General & Theoretical Papers* (533).
Berthele, Raphael (2002): Attitudes and Mental Model of Language. On The Cognitive Foundation of Sociolinguistic Practice. *Målbryting* 6, 25–66.
Berthele, Raphael (2006): Wie sieht das Berndeutsche so ungefähr aus? Über den Nutzen von Visualisierungen für die kognitive Laienlinguistik. In Hubert Klausmann (Hrsg.), *Raumstrukturen im Alemannischen. Beiträge der 15. Arbeitstagung zur alemannischen Dialektologie auf Schloss Hofen, Lochau (Vorarlberg), 19.-21. September 2005,* 163–175. Graz-Feldkirch: Neugebauer.
Berthele, Raphael (2008): A nation is a territory with one culture and one language. The role of metaphorical folk models in language policy debates. In Gitte Kristiansen, René Dirven (Hrsg.), *Cognitive Sociolinguistics. Language Variation, Cultural Models, Social Systems,* 301–331. Berlin, New York: De Gruyter.
Berthele, Raphael (2010a): Der Laienblick auf sprachliche Varietäten. Metalinguistische Vorstellungswelten in den Köpfen der Deutschschweizerinnen und Deutschschweizer. In Christina Ada Anders, Markus Hundt & Alexander Lasch (Hrsg.), *Perceptual Dialectology. Neue Wege der Dialektologie,* 245–267. Berlin, New York: De Gruyter.
Berthele, Raphael (2010b): Investigations into the folk's mental models of linguistic varieties. In Dirk Geeraerts, Gitte Kristiansen & Yves Peirsman (Hrsg.), *Advances in Cognitive Sociolinguistics*, 265–290. Berlin, New York: De Gruyter.
Beuge, Patrick (2019): *Was ist gutes Deutsch? Eine qualitative Analyse laienlinguistischen Sprachnormwissens.* Berlin, Boston: De Gruyter.
Beuge, Patrick (2020): Sprachkritik und Sprachnormen. In Thomas Niehr, Jörg Kilian & Jürgen Schiewe (Hrsg.), *Handbuch Sprachkritik*, 355–360. Stuttgart: Metzler.

Bock, Bettina & Gerd Antos (2019): ‚Öffentlichkeit' – ‚Laien' – ‚Experten'. Strukturwandel von ‚Laien' und ‚Experten' in Diskursen über ‚Sprache'. In Gerd Antos, Thomas Niehr & Jürgen Spitzmüller (Hrsg.), *Handbuch Sprache im Urteil der Öffentlichkeit*, 54–79. Berlin, Boston: De Gruyter.

Bohnsack, Ralf (2017): *Praxeologische Wissenssoziologie*. Opladen, Toronto: Barbara Budrich.

Bolten, Jürgen (1985): Die Hermeneutische Spirale. Überlegungen zu einer integrativen Literaturtheorie, *Poetica* 17 (3/4), 355–371.

Bortz, Jürgen & Nicola Döring (2006): *Forschungsmethoden und Evaluation in den Sozial- und Humanwissenschaften*. Heidelberg: Springer.

Brekle, Herbert E. (1985): „Volkslinguistik". Ein Gegenstand der Sprachwissenschaft bzw. ihrer Historiographie? In Franz Januschek (Hrsg.), *Politische Sprachwissenschaft. Zur Analyse von Sprache als kultureller Praxis*, 145–156. Opladen: VS Verlag für Sozialwissenschaften.

Brekle, Herbert E. (1986): Einige neuere Überlegungen zum Thema Volkslinguistik. In Herbert Brekle & Utz Maas (Hrsg.), *Sprachwissenschaft und Volkskunde. Perspektiven einer kulturanalytischen Sprachbetrachtung*, 70–76. Opladen: VS Verlag für Sozialwissenschaften.

Brosius, Hans-Bernd, Friederike Koschel & Alexander Haas (2009): *Methoden der empirischen Kommunikationsforschung. Eine Einführung*. Wiesbaden: VS Verlag für Sozialwissenschaften.

Buckingham, Louisa (2015): Recognising English accents in the community: Omani students´ accent preferences and perceptions of nativeness. *Journal of multilingual & multicultural development* 36 (2), 182–197.

Bühler, Karl (1982): *Sprachtheorie. Die Darstellungsfunktion der Sprache*. Mit einem Geleitwort von Friedrich Kainz. Stuttgart, New York: Fischer.

Büld, Heinrich (1939): *Sprache und Volkskunde im nördlichen Westfalen: Sprachgrenzen und Sprachbewegungen in der Volksmeinung*. Emsdetten: Lechte.

Busch, Brigitta (2019): Sprachreflexion und Diskurs. Theorien und Methoden der Sprachideologieforschung. In Gerd Antos, Thomas Niehr & Jürgen Spitzmüller (Hrsg.), *Handbuch Sprache im Urteil der Öffentlichkeit*, 107–139. Berlin, Boston: De Gruyter.

Busse, Dietrich (2006): Sprachnorm, Sprachvariation, Sprachwandel. Überlegungen zu einigen Problemen der sprachwissenschaftlichen Beschreibung des Deutschen im Verhältnis zu seinen Erscheinungsformen. *Deutsche Sprache* 34 (4), 314–333.

Busse, Dietrich (2012): *Frame-Semantik. Ein Kompendium*. Berlin, Boston: De Gruyter.

Busse, Dietrich (2018): Überlegungen zu einem integrativen Frame-Modell: Elemente, Ebenen, Aspekte. In Alexander Ziem, Lars Inderelst & Detmer Wulf (Hrsg.): *Frames interdisziplinär: Modelle, Anwendungsfelder, Methoden*, 69–92. Düsseldorf: Düsseldorf University Press.

Campbell-Kibler, Kathryn & Kathryn M. Bauer (2015): Competing reflexive models of regional speech in Northern Ohio. *Journal of English linguistics* 43 (2), 95–117.

Campbell-Kibler, Kathryn (2016): Toward a cognitively realistic model of meaningful sociolinguistic variation. In Anna Babel (Hrsg.), *Awareness and Control in Sociolinguistic Research*, 123–151. Cambridge: Cambridge University Press.

Casper, Klaudia (2002): *Spracheinstellungen. Theorie und Messung*. Norderstedt: Book on Demand.

Cassirer, Ernst (1969): *Philosophie und exakte Wissenschaft. Kleine Schriften*. Frankfurt am Main: Klostermann.

Christen, Helen (1998): *Dialekt im Alltag. Eine empirische Untersuchung zur lokalen Komponente heutiger schweizerdeutscher Varietäten*. Tübingen: Niemeyer.

Christen, Helen (2010): Was Dialektbezeichnungen und Dialektattribuierungen über alltagsweltliche Konzeptualisierungen sprachlicher Heterogenität verraten. In Christina Ada Anders, Markus Hundt & Alexander Lasch (Hrsg.), *„Perceptual Dialectology." Neue Wege der Dialektologie*, 269–290. Berlin, New York: De Gruyter.

Christen, Helen & Evelyn Ziegler (Hrsg.) (2014): Die Vermessung der Salienz(forschung). Measuring (the Research on) Salience. *Linguistik Online* 66 (4).

Christen, Helen, Nadja Bucheli, Manuela Guntern & Alexandra Schiesser (2015): Länderen: Die Urschweiz als Sprach(wissens)raum. In Roland Kehrein, Alfred Lameli & Stefan Rabanus (Hrsg.), *Regionale Variation des Deutschen. Projekte und Perspektiven*, 619–641. Berlin: De Gruyter.

Conrad, François, Stefan Ehrlich & Peter Schlobinski (2021): *Hannover – Zentrum des Hochdeutschen Einschätzung zum »besten« Hochdeutsch in Deutschland.* Wiesbaden: GfdS.

Cramer, Jennifer (2013): Styles, Stereotypes, and the South: Constructing Identities at the Linguistic Border. *American Speech* 88, 144–167.

Cramer, Jennifer (2016a): Perceptual Dialectology. *Oxford Handbooks Online. Linguistics*. New York: Oxford University Press. DOI: 10.1093/oxfordhb/9780199935345.013.60 (letzter Zugriff 16.02.2021).

Cramer, Jennifer (2016b): Rural vs. Urban: Perception and Production of Identity in a Border City. In Jennifer Cramer & Chris Montgomery (Hrsg.), *Cityscapes and Perceptual Dialectology: Global Perspectives on Non-linguists' Knowledge of the Dialect Landscape*, 27–54. Berlin: De Gruyter.

Croft, William & D. Alan Cruse (2004): *Cognitive Linguistics*. Cambridge: Cambridge University Press.

Cuonz, Christina (2014): *Sprachliche Werturteile von Laien. Eine sozio-kognitive Analyse*. Tübingen: Francke.

Dąbrowska, Ewa & Dagmar Divjak (Hrsg.) (2019a): *Cognitive Linguistics – Foundations of Language*. Berlin, Boston: De Gruyter.

Dąbrowska, Ewa & Dagmar Divjak (Hrsg.) (2019b): *Cognitive Linguistics – A Survey of Linguistic Subfields*. Berlin, Boston: De Gruyter.

Dąbrowska, Ewa & Dagmar Divjak (Hrsg.) (2019c): *Cognitive Linguistics – Key Topics*. Berlin, Boston: De Gruyter.

Dailey-O'Cain, Jennifer & Grit Liebscher (2011): Language attitudes, migrant identities and space. *International Journal of the Sociology of Language* 212, 91–133.

Dancygier, Barbara (Hrsg.) (2017): *The Cambridge Handbook of Cognitive Linguistics*. Cambridge: Cambridge University Press.

Diercks, Willy (1988): Mental Maps. Linguistisch-geographische Konzepte. *Zeitschrift für Dialektologie und Linguistik* 55 (3), 280–305.

DiÖ (2017a): Überblick. In *DiÖ-Online*. https://dioe.at/details/ (letzter Zugriff: 26.03.2021).

Dirven, René, Roslyn M. Frank & Martin Pütz (2003): Introduction: Categories, cognitive models and ideologies. In René Dirven, Roslyn M. Frank & Martin Pütz (Hrsg.): *Cognitive Models in Language and Thought. Ideology, Metaphors and Meanings*, 1–21. Berlin, New York: De Gruyter.

Divjak, Dagmar & Catherine L. Caldwell-Harris (2015): Frequency and entrenchment. In Dąbrowska, Ewa & Dagmar Divjak (Hrsg.): *Handbook of Cognitive Linguistics*, 53–75. Berlin, Boston: De Gruyter.

Downs, Roger M. & David Stea (1982): *Kognitive Karten. Die Welt in unseren Köpfen*. Hrsg. v. Robert Geipel. New York: Harper & Row.

Dünne, Jörg & Stephan Günzel (2010): *Raumtheorie. Grundlagentexte aus Philosophie und Kulturwissenschaften*. Frankfurt am Main: Suhrkamp.

Dürscheid, Christa & Stephan Elspaß (2015): Variantengrammatik des Standarddeutschen. In Roland Kehrein, Alfred Lameli & Stefan Rabanus (Hrsg.), *Regionale Variation des Deutschen. Projekte und Perspektiven*, 563–584. Berlin, Boston: De Gruyter.

Dürscheid, Christa, Stephan Elspaß & Arne Ziegler (2015): Variantengrammatik des Standarddeutschen. Konzeption, methodische Fragen, Fallanalysen. In Alexandra N. Lenz & Manfred M. Glauninger (Hrsg.), *Standarddeutsch im 21. Jahrhundert – Theoretische und empirische Ansätze mit einem Fokus auf Österreich*, 207–235. Wien: Vienna University Press.

DWDS (2021): „Eskimo", bereitgestellt durch das Digitale Wörterbuch der deutschen Sprache. https://www.dwds.de/wb/Eskimo (letzter Zugriff 20.02.2021).

Ehlich, Karl & Jochen Rehbein (1976): Halbinterpretative Arbeitstranskriptionen (HIAT). *Linguistische Berichte* 45, 21–41.

Ehlich, Karl & Jochen Rehbein (1979): Erweiterte halbinterpretative Arbeitstranskriptionen (HIAT2): Intonation. *Linguistische Berichte* 59, 51–75.

Ehrenfels, Christian von (1890): Über Gestaltqualitäten. *Vierteljahrsschrift für wissenschaftliche Philosophie* 14, 249–292.

Eichinger, Ludwig M., Anne-Kathrin Gärtig, Albrecht Plewnia, Janin Rössel, Selma Rudert, Christiane Schöl, Dagmar Stahlberg & Gerhard Stickel (2009): *Aktuelle Spracheinstellungen in Deutschland. Ergebnisse einer bundesweiten Repräsentativumfrage*. Mannheim: Institut für deutsche Sprache.

Eichinger, Ludwig M., Albrecht Plewnia, Christiane Schöl, Dagmar Stahlberg & Gerhard Stickel (Hrsg.) (2012): *Sprache und Einstellungen. Spracheinstellungen aus sprachwissenschaftlicher und sozialpsychologischer Perspektive*. Tübingen: Narr.

Einstein, Albert (1960): Vorwort von Albert Einstein. In Max Jammer (1960), *Das Problem des Raumes. Die Entwicklung der Raumtheorien*, XI–XV. Darmstadt: Wissenschaftliche Buchgesellschaft.

Elmentaler, Michael, Joachim Gessinger & Jan Wirrer (2010): Qualitative und quantitative Verfahren in der Ethnodialektologie am Beispiel von Salienz. In Christina Ada Anders, Markus Hundt & Alexander Lasch (Hrsg.), *Perceptual Dialectology. Neue Wege der Dialektologie*, 111–149. Berlin, New York: De Gruyter.

Elmentaler, Michael (2012): In Hannover wird das beste Hochdeutsch gesprochen. In Lieselotte Anderwald (Hrsg.), *Sprachmythen – Fiktion oder Wirklichkeit*, 101–115. Frankfurt am Main u.a.: Peter Lang.

Elmentaler, Michael & Peter Rosenberg (2015): *Norddeutscher Sprachatlas (NOSA)*. Hildesheim, Zürich, New York: Georg Olms Verlag.

Evans, Vyvyan & Melanie Green (2006): *Cognitive Linguistics. An Introduction*. Edinburgh: University Press.

Faulstich, Katja (2008): *Konzepte des Hochdeutschen. Der Sprachnormierungsdiskurs im 18. Jahrhundert*. Berlin, New York: De Gruyter.

Felder, Ekkehard (2013): Faktizitätsherstellung mittels handlungsleitender Konzepte und agonaler Zentren. Der diskursive Wettkampf um Geltungsansprüche. In Ekkehard Felder (Hrsg.), *Faktizitätsherstellung in Diskursen. Die Macht des Deklarativen*, 13–28. Berlin, Boston: De Gruyter.

Felder, Ekkehard, Horst Schwinn, Beatrix Busse, Ludwig M. Eichinger, Sybille Große, Jadranka Gvozdanovic, Katharina Jacob & Edgar Radtke (Hrsg.) (2017): *Handbuch Europäische Sprachkritik Online*. 4 Bde. Online abrufbar unter: https://heiup.uni-heidelberg.de/journals/index.php/heso/issue/view/2372 (letzter Zugriff 28.04.2021).

Felder, Ekkehard, Horst Schwinn & Katharina Jakob (2017): Sprachnormierung und Sprachkritik (Sprachnormenkritik) im Deutschen. In Ekkehard Felder, Horst Schwinn, Beatrix Busse, Ludwig M. Eichinger, Sybille Große, Jadranka Gvozdanovic, Katharina Jacob & Edgar Radtke (Hrsg.), *Handbuch Europäische Sprachkritik Online. Bd. 1: Sprachnormierung und Sprachkritik*, 53–61. Heidelberg: Heidelberg University Publishing. https://doi.org/10.17885/heiup.heso.2017.1 (letzter Zugriff 28.05.2020).

Felder, Ekkehard (2018): Wahrheit und Wissen zwischen Wirklichkeit und Konstruktion. Freiheiten und Zwänge beim sprachlichen Handeln. In Ekkehard Felder & Andreas Gardt (Hrsg.), *Wirklichkeit oder Konstruktion. Sprachtheoretische und interdisziplinäre Aspekte einer brisanten Alternative*, 371–398. Berlin, Boston: De Gruyter.

Felder, Ekkehard (2021): Strukturelle Dialogizität zwischen Experten und Laien: Ideal und Wirklichkeit. In Toke Hoffmeister, Markus Hundt & Saskia Naths (Hrsg.), *Laien, Wissen, Sprache. Theoretische, methodische und domänenspezifische Perspektiven*, 49–69. Berlin, Boston: De Gruyter.

Fillmore, Charles (1982a): Frame Semantics. In Linguistic Society of Korea (Hrsg.), *Linguistics in the Morning Calm. Selected Papers from SICOL-1981*, 111–137. Seoul: Hanshin Publishing.

Fillmore, Charles (1982b): Towards a descriptive framework for spatial deixis. In Robert J. Jarvella & Wolfgang Klein (Hrsg.), *Speech, place and action. Studies in deixis and related topics*, 31–59. Chichester: John Wiley & Sons.

Fillmore, Charles J. & Collin Baker (2015): A Frames Approach to Semantic Analysis. In Bernd Heine & Heiko Narrog (Hrsg.), *The Oxford Handbook of Linguistic Analysis*, 791–816. 2. Aufl. Oxford: University Press.

Fingerhuth, Matthias & Hans C. Boas (2018): Anglizismen zwischen Linguistik und Laien-Linguistik: Zum Fremdwortpurismus des Vereins Deutsche Sprache im Anglizismen-Index. Eine frame-semantische Analyse seiner Metatexte. In Csaba Földes (Hrsg.), *Sprach- und Textkulturen – interkulturelle und vergleichende Konzepte*, 19–41. Tübingen: Narr Francke Attempto.

Fischer, Julia, Anne Sauer, Peter Fischer & Dieter Frey (2011): Soziale Kognition: Aktivierung kognitiver Konzepte, automatische kognitive Konzepte und die Entwicklung der soziokognitiven Neurowissenschaft. In Hans-Werner Bierhoff & Dieter Frey (Hrsg.), *Sozialpsychologie – Individuum und soziale Welt*, 189–209. Göttingen, Bern, Wien: Hogrefe.

Fishman, Joshua A., Robert L Cooper & Roxanna Ma (Hrsg.) (1971): *Bilingualism in the barrio*. Bloomington, Indiana: Research Center in Anthropology.

Foucault, Michel (2006): Von anderen Räumen. In Jörg Dünne, Stephan Günzel (Hrsg.), *Raumtheorie. Grundlagentexte aus Philosophie und Kulturwissenschaften*, 317–327. Frankfurt am Main: Suhrkamp.

Fry, Edward (1974): *Der Kubismus*. Hrsg. von Werner Haftmann. 2. Aufl. Köln: DuMont Schauberg.

Fulda, Friedrich C. (1788): *Versuch einer allgemeinen teutschen Idiotikensammlung, Sammlern und Liebhabern zur Ersparung vergeblicher Mühe bey bereits schon aufgefundenen Wörtern und zu leichterer eigener Fortsetzung*. Berlin, Stettin: Friedrich Nicolai.

Furnham, Adrian F. (1988): *Lay Theories. Everyday understanding of problems in the social sciences*. Oxford: Pergamon Press.

Ganswindt, Brigitte, Juliane Limper & Lars Vorberger (2021): Subjektiv-objektsprachliche Spektren im Raum. In Toke Hoffmeister, Markus Hundt & Saskia Naths (Hrsg.), *Laien, Wissen, Sprache. Theoretische, methodische und domänenspezifische Perspektiven*, 305–335. Berlin, Boston: De Gruyter.

Gardt, Andreas (2001): Beeinflusst die Sprache unser Denken? Ein Überblick über Positionen der Sprachtheorie. In Andrea Lehr et al. (Hrsg.), *Sprache im Alltag. Beiträge zu neuen Perspektiven der Linguistik. Herbert Ernst Wiegand zum 65. Geburtstag*, 19–39. Berlin, New York: De Gruyter.

Garfinkel, Harold (1967/2020): *Studien zur Ethnomethodologie*. Frankfurt am Main, New York: Campus.

Gauger, Hans-Martin & Wulf Oesterreicher (1982): Sprachgefühl und Sprachsinn. In Hans-Martin Gauger, Wulf Oesterreicher & Helmut Henne (Hrsg.), *Sprachgefühl? Vier Antworten auf eine Preisfrage*, 9–90. Heidelberg: Schneider.

Geeraerts, Dirk (2003): Cultural models of linguistic standardization. In René Dirven, Roslyn Frank & Mertin Pütz (Hrsg.), *Cognitive Models in Language and Thought. Ideology, Metaphors and Meanings*, 25–68. Berlin, New York: De Gruyter.

Gessinger, Joachim (2008): Ethnodialektologie und sprachlicher Wandel. In Thomas Stehl (Hrsg.), *Kenntnis und Wandel der Sprachen. Beiträge zur Potsdamer Ehrenpromotion für Helmut Lütke*, 57–78. Tübingen: Narr.

Gessinger, Joachim & Judith Butterworth (2015): Salienz als dynamisches und interaktives Konstrukt. In Michael Elmentaler, Markus Hundt & Jürgen Erich Schmidt (Hrsg.), *Deutsche Dialekte. Konzepte, Probleme, Handlungsfelder. Akten des 4. Kongresses der Internationalen Gesellschaft für Dialektologie des Deutschen (IGDD)*, 259–294. Stuttgart: Steiner.

Gessinger, Joachim (i. V.): *Varianz und Wahrnehmung: Der subjektive Faktor*. Unter Mitarbeit von Judith Butterworth, Oliver Gondring und Mark Hillebrand. Hildesheim, Zürich, New York: Olms.

Gipper, Helmut (1987): *Das Sprachapriori. Sprache als Voraussetzung menschlichen Denkens und Erkennens*. Stuttgart, Bad Cannstadt: Frommann-Holzboog.

Gloy, Klaus (1997): Sprachnormen als ›Institutionen im Reich der Gedanken‹ und die Rolle des Individuums in Sprachnormierungsprozessen. In Klaus J. Mattheier (Hrsg.), *Norm und Variation*, 27–36. Frankfurt am Main: Peter Lang.

Gloy, Klaus (2004): Norm. In Ulrich Ammon, Norbert Dittmar & Klaus J. Mattheier (Hrsg.), *Soziolinguistik. Ein internationales Handbuch zur Wissenschaft von Sprache und Gesellschaft*. 1. Teilband, 392–399. Berlin, New York: De Gruyter.

Goffman, Erving (2018): *Rahmen-Analyse. Ein Versuch über die Organisation von Alltagserfahrungen.* 10. Aufl. Frankfurt am Main: Suhrkamp.
Goldstein, E. Bruce (2014): *Wahrnehmungspsychologie. Der Grundkurs.* 9. Aufl. Hrsg. v. Karl R. Gegenfurtner. Berlin, Heidelberg: Springer.
Gould, Peter & Rodney White (1986): *Mental Maps.* 2. Aufl. London, Sidney: Routledge.
Groeben, Norbert, Diethelm Wahl, Jörg Schlee & Brigitte Scheele (Hrsg.) (1988): *Das Forschungsprogramm subjektive Theorien. Eine Einführung in die Psychologie des reflexiven Subjekts.* Tübingen: Francke.
Grootaers, Willem (1959): Origin and nature of the subjective boundaries of dialects. *Orbis* 8 (2), 355–384.
Grootaers, Willem (1963): Les premiers pas à la recherche des unités dialectales. *Orbis* 12, 361–380.
Grootaers, Willem (1964): La discussion autor de frontières dialectales subjectives. *Orbis* 13, 380–398.
Günzel, Stephan (Hrsg.) (2010): *Raum. Ein interdisziplinäres Handbuch.* Stuttgart: Metzler.
Habermas, Jürgen (1995): Wahrheitstheorien. In Jürgen Habermas, *Vorstudien und Ergänzungen zur Theorie des kommunikativen Handelns*, 127–183. Frankfurt am Main: Suhrkamp.
Hallsteinsdóttir, Erla, Klaus Geyer, Katja Gorbahn & Jörg Kilian (Hrsg.) (2016): *Perspektiven der Stereotypenforschung.* Frankfurt am Main: Peter Lang.
Hammarström, Göran (1967): Zur soziolektalen und dialektalen Funktion der Sprache. *Zeitschrift für Mundartforschung* 34 (3/4), 205–216.
Hannemann, Timo (2017): „irgendwas zwischen hochdeutsch und plattdeutsch". Der norddeutsche Sprachraum in der Wahrnehmung linguistischer Laien. In Markus Hundt, Nicole Palliwoda & Saskia Schröder (Hrsg.), *Der deutsche Sprachraum aus der Sicht linguistischer Laien. Ergebnisse des Kieler DFG-Projektes*, 183–212. Berlin, Boston: De Gruyter.
Hansen, Sandra (2012): Dialektalität, Dialektwissen und Hyperdialektalität aus soziolinguistischer Perspektive. In Sandra Hansen, Christian Schwarz, Philipp Stoeckle & Tobias Streck (Hrsg.), *Dialectological and Folk Dialectological Concepts of Space. Current Methods and Perspectives in Sociolinguistic Research on Dialect Change*, 48–74. Berlin, Boston: De Gruyter.
Harrington, Anne (2002): *Die Suche nach Ganzheit. Die Geschichte biologisch-psychologischer Ganzheitslehren: Vom Kaiserreich bis zur New-Age-Bewegung.* Reinbek bei Hamburg: Rowohlt.
Hermanns, Fritz (2002): Attitude, Einstellung, Haltung. Empfehlung eines psychologischen Begriffs zu linguistischer Verwendung. In Dieter Cherubim, Karlheinz Jakob & Angelika Linke (Hrsg.), *Neue deutsche Sprachgeschichte. Mentalitäts-, kultur- und sozialgeschichtliche Zusammenhänge*, 65–89. Berlin: De Gruyter.
Hermanns, Fritz (2012): *Der Sitz der Sprache im Leben. Beiträge zu einer kulturanalytischen Linguistik.* Berlin, Boston: De Gruyter.
Herrgen, Joachim & Jürgen Erich Schmidt (1985): Systemkontrast und Hörerurteil: Zwei Dialektalitätsbegriffe und die ihnen entsprechenden Meßverfahren. *Zeitschrift für Dialektologie und Linguistik* 52 (1), 20–42.
Hettler, Yvonne (2018): *Salienz, Bewertung und Realisierung regionaler Sprachmerkmale in Bremen und Hamburg.* Hildesheim u. a.: Olms.
Hirschmann, Hagen (2019): *Korpuslinguistik. Eine Einführung.* Berlin: Metzler.
Hoberg, Rudolf, Karin M. Eichhoff-Cyrus & Rüdiger Schulz (2008): *Wie denken die Deutschen über ihre Muttersprache und über Fremdsprachen? Eine repräsentative Umfrage der Gesellschaft für deutsche Sprache.* Wiesbaden: Gesellschaft für deutsche Sprache.
Hoenigswald, Henry (1966): A proposal for the study of folk-linguistics. In William Bright (Hrsg.), *Sociolinguistics*, 16–26. The Hague: Mouton.
Hofer, Lorenz (2002): *Zur Dynamik urbanen Sprechens. Studien zu Spracheinstellungen und Dialektvariation im Stadtraum.* Tübingen, Basel: Francke.
Hofer, Lorenz (2004): Sprachliche und politische Grenzen im (ehemaligen) Dialektkontinuum des Alemannischen am Beispiel der trinationalen Region Basel (Schweiz) in Karten von SprecherInnen. *Linguistik Online* 20, 23–46.

Hoffmeister, Toke (2017): Der Einfluss der regionalen Herkunft auf das Dialektwissen linguistischer Laien. In Markus Hundt, Nicole Palliwoda & Saskia Schröder (Hrsg.), *Der deutsche Sprachraum aus der Sicht linguistischer Laien. Ergebnisse des Kieler DFG-Projektes*, 213–261. Berlin, Boston: De Gruyter.

Hoffmeister, Toke (2019): Laien als Experten und Experten als Laien. Zur Problematik eines etablierten Begriffspaares. *Linguistik Online* 99 (6), 151–174.

Hoffmeister, Toke (2020a): Subjektive Grammatikalitätstheorien. Entstehung, Verbreitung und forschungspraktische Konsequenzen. *Deutsche Sprache* 3, 233–248.

Hoffmeister, Toke (2020b): Die Aktivierung inaktiver Wissensbestände. Zur Repräsentation dialektologischen Wissens. In Markus Hundt. Andrea Kleene, Albrecht Plewnia & Verena Sauer (Hrsg.), *Regiolekte – Objektive Sprachdaten und subjektive Wahrnehmung*, 157–184. Tübingen: Narr Francke Attempto.

Hoffmeister, Toke (2021a): *Sprachwelten und Sprachwissen. Theorie und Praxis einer kognitiven Laienlinguistik.* Berlin, Boston: De Gruyter.

Hoffmeister, Toke (2021b): Sprachkonzepte in der Öffentlichkeit. Kognitive Repräsentationen der deutschen Sprache. In Toke Hoffmeister, Markus Hundt & Saskia Naths (Hrsg.), *Laien, Wissen, Sprache. Theoretische, methodische und domänenspezifische Perspektiven*, 71–104. Berlin, Boston: De Gruyter.

Hoffmeister, Toke, Markus Hundt & Saskia Naths (Hrsg.) (2021): *Laien, Wissen, Sprache. Theoretische, methodische und domänenspezifische Perspektiven*. Berlin, Boston: De Gruyter.

Hofmann, Werner (1987): *Grundlagen der modernen Kunst. Eine Einführung in ihre symbolischen Formen.* 3. Aufl. Stuttgart: Kröner.

Hundt, Markus (1992): *Einstellungen gegenüber dialektal gefärbter Standardsprache. Eine empirische Untersuchung zum Bairischen, Hamburgischen, Pfälzischen und Schwäbischen.* Stuttgart: Steiner.

Hundt, Markus (2005): Rezension zu: Dennis R. Preston (Hrsg.), Handbook of perceptual dialectology, Bd. 1, Amsterdam, Philadelphia: Benjamins 1999 und Daniel Long, Dennis R. Preston (Hrsg.), Handbook of perceptual dialectology, Bd. 2, Amsterdam, Philadelphia: Benjamins 2002. *Beiträge zur Geschichte der deutschen Sprache und Literatur* 127 (3), 466–481.

Hundt, Markus (2009a): Perceptual dialectology und ihre Anwendungsmöglichkeiten im deutschen Sprachraum. In Beate Henn-Memmesheimer & Joachim Franz (Hrsg.), *Die Ordnung des Standard und die Differenzierung der Diskurse. Akten des 41. Linguistischen Kolloquiums in Mannheim 2006. 2. Teil*, 465–478. Frankfurt am Main: Lang.

Hundt, Markus (2009b): Normverletzungen und neue Normen. In Marek Konopka & Bruno Strecker (Hrsg.), *Deutsche Grammatik – Regeln, Normen, Sprachgebrauch*, 117–140. Berlin, New York: De Gruyter.

Hundt, Markus (2010): Bericht über die Pilotstudie „Laienlinguistische Konzeptionen deutscher Dialekte". In Christina Ada Anders, Markus Hundt & Alexander Lasch (Hg.), *Perceptual dialectology*, 179–215. Berlin, New York: De Gruyter.

Hundt, Markus (2012): Warum gibt es eigentlich „beliebte" und „unbeliebte" Dialekte? Theorien und Methoden der Einstellungsforschung im Bereich der Wahrnehmungsdialektologie. In Rainer Hünecke & Karlheinz Jakob (Hrsg.), *Die obersächsische Sprachlandschaft in Geschichte und Gegenwart*, 175–222. Heidelberg: Universitätsverlag Winter.

Hundt, Markus, Nicole Palliwoda & Saskia Schröder (2015): Wahrnehmungsdialektologie – Der deutsche Sprachraum aus der Sicht linguistischer Laien. Exemplarische Ergebnisse des Kieler DFG-Projekts. In Roland Kehrein, Alfred Lameli & Stefan Rabanus (Hrsg.), *Regionale Variation des Deutschen. Projekte und Perspektiven*, 585–620. Berlin, New York: De Gruyter.

Hundt, Markus (2017): Struktur und Komplexität des linguistischen Laienwissens. In Markus Hundt, Nicole Palliwoda & Saskia Schröder (Hrsg.), *Der deutsche Sprachraum aus der Sicht linguistischer Laien. Ergebnisse des Kieler DFG-Projektes*, 121–159. Berlin, Boston: De Gruyter.

Hundt, Markus, Christoph Purschke & Evelyn Ziegler (Hrsg.) (2017): Sprachräume: Konfigurationen, Interaktionen, Perzeptionen. *Linguistik Online* 85 (6).

Hundt, Markus, Nicole Palliwoda & Saskia Schröder (2017a): Einleitung. In Markus Hundt, Nicole Palliwoda & Saskia Schröder (Hrsg.), *Der deutsche Sprachraum aus der Sicht linguistischer Laien. Ergebnisse des Kieler DFG-Projektes*, 1–12. Berlin, Boston: De Gruyter.

Hundt, Markus, Nicole Palliwoda & Saskia Schröder (Hrsg.) (2017b): *Der deutsche Sprachraum aus der Sicht linguistischer Laien. Ergebnisse des Kieler DFG-Projektes*. Berlin, Boston: De Gruyter.

Hundt, Markus (2018): Wahrnehmungsdialektologie – quo vadis? In Alexandra Lenz & Albrecht Plewnia (Hrsg.), *Variation – Norm(en) – Identität(en)*, 99–126. Berlin, Boston: De Gruyter.

Hundt, Markus, Andrea Kleene, Albrecht Plewnia & Verena Sauer (Hrsg.) (2020): *Regiolekte. Objektive Sprachdaten und subjektive Wahrnehmung*. Tübingen: Narr.

Ikenaga, Hana (2018): *»Tach« oder »Tag«? Eine soziolinguistische Untersuchung(k) der hannoverschen Stadtsprache*. Hannover: Gottfried Wilhelm Leibniz Universität.

Inoue, Fumio (1999): Classification of Dialects by Image. In Dennis R. Preston (Hrsg.), *Handbook of Perceptual Dialectology*, 147–159. Amsterdam, Philadelphia: Benjamins.

Jakob, Karlheinz (1985): *Dialekt und Regionalsprache im Raum Heilbronn. Zur Klassifizierung von Dialektmerkmalen in einer dialektgeographischen Übergangslandschaft*. Teil I: Textband. Marburg: Elwert.

Jakob, Karlheinz (2010): „Swâben ir wörter spaltent". Ein Überblick über die Dialektbewertungen in der deutschen Sprachgeschichte. In Christina Ada Anders, Markus Hundt & Alexander Lasch (Hrsg.), *„Perceptual Dialectology". Neue Wege der Dialektologie*, 51–66. Berlin, New York: De Gruyter.

James, William (1890): *The Principles of Psychology*. New York: Holt.

Jammer, Max (1960): *Das Problem des Raumes. Die Entwicklung der Raumtheorien*. Darmstadt: Wissenschaftliche Buchgesellschaft.

Jürgens, Carolin (2015): *Niederdeutsch im Wandel. Sprachgebrauchswandel und Sprachwahrnehmung in Hamburg*. Hildesheim u. a.: Olms.

Kaminske, Volker (2012): *Die räumliche Wahrnehmung. Grundlage für Geographie und Kartographie*. Darmstadt: Wissenschaftliche Buchgesellschaft.

Kann, Christoph & Lars Inderelst (2018): Gibt es eine einheitliche Frame-Konzeption? Historisch-systematische Perspektiven. In Alexander Ziem, Lars Inderelst & Detmer Wulf (Hrsg.), *Frames interdisziplinär: Modelle, Anwendungsfelder, Methoden*, 25–67. Düsseldorf: Düsseldorf University Press.

Kant, Immanuel (1965): *Kritik der reinen Vernunft*. Hamburg: Meiner.

Kasper, Simon & Christoph Purschke (2021): Kennen, Können, Wissen. Zur Konstruktion von Expertise. In Toke Hoffmeister, Markus Hundt & Saskia Naths (Hrsg.), *Laien, Wissen, Sprache. Theoretische, methodische und domänenspezifische Perspektiven*, 125–156. Berlin, Boston: De Gruyter.

Kehrein, Roland (2009): Dialektalität von Vorleseaussprache im diatopischen Vergleich – Hörerurteil und phonetische Messung. *Zeitschrift für Dialektologie und Linguistik* 76 (1), 14–54.

Kehrein, Roland (2012): Wen man nicht alles für einen Sachsen hält!? Oder: Zur Aktivierung von Sprachraumkonzepten durch Vorleseaussprache. In Rainer Hünecke & Karlheinz Jakob (Hrsg.), *Die obersächsische Sprachlandschaft in Geschichte und Gegenwart*, 223–263. Heidelberg: Universitätsverlag Winter.

Kienpointner, Manfred (1992): *Alltagslogik. Struktur und Funktion von Argumentationsmustern*. Stuttgart, Bad Cannstatt: Eckart Holzboog.

Kiesewalter, Carolin (2014): Salienz und Pertinenz. Zur subjektiven Dialektalität remanenter Regionalismen des Mittelbairischen. *Linguistik Online* 66 (4), 111–134.

Kiesewalter, Carolin (2019): *Zur subjektiven Dialektalität regionaler Aussprachemerkmale des Deutschen*. Stuttgart: Steiner.

Kilian, Jörg, Thomas Niehr & Jürgen Schiewe (2016): *Sprachkritik. Ansätze und Methoden der kritischen Sprachbetrachtung*. 2. überarb. und aktual. Aufl. Berlin, Boston: De Gruyter.

Kleene, Andrea (2020): *Attitudinal-perzeptive Variationslinguistik im bairischen Sprachraum. Horizontale und vertikale Grenzen aus der Hörerperspektive*. Mannheim: IDS.

Kleiber, Georges (1998): *Prototypensemantik. Eine Einführung.* Übersetzt von Michael Schreiber. Tübingen: Narr.
Knöbl, Ralf & Kerstin Steiger (2006): Transkription: Transkriptionssysteme. GAIS-Transkriptionssystem. Institut für Deutsche Sprache Mannheim.
Knoblauch, Hubert (2014): *Wissenssoziologie*. 3. Aufl. Konstanz, München: UVK.
Knox, Paul L. & Sallie Marston (2001): *Humangeographie.* Heidelberg. Spektrum.
Köller, Wilhelm (2004): *Perspektivität und Sprache. Zur Struktur von Objektivierungsformen in Bildern, im Denken und in der Sprache.* Berlin, New York: De Gruyter.
Kompa, Nikola, Henrike Moll, Regine Eckardt & Susanne Grassmann (2013): Sprache, sprachliche Bedeutung, Sprachverstehen und Kontext. In Achim Stephan & Sven Walter (Hrsg.), *Handbuch Kognitionswissenschaft*, 432–444. Stuttgart, Weimar: Metzler.
Konerding, Klaus-Peter (1994): *Frames und lexikalisches Bedeutungswissen. Untersuchungen zur linguistischen Grundlegung einer Frametheorie und ihrer Anwendung in der Lexikographie.* Tübingen: Niemeyer.
Konerding, Klaus-Peter (2015): Sprache und Wissen. In Ekkehard Felder & Andreas Gardt (Hrsg.), *Handbuch Sprache und Wissen*, 57–80. Berlin, Boston: De Gruyter.
König, Katharina (2010): Sprachliche Kategorisierungsverfahren und subjektive Theorien über Sprache in narrativen Interviews. *Zeitschrift für angewandte Linguistik* 53, 31–57.
König, Katharina (2014): *Spracheinstellungen und Identitätskonstruktion. Eine gesprächsanalytische Untersuchung sprachbiographischer Interviews mit Deutsch-Vietnamesen.* Berlin: Akademie.
Koppensteiner, Wolfgang & Ludwig M. Breuer (2020): Wo Wien anderst ist und wo nicht. Kontrastierung von Spracheinstellungsdaten aus Wien und ruralen Regionen Österreichs. In Markus Hundt & Andrea Kleene, Albrecht Plewnia & Verena Sauer (Hrsg.): *Regiolekte – Objektive Sprachdaten und subjektive Sprachwahrnehmung*, 55–76. Tübingen: Narr Franke Attempto.
Krefeld, Thomas & Elissa Pustka (2010): Für eine perzeptive Varietätenlinguistik. In Thomas Krefeld & Elissa Pustka (Hrsg.), *Perzeptive Varietätenlinguistik,* 9–28. Frankfurt am Main u.a.: Lang.
Kremer, Ludger (1984): Die niederländisch-deutsche Staatsgrenze als subjektive Dialektgrenze. In Nedersaksisch Instituut (Hrsg.), *Grenzen en Grensproblemen. Een bundel studies uit-gegeven door het Nedersaksisch Instituut van de R.U. Groningen ter gelegenheid van zijn 30-jarig bestaan*, 76–83. Groningen: Sasland.
Labov, William (1972): Some Principles of Linguistic Methodology. *Language in Society* 1 (1), 97–120.
Labov, William (1994): *Principles of Linguistic Change. Volume 1: Internal Factors*. Oxford: Blackwell.
Lakoff, George (1987): *Women, Fire and Dangerous Things. What Categories Reveal about the Mind*. Chicago, London: The University of Chicago Press.
Lakoff, George & Mark Johnson (2011): *Leben in Metaphern. Konstruktion und Gebrauch von Sprachbildern.* 7. Aufl. München: Carl Auer.
Lameli, Alfred (2004): *Standard und Substandard: Regionalismen im diachronen Längsschnitt.* Stuttgart: Steiner.
Lameli, Alfred, Christoph Purschke & Roland Kehrein (2008): Stimulus und Kognition. Zur Aktivierung mentaler Raumbilder. *Linguistik Online* 35 (3), 55–86.
Lameli, Alfred (2009): Die Konzeptualisierung des Sprachraums als Teil des regionalsprachlichen Wissens. *Zeitschrift für germanistische Linguistik* 37 (1), 125–156.
Lameli, Alfred (2012): Wo vermutet der Westdeutsche die sächsische Sprachlandschaft? Zur Verortung von Regionalsprache durch linguistische Laien. In Rainer Hünecke & Karlheinz Jakob (Hrsg.), *Die obersächsische Sprachlandschaft in Geschichte und Gegenwart*, 95–142. Heidelberg: Winter.
Lameli, Alfred (2013): *Strukturen im Sprachraum. Analysen zur arealtypologischen Komplexität der Dialekte in Deutschland.* Berlin, Boston: De Gruyter.

Lameli, Alfred (2015): Zur Konzeptualisierung des Sprachraums als Handlungsraum. In Michael Elmentaler, Markus Hundt & Jürgen Erich Schmidt (Hrsg.), *Deutsche Dialekte. Konzepte, Probleme, Handlungsfelder*, 59–83. Stuttgart: Steiner.

Langacker, Ronald W. (1986): An Introduction to Cognitive Grammar. *Cognitive Science* 10, 1–40.

Langacker, Ronald W. (1987): *Foundations in Cognitive Grammar. Theoretical Prerequisites*. Stanford: Stanford University Press.

Läpple, Dieter (1991): Essay über den Raum. Für ein gesellschaftswissenschaftliches Raumkonzept. In Hartmut Häußermann, Detlev Ipsen, Thomas Krämer-Badoni, Dieter Läpple, Marinanne Rodenstein & Walter Siebel (Hrsg.), *Stadt und Raum. Soziologische Analysen*, 157–207. Pfaffenweiler: Centaurus-Verlag.

Lefebvre, Henri (1991): *The Production of Space*. Oxford, Cambridge: Blackwell.

Lehr, Andrea (2002): *Sprachbezogenes Wissen in der Lebenswelt des Alltags*. Tübingen: Niemeyer.

Leibniz, Gottfried Wilhelm (1873): *Neue Abhandlungen über den menschlichen Verstand*. Hrsg. von J. H. Kirchmann. Leipzig: L. Heimann's Verlag.

Leibniz, Gottfried Wilhelm (2012): *Monadologie. Französisch/Deutsch*. Stuttgart: Reclam.

Lenz, Alexandra N. (2003): *Struktur und Dynamik des Substandards. Eine Studie zum Westmitteldeutschen (Wittlich/Eifel)*. Stuttgart: Steiner.

Lenz, Alexandra N. (2014): Sprachvariation und Sprachwandel aus der Perspektive von Deutschlehrerinnen und Deutschlehrern. Einstellungsdaten aus Österreich, Deutschland und der Schweiz. In Albrecht Plewnia & Andreas Witt (Hrsg.), *Sprachverfall? Dynamik – Wandel – Variation*, 323–352. Berlin, Boston: De Gruyter.

Lenz, Alexandra N. (2019): Der SFB „Deutsch in Österreich. Variation – Kontakt – Perzeption". In Ludwig M. Eichinger & Albrecht Plewnia, *Neues vom heutigen Deutsch. Empirisch – methodisch – theoretisch*, 335–337. Berlin, Boston: De Gruyter.

Lexer, Matthias (1992): *Mittelhochdeutsches Taschenwörterbuch*. Mit den Nachträgen von Ulrich Pretzel. 38. Aufl. Stuttgart: Hirzel.

Löffler, Heinrich (1986): Sind Soziolekte neue Dialekte? Um Aufgabenfeld einer nachsoziolinguistischen Dialektologie. In Albrecht Schöne (Hrsg.), *Kontroversen, alte und neue*, 232–239. Tübingen: Niemeyer.

Löffler, Heinrich (2003): *Dialektologie. Eine Einführung*. Tübingen: Narr.

Löffler, Heinrich (2010): Zu den Wurzeln der Perceptual Dialectology in der traditionellen Dialektologie. Eine Spurensuche. In Christina Ada Anders, Markus Hundt & Alexander Lasch (Hrsg.), *„Perceptual Dialectology". Neue Wege der Dialektologie*, 31–49. Berlin, New York: De Gruyter.

Löffler, Heinrich (2016): *Germanistische Soziolinguistik*. 5. neu bearbeitete Aufl. Berlin: Erich Schmidt.

Long, Daniel (1999): Geographical perception of Japanese dialect regions. In Dennis R. Preston (Hrsg.), *Handbook of perceptual dialectology 1*, 177–198. Amsterdam: John Benjamins.

Löw, Martina (2017): *Raumsoziologie*. Frankfurt am Main: Suhrkamp.

Luhmann, Niklas (2008): *Rechtssoziologie*. Wiesbaden: Verlag für Sozialwissenschaften.

Luther, Martin (1566/1919): Tischreden. 1531-46. 5. Bd.: Tischreden aus den Jahren 1540-1544. In Ders., *Werke. Kritische Gesamtausgabe*. Weimar: Böhlau.

Lynch, Kevin (2001): *Das Bild der Stadt*. Gütersloh: Bertelsmann Fachzeitschriften.

Lyotard, Jean-François (1987): *Der Widerstreit*. München: Fink.

Macha, Jürgen & Thomas Weger (1983): Mundart im Bewusstsein ihrer Sprecher. *Rheinische Vierteljahresblätter. Mitteilungen des Instituts für sprachgeschichtliche Landeskunde der Rheinlande der Universität Bonn* 47, 265–301.

Macha, Jürgen (2010): Sprache als Faktor der Raumbildung? Anmerkungen zu Westfalen. In Rudolf Suntrup et al. (Hrsg.), *Usbekisch-deutsche Studien III. Sprache – Literatur – Kultur – Didaktik. Teilband 1: Begegnung von Orient und Okzident in der Literatur Linguistik und Varietäten*, 305–329. Berlin: De Gruyter.

Mase, Yoshio (1964/1999): Dialect Consciousness and Dialect Divisions: Examples in the Nagano-Gifu Boundary Region. In Dennis R. Preston (Hrsg.), *Handbook of Perceptual Dialectology: Volume 1*, 71–99. Philadelphia: Benjamins.
Mattheier, Klaus J. (1980): *Pragmatik und Soziologie der Dialekte. Einführung in die kommunikative Dialektologie des Deutschen*. Heidelberg: Quelle und Meyer.
Mattheier, Klaus J. (1985): Dialektologie der Dialektsprecher. Überlegungen zu einem interpretativen Ansatz in der Dialektologie. *Germanistische Mitteilungen* 21, 47–67.
Mattheier, Klaus J. (1994): Varietätenzensus. Über die Möglichkeit, die Verbreitung und Verwendung von Sprachvarietäten in Deutschland festzustellen. In Klaus J. Mattheier & Peter Wiesinger (Hrsg.), *Dialektologie des Deutschen. Forschungsstand und Entwicklungstendenzen*, 413–442. Tübingen: Niemeyer.
Mayring, Philipp & Eva Brunner (2013): Qualitative Inhaltsanalyse. In Barbara Friebertshäuser & Antje Prengel (Hrsg.), *Handbuch qualitative Forschung in der Erziehungswissenschaft*. 3. Aufl., 323–333. Weinheim: Juventa.
Metz-Göckel, Hellmuth (Hrsg.) (2008): *Gestalttheorie aktuell – Handbuch zur Gestalttheorie*, Bd. 1. Wien: Krammer.
Metz-Göckel, Hellmuth (Hrsg.) (2016): *Gestalttheorie und kognitive Psychologie*. Wien, New York: Springer.
Minsky, Marvin (1975): A Framework for Representing Knowledge. In Patrick Henry Winston (Hrsg.), *The Psychology of Computer Vision*, 211–277. New York. u.a.: McGraw-Hill.
Montgomery, Chris & Philipp Stoeckle (2013): Geographic information systems and perceptual dialectology: a method for processing draw-a-map data. *Journal of Linguistic Geography* 2013 (1), 52–85.
Montgomery, Chris & Jennifer Cramer (2016): Developing methods in Perceptual Dialectology. In Chris Montgomery & Jennifer Cramer (Hrsg.), *Cityscapes and Perceptual Dialectology. Global Perspectives on Non-Linguists' Knowledge of the Dialect Landscape*, 9–24. Boston, Berlin: De Gruyter.
Moscovici, Serge (2001): Why a Theory of Social Representations? In Kay Deaux & Gina Philogène (Hrsg.), *Representations of the Social*, 8–35. Oxford: Blackwell.
Moskowitz, Gordon B. (2005): *Social Cognition. Understanding Self and Others*. New York, London: Guilford Press.
Neuland, Eva (2002): Sprachbewusstsein. Eine zentrale Kategorie für den Sprachunterricht. *Der Deutschunterricht* 3, 4–10.
Newton, Isaac (1963): *Mathematische Prinzipien der Naturlehre. Mit Bemerkungen und Erläuterungen*. Darmstadt: Wissenschaftliche Buchgesellschaft.
Niebaum, Hermann & Jürgen Macha (2014): *Einführung in die Dialektologie des Deutschen*. Berlin, New York: De Gruyter.
Niedzielski, Nancy A. & Dennis R. Preston (2003): *Folk Linguistics*. Berlin, New York: De Gruyter.
Nikula, Henrik (2014): Zur Theorie des sprachlichen Stereotyps. In Leena Kolehmainen, Hartmut E. H. Lenk & Liisa Tiitula (Hrsg.), *Kommunikative Routinen. Formen, Formeln, Forschungsbereiche. Festschrift zum 65. Geburtstag von Prof. Dr. Irma Hyvärinen*, 21–38. Frankfurt am Main: Peter Lang.
Oberholzer, Susanne (2018): *Zwischen Standarddeutsch und Dialekt. Untersuchungen zu Sprachgebrauch und Spracheinstellungen von Pfarrpersonen in der Deutschschweiz*. Stuttgart: Steiner.
Ochs, Elinor, Emanuel A. Schegloff & Sandra A. Thompson (Hrsg.) (1996): *Interaction and grammar*. Cambridge: Cambridge University Press.
Onishi, Isao & Daniel Long (1997): Perceptual Dialectology Quantifier (PDQ) for Windows. http://nihongo.hum.tmu.ac.jp/,long/maps/perceptmaps.html (2 July, 2012).
Ortner, Heike (2014): *Text und Emotion. Theorie, Methode und Anwendungsbeispiele emotionslinguistischer Textanalyse*. Tübingen: Narr.
Ossenberg, Stefan & Rupprecht S. Baur (2016): Wie kommen wir an die Bilder in unseren Köpfen. Zur Methodologie einer interkulturell anwendbaren Stereotypenerhebung. *Linguistik Online* 79 (5), 9–24.

Palliwoda, Nicole (2017): Das Ratespiel. Möglichkeiten und Grenzen der Auswertung. In Markus Hundt, Nicole Palliwoda & Saskia Schröder (Hrsg.), *Der deutsche Sprachraum aus der Sicht linguistischer Laien. Ergebnisse des Kieler DFG-Projektes*, 83–120. Berlin, Boston: De Gruyter.

Palliwoda, Nicole (2019): *Das Konzept Mauer in den Köpfen. Der Einfluss der Priming-Methode auf die Sprechprobenverortung und -bewertung*. Stuttgart: Steiner.

Palliwoda, Nicole, Verena Sauer & Stephanie Sauermilch (Hrsg.) (2019): *Sprachliche Grenzen – politische Grenzen? Dialektgeographische und wahrnehmungsdialektologische Perspektiven im deutschsprachigen Raum*. Berlin, Boston: De Gruyter.

Patzelt, Werner J. (2007): *Einführung in die Politikwissenschaft. Grundriß des Faches und studiumbegleitende Orientierung*. Passau: WVR.

Paul, Ingwer (2002): *Praktische Sprachreflexion*. Tübingen: Niemeyer.

Petkova, Marina (2015): Zum Verhältnis zwischen Ort, Raum und Sprache: experimentell elizitierte mentale Modelle hinter zwei Toponymen. In Helen Ahner & Hubert Klausmann (Hrsg.), *Dialekt und Öffentlichkeit. Beiträge zur 18. Arbeitstagung zur alemannischen Dialektologie*, Tübingen: Eberhard-Karls-Universität. http://hdl.handle.net/10900/59825 (letzter Zugriff 25.04.2021).

Petkova, Marina (2017): Linguistic landscapes in der Innerschweiz: Dialekt, Toponyme und heraldische Zeichen als Ausdruck von Raumzugehörigkeit. *Linguistik Online* 85 (6), 153–180.

Petruck, Miriam R. L. (1997): Frame Semantics. In Jef Verschueren & Jan-Ola Östman (Hg.), *Handbook of Pragmatics*, 1–13. Amsterdam: John Benjamins.

Pfeiffer, Martin (2019): Grenzüberschreitende Identitäten im badischen Oberrheingebiet. Unterschiede in der Konstruktion sprachlicher und regionaler Verbundenheit mit dem Elsass. *Linguistik Online* 98, 329–361.

Pirsching, Manfred (2018): Atrophie der Normalität. Verschwinden des Alltagswissens. In Angelika Poferl & Michaela Pfadenhauer (Hrsg.), *Wissensrelationen. Beiträge und Debatten zum 2. Sektionskongress der Wissenssoziologie*, 591–602. Weinheim, Basel: Beltz Juventa.

Platon (1992): *Timaios. Griechisch - Deutsch*. Hrsg., übers., mit einer Einl. und mit Anm. vers. von Hans Günter Zekl. Hamburg: Meiner.

Polenz, Peter von (1973): Sprachkritik und Sprachnormenkritik. In Gerhard Nickel (Hrsg.), *Angewandte Sprachwissenschaft und Deutschunterricht*, 118–167. München: Hueber.

Polle, Friedrich (1898): *Wie denkt das Volk über die Sprache?* 2., verb. und stark verm. Auflage. Leipzig: Teubner.

Potter, Jonathan (1998): Discursive social psychology: from attitudes to evaluative practices. *European Review of Social Psychology* 9 (1), 233–266.

Preston, Dennis R. (1982): Perceptual Dialectology. Mental Maps of United States dialects from a Hawaiian perspective. *Hawaii Working Papers in Linguistics* 14 (2), 5–49.

Preston, Dennis R. (1986): Five Visions of America. *Language and Society* 15 (2), 221–240.

Preston, Dennis R. & George M. Howe (1987): Computerized studies of mental dialect maps. In Keith M. Denning, Sharon Inkelas, Faye McNair-Knox & John Rickford (Hrsg.), *Variation in language: NWAV-XV at Stanford (Proceedings of the Fifteenth Annual Conference on New Ways of Analyzing Variation)*, 361–378. Stanford, CA: Department of Linguistics, Stanford University.

Preston, Dennis R. (1989): *Perceptual dialectology: Nonlinguists' Views of Areal Linguistics*. Dordrecht: Foris.

Preston, Dennis R. (1993a): Folk dialectology. In Dennis R. Preston (Hrsg.), *American Dialect Research*, 333–377. Amsterdam, Philadelphia: Benjamins.

Preston, Dennis R. (1993b): The uses of folk linguistics. *International Journal of Applied Linguistics* 3, 181–259.

Preston, Dennis R. (1999a): Introduction. In Dennis R. Preston (Hrsg.), *Handbook of Perceptual Dialectology: Volume 1*, XXIII–XL. Philadelphia: John Benjamins.

Preston, Dennis R. (1999b): *Handbook of Perceptual Dialectology: Volume 1*. Philadelphia: John Benjamins.

Preston, Dennis R. (1999c): A language attitude approach to the perception of regional variety. In Dennis R. Preston (Hrsg.), *Handbook of perceptual dialectology. Vol. 1*, 359–373. Amsterdam, Philadelphia: John Benjamins Publishing Company.

Preston, Dennis R. (2004): Perceptual Dialectology/Perzeptive Dialektologie. In Ulrich Ammon, Norbert Dittmar, Klaus J. Mattheier & Peter Trudgill (Hrsg.), *Soziolinguistik. Ein internationales Handbuch zur Wissenschaft von Sprache und Gesellschaft*. 2. überarb. Aufl. Bd. 2, 1683–1696. Berlin, New York: De Gruyter.

Preston, Dennis R. (2010a): Perceptual dialectology in the 21st century. In Christina Ada Anders, Markus Hundt & Alexander Lasch (Hrsg.), *Perceptual dialectology. Neue Wege der Dialektologie*, 1–29. Berlin, New York: De Gruyter.

Preston, Dennis R. (2010b): Variation in language regard. In Peter Gilles, Joachim Scharloth & Evelyn Ziegler (Hrsg.), *Varatio delectat: Empirische Evidenzen und theoretische Passungen sprachlicher Variation*, Festschrift für Klaus J. Mattheier zum 65. Geburtstag, 7–27. Frankfurt am Main u. a.: Peter Lang.

Preston, Dennis R. (2017): The cognitive foundations of language regard. *Poznań Studies in Contemporary Linguistics* 53 (1), 17–42.

Purschke, Christoph (2010): Imitation und Hörerurteil – Kognitive Dialekt-Prototypen am Beispiel des Hessischen. In Christina Ada Anders, Markus Hundt & Alexander Lasch (Hrsg.), *Perceptual Dialectology. Neue Wege der Dialektologie*, 151–177. Berlin, New York: De Gruyter.

Purschke, Christoph (2011): *Regionalsprache und Hörerurteil. Grundzüge einer perzeptiven Variationslinguistik*. Stuttgart: Steiner.

Purschke, Christoph (2014): REACT – Einstellungen als evaluative Routinen in sozialen Praxen. In Christina Cuonz & Rebekka Studler (Hrsg.), *Sprechen über Sprache. Perspektiven und Methoden der Spracheinstellungsforschung*, 123–142. Tübingen: Stauffenburg.

Purschke, Christoph (2015): REACT – A constructivist theoretic framework for attitudes. In Alexei Prikhodkine & Dennis R. Preston (Hrsg.), *Responses to Language Varieties: Variability, Processes, and Outcomes*, 37–54. Amsterdam: John Benjamins.

Purschke, Christoph (2017): Crowdsourcing the linguistic landscape of a multilingual country. Introducing Lingscape in Luxembourg. *Linguistik Online* 85 (6), 181–202.

Purschke, Christoph (2018): Language Regard and Cultural Practice: Variation, Evaluation and Change in the German Regional Languages. In Betsy E. Evans, Erica J. Benson & James N. Stanford (Hrsg.), *Language Regard. Methods, Variation and Change*, 249–265. Cambridge: Cambridge University Press.

Purschke, Christoph & Philipp Stoeckle (2019): Perzeptionslinguistik arealer Sprachvariation im Deutschen. In Joachim Herrgen & Jürgen Schmidt (Hrsg.), *Sprache und Raum – Deutsch. Ein internationales Handbuch der Sprachvariation*, 844–860. Berlin: De Gruyter.

Putschke, Wolfgang (1982): Theoriebildung der ‚klassischen' Dialektologie. In Werner Besch (Hrsg.), *Dialektologie*. 1. Halbband, 232–247. Berlin, Boston: De Gruyter.

Quillian, M. Ross (1967): Word concepts. A theory and simulation of some basic semantic capabilities. *Behavioral Science* 12, 410–430.

Rau, Susanne (2013): *Räume. Konzepte, Wahrnehmungen, Nutzungen.* Frankfurt am Main: Campus.

Reckwitz, Andreas (2017): *Die Gesellschaft der Singularitäten.* Berlin: Suhrkamp.

Rensink, W. G. (1955/1999): Informant Classification of Dialects. In Dennis R. Preston (Hrsg.), *Handbook of Perceptual Dialectology: Volume 1*, 3–7. Philadelphia: John Benjamins.

Riehl, Claudia Maria (2000): Spracheinstellungen und Stereotype im Licht diskursiver Praxis. In Szilvia Deminger, Thorsten Fögen, Joachim Scharloth & Simone Zwickl (Hrsg.), *Einstellungsforschung in der Soziolinguistik und den Nachbardisziplinen*, 141–160. Frankfurt am Main: Peter Lang.

Riehl, Claudia Maria (2013): Mehrsprachigkeit und Sprachkontakt. In Peter Auer (Hrsg.), *Sprachwissenschaft. Grammatik – Interaktion – Kognition.* 377–404. Stuttgart, Weimar: Metzler.

Rosch, Eleanor (1973): On the Internal Structure of Perceptual and Semantic Categories. In Timothy E. Moore (Hrsg.), *Cognitive Development and the Acquisition of Language*, 111–144. New York: Academic Print.

Rosch, Eleanor (1975): Cognitive Representations of Semantic Categories. *Journal of Experimental Psychology. General* 104/3, 192–233.

Rosch, Eleanor (1978): Principles of Categorization. In Eleanor Rosch & Barbara Lloyd (Hrsg.), *Cognition and Categorization*, 27–48. Hillsdale: Lawrence Elbaum Associates.

Rosenberg, Milton J. & Carl I. Hovland (1960): Cognitive, affective and behavioral components of attitudes. In Milton J. Rosenberg & Carl I. Hovland (Hrsg.), *Attitude organization and change: An analysis of consistency among attitude components*, 1–14. New Haven, CT: Greenwood.

Sauer, Verena (2018): *Dialektgrenzen – Grenzdialekte. Die Struktur der itzgründischen Dialektlandschaft an der ehemaligen deutsch-deutschen Grenze*. Berlin, Boston: De Gruyter.

Sauer, Verena (2020a): „Kompetenz und Wahrnehmung": Ein Ansatz zur Verbindung von dialektgeographischen und wahrnehmungsdialektologischen Methoden. In Markus Hundt, Andrea Kleene, Albrecht Plewnia & Verena Sauer (Hrsg.), *Regiolekte - Objektive Sprachdaten und subjektive Wahrnehmung*, 211–230. Tübingen: Narr Francke Attempto.

Sauer, Verena (2020b): Zur Problematik der Darstellung von sprachlichem Wandel in Real- und Apparent-Time. In Matthias Hahn, Andrea Kleene, Robert Langhanke & Anja Schaufuß (Hrsg.), *Dynamik in den deutschen Regionalsprachen. Gebrauch und Wahrnehmung*, 175–193. Hildesheim: Georg Olms.

Sauer, Verena (2021): „weil Geschmack und Feinheit der Sitten sich gemeiniglich um den Thron zu versammeln pflegen". Historische Spracheinstellungen in Adelungs *Lehrgebäude der Deutschen Sprache* (1782). In Toke Hoffmeister, Markus Hundt & Saskia Naths (Hrsg.), *Laien, Wissen, Sprache. Theoretische, methodische und domänenspezifische Perspektiven*. Berlin, Boston: De Gruyter, 201–225.

Sauer, Verena (i. Vorb.): *Framesemantische Analyse historischer Spracheinstellungen des 16. bis 18. Jahrhunderts*. Arbeitstitel des an der Christian-Albrechts-Universität zu Kiel entstehenden Habilitationsprojektes.

Saussure, Ferdinand de (2001): *Grundfragen der allgemeinen Sprachwissenschaft*. Hg. von Charles Bally und Albert Sechehaye. Unter Mitw. von Albert Riedlinger. Übers. von Herman Lommel. 3. Aufl. Mit einem Nachw. von Peter Ernst. Berlin, New York: De Gruyter.

Scharioth, Claudia (2012): Die Diskrepanz zwischen tatsächlichem Sprachgebrauch und normativer Bewertung sprachlicher Merkmale. In Katharina Rosenberg & Rita Vallentin (Hrsg.), *Norm und Normalität. Beiträge aus Linguistik, Soziologie, Literatur- und Kulturwissenschaften*, 109–121. Berlin: Logos.

Scharioth, Claudia (2015): *Regionales Sprechen und Identität. Eine Studie zum Sprachgebrauch, zu Spracheinstellungen und Identitätskonstruktionen von Frauen in Schleswig-Holstein und Mecklenburg-Vorpommern*. Hildesheim: Olms.

Schiesser, Alexandra (2020): *Dialekte machen. Konstruktion und Gebrauch arealer Varianten im Kontext sprachraumbezogener Alltagsdiskurse*. Berlin, Boston: De Gruyter.

Schirmunski, Viktor (1930): Sprachgeschichte und Siedlungsmundarten I, II. *Germanisch-Romanische Monatsschrift* 18, 113–122, 171–188.

Schlicht, Tobias, Petra Vetter, Lore Thaler & Cynthia F. Moss (2013): Wahrnehmung. In Achim Stephan & Sven Walter (Hrsg.), *Handbuch Kognitionswissenschaft*, 472–487. Stuttgart, Weimar: Metzler.

Schlobinski, Peter (1987): *Stadtsprache Berlin. Eine soziolinguistische Untersuchung*. Berlin, New York: De Gruyter.

Schlobinski, Peter (1996a): Zur r-Vokalisierung im Berlinischen. *Zeitschrift für germanistische Linguistik* 24 (2), 195–204.

Schlobinski, Peter (1996b): *Empirische Sprachwissenschaft*. Wiesbaden: Springer.

Schmidlin, Regula (2011): *Die Vielfalt des Deutschen: Standard und Variation. Gebrauch, Einschätzung und Kodifizierung einer plurizentrischen Sprache*. Berlin, Boston: De Gruyter.

Schmitt, Eleonore, Renata Szczepaniak & Annika Vieregge (Hrsg.) (2019): *Sprachliche Zweifelsfälle. Definition, Erforschung, Implementierung*. Hildesheim u. a.: Olms.

Schnettler, Bernt (2007): Alfred Schütz. In Rainer Schützeichel (Hrsg.), *Handbuch Wissenssoziologie und Wissensforschung*, 102–117. Konstanz: UVK.

Schröder, Saskia (2017): Fazit. In Markus Hundt, Nicole Palliwoda & Saskia Schröder (Hrsg.), *Der deutsche Sprachraum aus der Sicht linguistischer Laien. Ergebnisse des Kieler DFG-Projektes*, 263–267. Berlin, Boston: De Gruyter.

Schröder, Saskia (2019): *Sprachräumliche Praxis. Sprachraumkartierung in der Wahrnehmungsdialektologie*. Berlin u.a.: Peter Lang.

Schroer, Markus (2012): *Räume, Orte, Grenzen. Auf dem Weg zu einer Soziologie des Raums*. Frankfurt am Main: Suhrkamp.

Schroer, Markus (2019a): Sociology of Attention. Fundamental Reflections on a Theoretical Program. In Wayne H. Brekhus & Gabe Ignatow (Hrsg.), *The Oxford Handbook of Cognitive Sociology*, 425–448. Oxford: Oxford University Press.

Schroer, Markus (2019b): *Räume der Gesellschaft. Soziologische Studien*. Wiesbaden: VS.

Schütz, Alfred (1974): *Der sinnhafte Aufbau der sozialen Welt. Eine Einleitung in die verstehende Soziologie*. Frankfurt am Main: Suhrkamp.

Schütz, Alfred & Thomas Luckmann (2003): *Strukturen der Lebenswelt*. Konstanz: UVK.

Schützeichel, Rainer (Hrsg.) (2007a): *Handbuch Wissenssoziologie und Wissensforschung*. Konstanz: UVK.

Schützeichel, Rainer (2007b): Soziale Repräsentationen. In Rainer Schützeichel (Hrsg.), *Handbuch Wissenssoziologie und Wissensforschung*, 450–455. Konstanz: UVK.

Schwarz-Friesel, Monika (2008): *Einführung in die Kognitive Linguistik*. 3. Aufl. Tübingen, Basel: Francke.

Searle, John R. (2013): *Die Konstruktion der gesellschaftlichen Wirklichkeit. Zur Ontologie der gesellschaftlichen Wirklichkeit*. Frankfurt am Main: Suhrkamp.

Seel, Norbert M. (1991): *Weltwissen und mentale Modelle*. Göttingen: Hogrefe.

Shuy, Roger W. & Ralph Fasold (1973): *Language Attitudes: Current Trends and Prospects*. Washington, D.C.: Georgetown University Press.

Sibata, Takesi (1959/1999): Consciousness of Dialect Boundaries. In Dennis R. Preston (Hrsg.), *Handbook of Perceptual Dialectology: Volume 1*, 39–62. Philadelphia: Benjamins.

Sichler, Ralph (2020): Hermeneutik. In Günter Mey & Katja Mruck, *Handbuch Qualitative Forschung in der Psychologie. Band 1: Ansätze und Anwendungsfelder*, 125–143. Wiesbaden: Springer.

Sick, Bastian (2004): *Der Dativ ist dem Genitiv sein Tod. Ein Wegweiser durch den Irrgarten der deutschen Sprache*. Köln: Kiepenheuer und Wisch.

Siebenhaar, Beat (2000): *Sprachvariation, Sprachwandel und Einstellung. Der Dialekt der Stadt Aarau in der Labilitätszone zwischen Zürcher und Berner Mundartraum*. Stuttgart: Steiner.

Simmel, Georg (1992): *Soziologie. Untersuchungen über die Formen der Vergesellschaftung*. Frankfurt am Main: Suhrkamp.

Soukup, Barbara (2012): Current issues in the social psychological study of 'language attitudes': constructionism, context, and the attitude- behavior link. *Language and Linguistics Compass* 6 (4), 212–224.

Soukup, Barbara (2013): On matching speaker (dis)guises – revisiting a methodological tradition. In Tore Kristiansen and Stefan Grondelaers (Hrsg.), *Language (de)standardisation in late modern Europe: Experimental studies*, 267–285. Oslo: Novus.

Soukup, Barbara (2014): Konstruktivismus trifft auf Methodik in der Spracheinstellungsforschung: Theorie, Daten, Fazit. In Christina Cuonz & Rebekka Studler (Hrsg.), *Sprechen über Sprache: Perspektiven und neue Methoden der linguistischen Einstellungsforschung*, 143–168. Tübingen: Stauffenburg.

Soukup, Barbara (2015): Mixing methods in the study of language attitudes: Theory and application. In Alexei Prikhodkine & Dennis R. Preston (Hrsg.), *Responses to language varieties: Variability, processes and outcomes*, 55–84. Amsterdam: John Benjamins.

Soukup, Barbara (2019): Sprachreflexion und Kognition: Theorien und Methoden der Spracheinstellungsforschung. In Gerd Antos, Thomas Niehr & Jürgen Spitzmüller (Hrsg.), *Handbuch Sprache im Urteil der Öffentlichkeit*, 83–106. Berlin, Boston: De Gruyter.

Spiekermann, Helmut (2012): Welche Farbe hat das Sächsische? Ein Versuch zur Visualisierung von Sprachbewertungen und Dialekteinschätzungen. In Rainer Hünecke & Karlheinz Jakob (Hrsg.), *Die obersächsische Sprachlandschaft in Geschichte und Gegenwart*, 315–340. Heidelberg: Winter.

Spitzmüller, Jürgen (2005): *Metasprachdiskurse. Einstellungen zu Anglizismen und ihre wissenschaftliche Rezeption*. Berlin, New York: De Gruyter.

Spitzmüller, Jürgen (2013): Metapragmatik, Indexikalität, soziale Registrierung. Zur diskursiven Konstruktion sprachideologischer Positionen. *Zeitschrift für Diskursforschung* 1 (3), 263–287.

Spitzmüller, Jürgen (2021): His Master's Voice. Die soziale Konstruktion des ‚Laien' durch den ‚Experten'. In Toke Hoffmeister, Markus Hundt & Saskia Naths (Hg.), *Laien, Wissen, Sprache. Theoretische, methodische und domänenspezifische Perspektiven*, 1–23. Berlin, Boston: De Gruyter.

Steger, Hugo (1968): *Sprachraumbildung und Landesgeschichte im östlichen Franken. Das Lautsystem der Mundarten im Ostteil Frankens und seine sprach- und landesgeschichtlichen Grundlagen*. Neustadt, Aisch: Degener.

Steinig, Wolfgang (1980): Zur sozialen Bewertung sprachlicher Variation. In Dieter Cherubim (Hrsg.), *Fehlerlinguistik. Beiträge zum Problem der sprachlichen Abweichung*, 106–123. Tübingen: Niemeyer.

Steinig, Wolfgang (1982): *Zur sozialen Bewertung von drei sprachlichen Varietäten in Schwaben*. Wiesbaden: Vieweg.

Stoeckle, Philipp (2014): *Subjektive Dialekträume im alemannischen Dreiländereck*. Hildesheim: Olms.

Strauss, Lina (2018): *Rhetorikratgeber als Beispiel für Laienlinguistik. Eine Diskursanalyse*. Berlin: Metzler.

Studler, Rebekka (i. Vorb.): *Zur Genese von Spracheinstellungen am Beispiel des Hochdeutschen und Schweizerdeutschen in der Deutschschweiz*. Habilitationsschrift.

Tamasi, Susan L. (2003): *Cognitive Patterns of Linguistic Perceptions*. Dissertation, University of Athens/Georgia. https://getd.libs.uga.edu/pdfs/tamasi_susan_l_200305_phd.pdf (letzter Zugriff 27.03.2020).

Tomlin, Russell S. & Andriy Myachykov (2015): Attention and salience. In Ewa Dąbrowska & Dagmar Divjak (Hrsg.), *Handbook of Cognitive Linguistics*, 31–52. Berlin, Boston: De Gruyter.

Tophinke, Doris & Evelyn Ziegler (2002): Plädoyer für eine kontextsensitive Modellierung von Spracheinstellungen. In Peter Wiesinger (Hrsg.), *Zeitenwende – Die Germanistik auf dem Weg vom 20. ins 21. Jahrhundert. Akten des X. Internationalen Germanistenkongresses Wien 2000*. Bd. 3, 187–193. Bern: Peter Lang.

Tophinke, Doris & Evelyn Ziegler (2006): ‚Aber bitte im Kontext': Neue Perspektiven in der dialektologischen Einstellungsforschung. In Anja Voeste & Joachim Gessinger (Hrsg.), *Dialekt im Wandel. Perspektiven einer neuen Dialektologie*, 203–222. Duisburg: OBST.

Torstensson, Niklas, Erik J. Eriksson & Kirk P. H. Sullivan (2004): *Mimicked accents – Do speakers have similar cognitive prototypes? Proceedings of the 10th Australian International Conference on Speech Science & Technology* 2004, 271–276.

Trimberg, Hugo von (1300/1909): *Der Renner*. Bd. 3. Hg. von Gustav Ehrismann. Berlin: De Gruyter.

Twilfer, Daniela (2012): *Dialektgrenzen im Kopf. Der westfälische Sprachraum aus volkslinguistischer Perspektive*. Bielefeld: Verlag für Regionalgeschichte.

Vandermeeren, Sonja (2005): Research on Language Attitudes/Spracheinstellungsforschung. In Ulrich Ammon, Gerold Ungeheuer & Armin Burkhardt (Hrsg.), *Sociolinguistics: an international handbook of the science of language and society*. Bd. 2, 1318–1332. Berlin, New York: De Gruyter.

Vergeiner, Philip C., Elisabeth Buchner, Eva Fuchs & Stephan Elspaß (2019): Sprachnormvorstellungen in sekundären und tertiären Bildungseinrichtungen in Österreich. *Zeitschrift für Dialektologie und Linguistik* 86 (3), 284–330.

Vorauer, Jacquie, Kelley Main & Gordon O'Conell (1998): How Do Individuals Expect to be Viewed by Members of Lower Status Groups? Content and Implications of Meta-Stereotypes. *Journal of Personality and Social Psychology* 75 (4), 917–937.

Waldenfels, Bernhard (2016): Geweckte und gelenkte Aufmerksamkeit. In Jörn Müller, Andreas Nießeler & Andreas Rauh (Hrsg.), *Aufmerksamkeit. Neue humanwissenschaftliche Perspektiven*, 25–45. Bielefeld: Transcript.

Warnke, Ingo H. (2009): Die sprachliche Konstituierung von geteiltem Wissen in Diskursen. In Ekkehard Felder, Marcus Müller (Hrsg.), *Wissen durch Sprache. Theorie, Praxis und Erkenntnisinteresse des Forschungsnetzwerks „Sprache und Wissen"*, 113–140. Berlin, New York: De Gruyter.

Weber, Tilo & Gerd Antos (Hrsg.) (2009): *Typen von Wissen. Begriffliche Unterscheidung und Ausprägungen in der Praxis des Wissenstransfers*. Frankfurt am Main u.a.: Peter Lang.

Weijnen, Antonius A. (1946): De grenzen tussen de Oost-Noordbrabantse dialecten onderling. In Antonius A. Weijnen, J. M. Renders & Jac. Van Ginneken (Hrsg.), *Oost-Nordbrabantse dialectproblemen*, 1–15. Amsterdam: Nederlandse Akademie van Wetenschappen.

Weijnen, Antonius A. (1961): *Het bewustzijn van dialectverschil*. Groningen: Wolters.

Weijnen, Antonius A. (1968): Zum Wert subjektiver Dialektgrenzen. *Lingua* 21, 594–596.

Weijnen, Antonius A. (1999): On the Value of Subjective Dialect Boundaries. In Dennis R. Preston (Hrsg.), *Handbook of Perceptual Dialectology: Volume 1*, 131–133. Philadelphia: John Benjamins.

Wells, Christopher J. (1990): *Deutsch. Eine Sprachgeschichte bis 1945*. Aus dem Englischen von Rainhild Wells. Tübingen: Niemeyer.

Wenker, Georg (1886): *Vortrag über das Sprachatlasunternehmen*. In Verhandlungen der 38. Versammlung deutscher Philologen und Schulmänner in Gießen vom 30. September bis 3. Oktober 1885, 187–194. Leipzig.

Wichmann, Angela (2019): *Quantitative und Qualitative Forschung im Vergleich. Denkweisen, Zielsetzungen und Arbeitstechniken*. Berlin: Springer.

Wichter, Sigurd & Gerd Antos (Hrsg.) (2001): *Wissenstransfer zwischen Experten und Laien. Umriss einer Transferwissenschaft*. Frankfurt am Main u. a.: Peter Lang.

Wilton, Antje & Martin Stegu (2011): Bringing the 'folk' into applied linguistics. An introduction. In Antje Wilton & Martin Stegu (Hrsg.), *Applied Folk Linguistics*, 1–14. Amsterdam: John Benjamins.

Wirrer, Jan (1987): ‚So sprikt dat Hart sik ut'. Alltagswissen über Dialekte. In Rainer Wimmer (Hrsg.), *Sprachtheorie. Der Sprachbegriff in Wissenschaft und Alltag*, 256–279. Düsseldorf: Cornelsen-Velhagen und Klasing.

Wittgenstein, Ludwig (1953/2016): *Tractatus logico-philosophicus. Werkausgabe Bd. 1. Tractatus logico-philosophicus. Tagebücher 1914-1916. Philosophische Untersuchungen*. Frankfurt am Main: Suhrkamp.

Ziegler, Evelyn (1996): *Sprachgebrauch, Sprachvariation, Sprachwissen: Eine Familienfallstudie*. Frankfurt am Main, New York: Peter Lang.

Ziem, Alexander (2008): *Frames und sprachliches Wissen. Kognitive Aspekte der semantischen Kompetenz*. Berlin, New York: De Gruyter.

Ziem, Alexander (2009): Sprachliche Wissenskonstitution aus Sicht der Kognitiven Grammatik und Konstruktionsgrammatik. In Ekkehard Felder & Marcus Müller (Hrsg.), *Wissen durch Sprache. Theorie, Praxis und Erkenntnisinteresse des Forschungsnetzwerkes „Sprache und Wissen"*, 171–204. Berlin, New York: De Gruyter.

Ziem, Alexander (2013): Wozu Kognitive Semantik? In Dietrich Busse & Wolfgang Teubert (Hrsg.), *Linguistische Diskursanalyse. Neue Perspektiven*, 217–242. Wiesbaden: Springer.

Ziem, Alexander & Alexander Lasch (2013): *Konstruktionsgrammatik. Konzepte und Grundlagen gebrauchsbasierter Ansätze*. Berlin, Boston: De Gruyter.

Ziem, Alexander (2020): Wortbedeutungen als Frames: ein Rahmenmodell zur Analyse lexikalischer Bedeutungen. In Sven Staffeldt & Jörg Hagemann (Hrsg.), *Semantiktheorien II. Analysen von Wort- und Satzbedeutungen im Vergleich*, 27–56. Tübingen: Stauffenburg.

Index

Age Grading 130
Agonaler Diskurs 8, 71
Alltagswissen 37, 68, 71, 134, 138
Analyse
– bivariat 124
– Faktorenanalyse 124
– monovariat 123
– multivariat 123f.
Analyseeinheit 121
Angemessenheit 13, 138, 149
Apparent-Time 130
Apperzeption 65
Assoziationstest 41, 142
Assoziierte (internale) Dialektmerkmale 50, 57, 93, 102, 105, 122, 135, 137, 144, 155
Attitudinal cognitorium 32, 34
Attribuierung 8, 41
Auffälligkeit 19, 34, 64
Aufmerksamkeit 22, 63f.
Automatic Speech Recognition 120
Autostereotyp 3, 40, 90, 126, 140, 148

Default-Value 18, 49ff.
Degree-of-Difference 92, 98f., 135
Dialektalität 38f., 101
Dialektgeografie 2f., 45, 84
Dialekt-Standard-Kontinuum 41
Dialektwissen 13, 36, 45ff., 68f., 156
Diskurs 8, 13, 21, 24, 27, 41, 67, 69, 73f.
Diskursrolle 8
Draw-a-Map 92f., 98, 100, 106, 114, 131 134, 136, 140, 143, 155

Einstellung 2f., 10, 13ff., 25, 31, 40ff., 72, 103, 108, 111, 122, 126f., 130, 134, 149, 154
Epistem 48, 56, 58, 60
Epistemikon 34, 56, 58
Erfahrung 10f., 13, 34, 46f., 49, 61, 66ff., 89, 156
Experte 2f., 12, 51, 156
Expertise 10, 12

Filler 49, 51f., 55, 59f.
Forschungsdesign 5, 89, 91, 133f., 139f., 144, 147, 149, 154
Frame 18, 47ff., 58ff., 84, 87, 128
Frequenz 51, 65f.

Geoinformationssysteme (GIS) 60, 107, 115, 136, 157
Gesprächsanalytisches Transkriptionssystem (GAT) 118

Heat Map 28, 89, 107, 110, 116f., 155
Hermeneutik 39, 127
Hermeneutische Methode 127
Heterostereotyp 3, 40, 50, 90, 140, 148, 156
Hörerurteilstest 84, 93, 101f., 105f., 121, 134, 136, 140f., 144, 146ff., 155
Hörurteil 38f., 64

ICM 47, 61
Identität 18, 37, 64, 73, 129, 143, 145
Integrierender Ansatz 129f., 155
Intentionalität 71
Interaktion 17ff., 55, 70, 81, 145

Kategorie 34, 39, 47f., 61ff., 74f., 110, 112, 121f., 126, 137
Kausalität 10
Kognition 21, 67, 70
Kognitive Repräsentation 48
Konsenstheorie 8
Konstruktion 7f., 18ff., 68, 72, 74, 142f., 154, 156
Konstruktivismus 67
Kontext 1, 4, 7, 11ff., 16, 20ff., 34, 37f., 48, 53f., 63, 65f., 68, 71, 74, 110, 120, 128, 136, 138f., 143, 145, 149, 153
Konventionalisierung 52
Konventionalität 49, 51f.
Konzept 5, 8f., 12, 14, 16, 23, 34, 40, 47ff., 52, 54, 56f., 59ff., 69, 74, 77, 79, 82, 84, 91, 98, 101f., 106f., 134ff., 138, 147f., 154ff.
Konzeptualisierung 3, 7, 30, 34, 37, 39f., 45f., 70, 102, 143, 148, 154
Korrelation 10, 30, 124
Kultur 19, 21, 52

Laie 3, 7, 9ff., 23f., 27ff., 36f., 39, 42, 54, 65ff., 73, 84, 86, 90, 93ff., 98, 100ff., 129, 133ff., 137, 142f., 146, 150, 153, 155ff.
Laienlinguistik 1, 4, 7, 13f., 25, 32, 37, 41, 46, 71, 153
Lay Theories 7, 9, 153

Lebenswelt 7, 10, 12ff., 67, 72f.
Likert-Skala 136
Linguistic Landscaping 108

Makrokartierung 94, 134ff., 141
Matched-Guise-Technik 41, 66, 101, 103, 108, 148, 156
Mental Map 16, 28, 34, 40ff., 52, 56, 60, 69, 93ff., 106f., 113ff., 117f., 121f., 134, 136, 141, 144, 150
Messskala
– Intervallskala 126
– Likert-Skala 100, 126f.
– nominal 126
– ordinal 126
Metastereotyp 90
Mikrokartierung 93f., 97, 134, 136, 141, 143, 155
Mixed Methods 104, 106, 108, 111, 155

Nationalstaatliches Modell 30

Objektiver Raum 74, 81f.
Online-Fragebogen 105, 111, 148f.
Open Guise 66, 108, 157
Operationsraum 82ff., 154

Perspektivierung 49, 52f., 55
Pertinenz 18ff., 34, 64, 102
Perzeption 1, 42, 46, 55, 63, 65, 147, 154f.
Perzeptionsraum 82ff.
Perzipierte (externale) Dialektmerkmale 50, 57, 134f., 137, 141, 144, 155
Pfeilchenmethode 28, 30, 93
Pilesorting 100f., 124, 134f.
Pleasantness/Correctness-Evaluation 98, 100, 136
Politische Grenze 30, 78f., 96
Polygon 115ff., 135, 155
Prime 89, 104, 106ff., 136, 155
Prototyp 63
Prototypikalität 48ff.

Qualitative Inhaltsanalyse 90, 121, 123, 138f., 155
Qualitatives Forschungsdesign 146

Real Time 118, 130, 141
Rekurrenz 51
Rekursivität 48f., 54

Salienz 16, 19, 34, 50, 64, 102, 144, 146f.
Schema 8, 34, 47f.
Selektionskriterien 122
Situation 39f., 67, 72, 102, 120, 131, 138f., 144, 149f.
Slots 49f., 52ff., 59f.
Soziale Positionierung 8
Sozialität 11f., 19, 51, 70, 72
Speech-Imitation 101
Spracheinstellung 8, 15, 17ff., 25, 27, 32, 72f., 83, 102f., 121, 130, 141, 143, 145ff., 153, 155f.
Sprachnorm 22ff., 138, 153
Sprachprobe 41, 101
Shaded Maps 113
Subjektive Grenzen 93
Stancetaking 8
Stereotypisierung 13, 37
Subjektive Daten 2f., 5, 38, 129, 139, 141
Subjektive Theorie 9f., 14, 34
Subjektiver Raum 81f.

Transkript 118, 120ff.

Verbal Guise 66, 103, 148

Wahrnehmung 1, 9f., 37, 40, 42, 45f., 63ff., 72, 75ff., 86ff., 90, 93, 99f., 102, 106, 122, 125, 130, 132, 136, 138f., 147, 149, 153ff.
Wahrnehmungsdialektologie 1ff., 7, 9, 12ff., 25, 27ff., 31f., 36ff., 41ff., 45ff., 48, 51, 61, 67, 69, 71ff., 80f., 84, 86, 89, 104, 120, 127, 129, 133ff., 137, 153ff.
Wissen 2, 7, 9, 12ff., 16, 18, 27f., 30, 32, 37, 40, 45, 47f., 51, 53ff., 60, 67ff., 81, 84, 86f., 128f., 134f., 138, 140, 154

Zentrum-Peripherie-Modell 29

www.ingramcontent.com/pod-product-compliance
Lightning Source LLC
Chambersburg PA
CBHW080635230426
43663CB00016B/2876